JN202430

幼・保・小で役立つ

絵本から広がる表現教育のアイデア

子供の感性を豊かに育むために

［編著］
山野てるひ
岡林典子
水戸部修治

はじめに

新しい幼稚園教育要領では、子供たちが遊びや生活の中で美しさや不思議さに気付き、考えたり、工夫したりすることを通じて、表現する力の基礎を培うことが示されています。そして小学校学習指導要領においても幼児期に育まれた感性や表現力を踏まえて子供の考える力、表現する力が低学年以降の教育へと円滑に接続され、自覚的で深い学びへと繋がっていくことが求められています。

本書はそのような教育の要請を実現するための具体的な内容と方法を、身近にある絵本の題材から汲み出して、保育・教育を学ぶ学生や初任者にもわかり易く紹介したものです。

子供の感性を養い、表現する力を培うことに向けた本書の特徴は、次の５点です。

1　絵本を媒介とした表現教育の理論と豊富な実践事例を掲載

身近で総合的な表現媒体である絵本を用いて遊んだり学んだりすることで、子供は言葉、音、形・色、身体の動きが相互に関連して生み出される面白さや楽しさ、美しさを感じることができます。本書では、こうした表現教育の理論を分かりやすく述べるとともに、豊富な実践事例を掲載しています。

2　幼稚園教育要領・小学校学習指導要領との対応や具体的な手立てを例示

本書で紹介する事例が幼稚園や小学校の教育課程の中で実践しやすいものとなるように、Ⅱ章では各実践事例が、幼稚園教育要領・小学校学習指導要領のどの指導の内容と関わるのかが分かるようにしています。また、各実践事例を具体化する上でヒントとなる指導上の留意点や環境構成を、表現活動のポイントとして示しています。

3　育みたい資質・能力を具体的に提示

第Ⅱ章の実践事例では、子供が活動の中でどのような資質・能力を身に付ければよいのかを明示しています。幼稚園の実践では、(1)「気付いたこと」を**キ**、(2)「できるようになったこと（習得)」を**デ**、(3)「考えたり試したり工夫したりしたこと（活用・探究)」を**カ**のように印しています。

また小学校の実践では、育成すべき資質･能力の３つの柱を、評価の観点から指導者の支援の欄に◆印で明記し、(1) 知識及び技能は（知・技)、(2) 思考力、判断力、表現力等は（思・判・表)、(3) 主体的に学習に取り組む態度は（態）のように省略して示しています。

これらを手掛かりにすることで、育成すべき資質・能力を明確に捉えることができます。

4　指導に当たっての悩みに答えるヒントを掲載

指導を具体化する際、どのように絵本を読み聞かせればよいか悩んでしまうといったこともあります。Ⅱ章のＱ＆Ａ（p.168）で、そうした実践上の疑問に答えるヒントを掲載しています。

5　指導の系統性が見えるよう、事例を提示

本書では、子供の発達の段階に合わせた系統的な指導が見通せるように、幼児期から児童期までのそれぞれの学年を４期に分けた表「発達段階と年間を見通した表現教育計画の参考絵本事例」をⅢ章（pp.176-195）に掲載しています。そこでは各時期に体験させたい内容の絵本を系統的に配列して示しています。

編著者

もくじ

3. オノマトペの面白さで遊ぶ

4. 五感を通して物語のイメージを膨らませる

I章

子供の感性と表現力を豊かに育むために

「体全体を使って、形と動きの対比を感じよう！」
「いきをすって～　はいて」（『ぺんぎんたいそう』より）

Ⅰ.　表現教育と絵本の教材性

1.　表現教育の流れ

表現とは、感情、思考などの精神活動を、表情や身振り、言葉や音や造形などの形式（知覚によって客観的に捉えることのできる媒体）に自覚的に置き替えることです。従って表現力とは感情や思考を形式を通して、他者に正確にわかり易く伝えることのできる力です。そして現在では、表現力は単に正確にわかり易く伝えることばかりではなく、他者との応答性や交流性のあるコミュニケーションとして働く力と考えられています。

学校教育において、そのような表現力を人間が生きるうえで欠かすことのできない力と捉え、教育の基礎に位置づけるようになったのは、比較的最近のことです。

それは総合的学習の時間を新設し、自ら学び自ら考える力など「生きる力」の育成を標榜した平成10年（1998年）改訂の学習指導要領から始まります。この改訂で知識・技能は重要であるが、学ぶ意欲や思考力、判断力、表現力までも含めたものを学力と捉え直しました。その後のOECD（経済協力開発機構）のプロジェクトDeSeCo（デセコ）が、グローバル化が進む変化の激しいこれからの国際社会を生き抜く子供たちに必要な力として、2003年に定義したキー・コンピテンシー[※1]（人生の成功と正常に機能する社会のために人々が持つべき主要能力）も大きな契機となっています。続いて2007年に改正された学校教育法で、学校教育の目標が「生涯にわたり学習する基盤が培われるよう、基礎的な知識及び技能を習得させるとともに、これらを活用して課題を解決するために必要な思考力、判断力、表現力その他の能力をはぐくみ、主体的に学習に取り組む態度を養うことに、特に意を用いなければならない」（第30条第2項）と明確に規定されました。それを受けて平成20年改訂学習指導要領では、知識及び技能の習得と思考力、判断力、表現力等の育成のバランスを重視したものになりました。今次の改訂はこれまでの枠組みや教育内容を維持した上で、知識の理解の質をさらに高め、確かな学力を育成することがうたわれています。今次改訂の詳細については次節「2.感性と表現力に関わる資質・能力の内容とその系統性」で詳しく述べていますので、第Ⅱ章の単元・題材のねらいを理解するために是非読んでおいてください。

※１キー・コンピテンシーは、OECD が 2000 年から開始した PISA 調査の概念的な枠組みとして定義付けられた。ＰＩＳＡ調査で測っているのは「単なる知識や技能だけではなく、技能や態度を含む様々な心理的・社会的なリソースを活用して、特定の文脈の中で複雑な課題に対応することができる力」であり、具体的には、①社会・文化的、技術的ツールを相互作用的に活用する力、②多様な社会グループにおける人間関係形成能力、③自立的に行動する能力、という三つのカテゴリーで構成されている

2.　各教科や領域を横断して育てる表現力ー「① 体験から感じ取ったことを表現する」ことを中心に

上記の一連の流れの中で平成20年1月17日の中教審答申（幼稚園、小学校、中学校、高等学校及び特別支援学校の学習指導要領等の改善について）では、知識・技能の活用など思考力・判断力・表現力等をはぐくむためには、各教科の指導の中で、基礎的・基本的な知識・技能の習得とともに、それぞれの教科の知識・技能を活用する学習活動を充実させることで、教科等を横断した課題解決的な学習や探究的な活動が充実し、各教科の知識・技能の確実な定着にも結び付くと指摘しています。その上で国語や数式などを

含む広い意味での言語が基盤となり、下記の6つの活動を各教科において行うことが不可欠であるとしました。この6つは活動であるとともに、育てたい力そのものであり目標と言ってよいでしょう。

① 体験から感じ取ったことを表現する（力）
② 事実を正確に理解し伝達する（力）
③ 概念・法則・意図などを解釈し、説明したり活用したりする（力）
④ 情報を分析・評価し、論述する（力）
⑤ 課題について、構想を立て実践し、評価・改善する（力）
⑥ 互いの考えを伝え合い、自らの考えや集団の考えを発展させる（力）

そして、思考力・判断力・表現力等の発達の段階に応じた指導では、まず「①体験から感じ取ったことを表現する力（感性や想像力を生かす）」を培うことが、②から⑥へと展開する力の基盤になります。編者らは中教審答申が出される以前より、答申が ① の指導例として挙げている 「日常生活や体験的な学習活動の中で感じ取ったことを言葉や歌、絵、身体などを用いて表現する」ことを実践研究の中心に据え、プログラムの開発を進めてきました。そのプログラムの具体的な教材として注目したのが、子供にとって身近な文化財である絵本です。

3.　絵本の教材性

絵本は子供が自分の身の回りの世界を再認したり、日常とは異なる世界を体験することのできる身近な物的環境です。しかも言葉（言語と音楽性）と絵（造形性）とが一体となった総合的な表現媒体であることが、子供が「日常生活や体験的な学習活動の中で感じ取ったことを言葉や歌、絵、身体などを用いて表現する」のに最も適した教材の一つになります。言語が伝える意味内容ばかりでなく、意味を具体的に支える音（言語を含む）や形や色が相互に関わりながら、感覚に直接働きかけて子供の心を動かします。音や形や色が織りなすリズムや美しさや面白さ、楽しさを繰り返し味わい、その喜びを身近な大人や友達と共有する体験が、子供たちの豊かな感性と表現する力を育ててくれます。

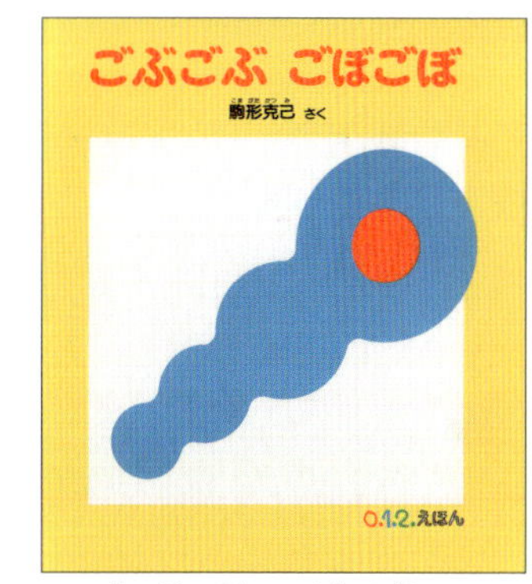

『ごぶごぶ　ごぼごぼ』
作 / 駒形克己

しかし、体験から感じとったことを表現するにしても、子供にどのような体験をしてほしいのか、指導者自身が体験する内容とねらいをしっかり捉えていなければ、子供が表現したとしても恣意的なものに留まり、新しい気付きや学びにつながりません。

近年、言葉と絵のもつ特性に着目して、より子供の五感に働きかけることをねらいとしたり、身の回りの音の不思議さや楽しさに気付くことを主題とした絵本が多く出版されるようになりました。そこで、そのような絵本の中から特に、言葉や音や形・色・肌触りなど、それぞれの形式が持つ特徴が比較しやすく、相互の関連に気付き、新しい感じ方や考え方を育むことができる絵本を厳選し、教材として検討しました。

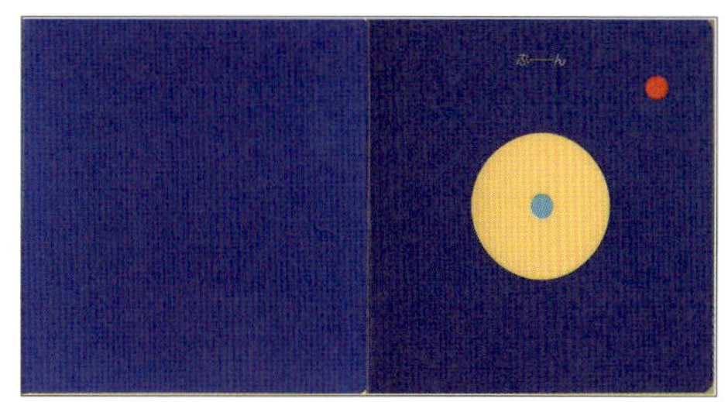

第Ⅰ場面「ぷーん」

4.　体験させたい5つのテーマと事例『ごぶごぶ ごぼごぼ』から子供と共に感じ取るもの

本書では子供に体験させたい内容を　1「音（音声言語を含む）・形・色をともに感じる」 2「言葉のリズムを楽しむ」 3「オノマトペの面白さで遊ぶ」　4「五感を通して物語のイメージを膨らませる」　5「様々な表現方を試みる」の5つのテーマにまとめました。そして、それぞれのテーマにふさわしい絵本から具体的なねらいがわかる実践をⅡ章で紹介しました。

ここでは、テーマの1「音（音声言語を含む）・形・色をともに感じる」のねらいを実現する最も優れた作品の一つとして、 駒形克己作『ごぶごぶ ごぼごぼ』を取り上げ、子供たちとどのようなことを感じ取り、楽しむのか、解説を試みます。

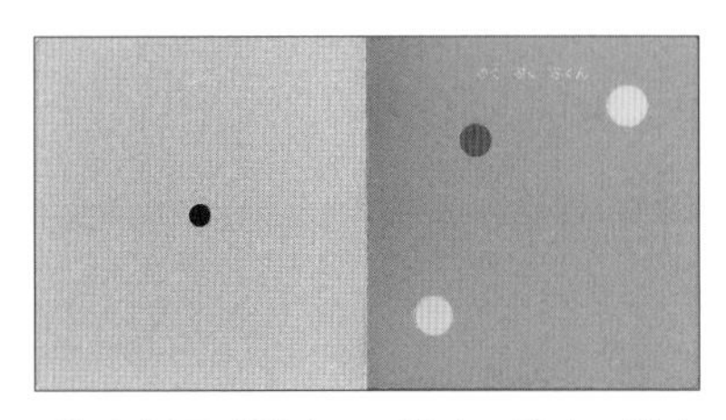

第２場面「ぷくん　ぷく　ぷく　ぷくん」

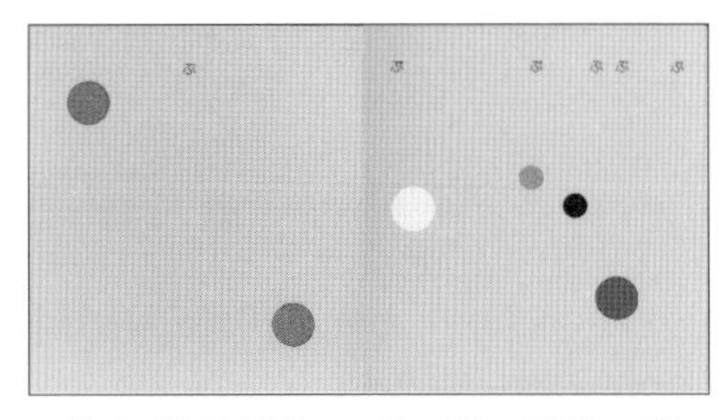

第３場面「ぷ　ぷ　ぷ　ぷぷ　ぷ」

(1) 絵（形・色・空間）、文字から感じ取る

① 形の象徴：この絵本では、全ての形が円と円の複合体で構成されています。円は最も簡潔で完全な形として、永久運動や生命の根源、宇宙の姿といったものを想起させます。

② 強弱とリズム：1つの場面に登場する異なる大きさの円の対比によって視覚とともに聴覚の強弱やリズムが感じられます。

③ 音の高低：円の場面の位置から音の高低を感じます。上方にある円には高い音、下方にある円には低い音を感じます。

④ 音の強弱：それぞれの場面に描かれている円の大きさの違いにより、音の大小やクレッシェンド・デクレッシェンドを感じることができます。

⑤ 色の象徴：用いられている色は、朱色（バーミリオン）、山吹色（パーマネントイエロー）、水色（ペールブルー）、群青色（ウルトラマリン）の４種の有彩色と、黒、白を合わせて全部で僅か６色です。色を極力制約することで主張と繰り返しのリズムが生まれます。有彩色のそれぞれに、私たちの感情に働きかける特徴があります。中でも私たちの目をひきつけるのは、表紙の団子が並んだような先にある朱色です。彩度の高い暖色は視認度が高く、読み手の目の動きをけん引します。10場面の必ず右手に配置され、次の頁で起こることを期待させるように誘います。子供たちは、この朱色の円に強い力を感じてこの円が主人公であることに気付きます。また、他の３色が背景に使われるとき、山吹色は明るく暖かな光が満ちた空間にいるようですし、水色には澄んだ水や風を感じるのではないでしょ

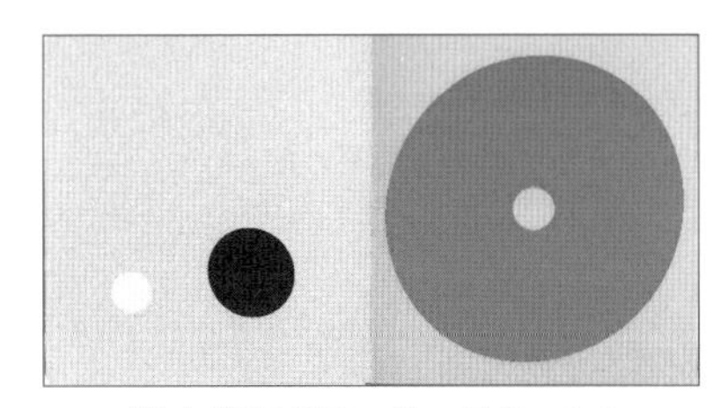

第４場面「ど　ど　どおーん」

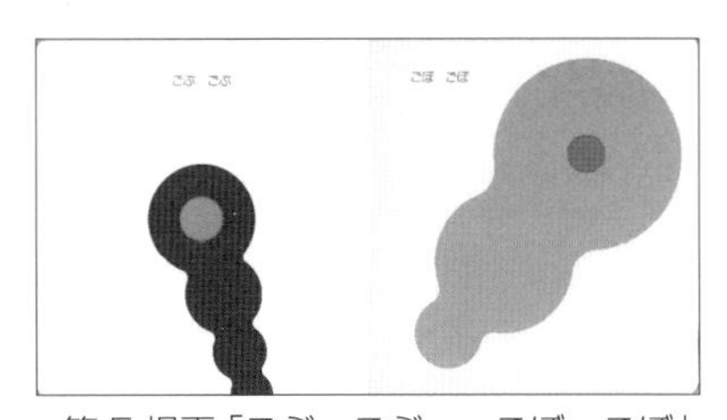

第５場面「ごぶ　ごぶ　ごぼ　ごぼ」

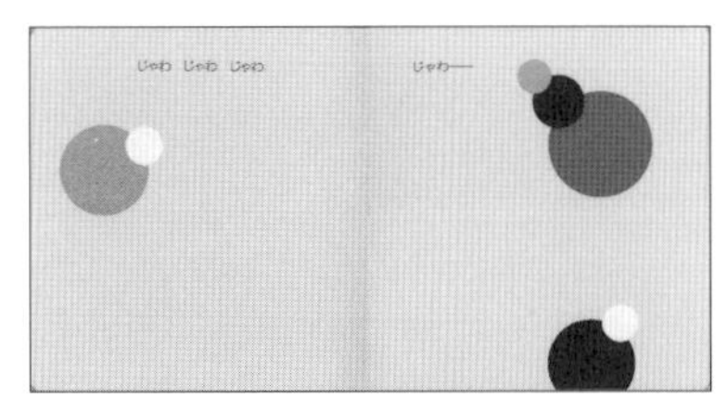

第６場面「じゃわ　じゃわ　じゃわ　じゃわー」

うか。群青色は聖なる天上の色、光や音のない永遠の空間の暗示を与えられます。

⑥　動きと空間：この絵本は見開くと、横の長さが縦の２倍近くあり、右への水平方向の動きを強く感じます。それぞれの場面では二つ以上の円の配置から、私たちの目は円と円との間を動きます。

下から上へ、上から下へ、放物曲線やジグザグ線、弧線など変化に富む動きに導かれます。あたかも色々な空間の中を円たちと一緒に動き回っているような気持になります。最後の第９場面は静けさが支配するもとの群青色の空間に帰る前触れのように、円は網状に配され、互いが緩やかな均衡を取りながらその場で静かに揺れています。

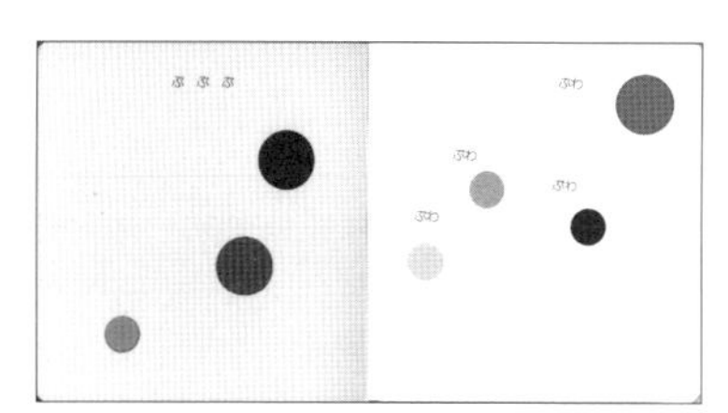

第７場面「ぷ　ぷ　ぷ　ぷわ ぷわ　ぷわ ぷわ」

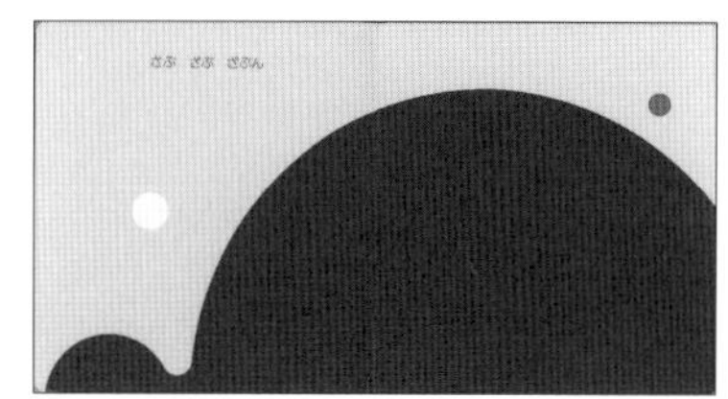

第８場面「ざぶ　ざぶ　ざぶん」

(2) 仕掛けから感じ取る

最後の場面を除いて、全ての場面には“円の切り抜き”という単純で巧妙な“しかけ”が施されています。これによって前の場面に登場した円が次の場面に登場する円と同一であることや、動きが繋がっていることを強く感じるのです。特に最初の見開き頁では、黄色の円の中心が朱色の円と同じ大きさに切り抜かれる“しかけ”によって、主人公が抜け出した空ろな穴と、飛び出した動きの軌跡を「ぷーん」という音声とともに目が追うようになっています。

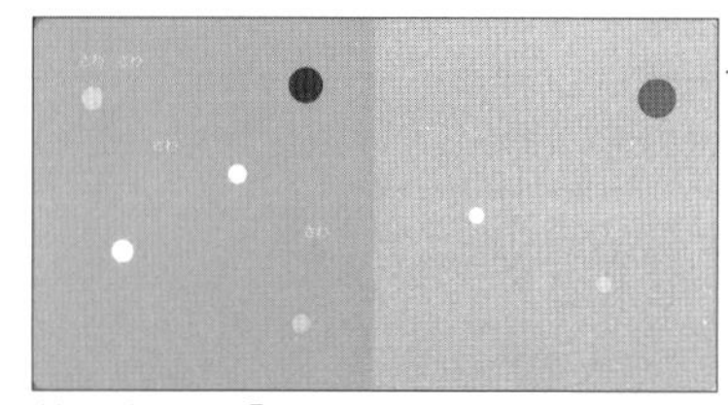

第９場面　「さわさわ　さわ　さわ　さわさわ　さわ」

(3) 声（音と言葉）から感じ取る

①　リズム：場面に描かれた円と円の間隔や文字の間隔から感じた間を声に出してみると明確なリズムが生じてきます。

②　速度：幾つかの場面には長音（ー）が用いられています。その伸ばし具合によって速度の違いが感じられます。例えば第１場面の「ぷーん」では、唇に圧力をかけて「ぷ」の破裂音を強く、長音を短く高音で表現すると、主人公の朱色の円が勢いよく飛び出していく速度が感じられます。また逆に唇の圧力を弱めて長音を長く伸ばし撥音「ん」につなげると、残響が生まれ、主人公がゆるやかに飛ぶように感じられます。さらに、第９場面の「さわさわ」や第10場面の「しー」では、無声音を用いると音量は弱くなり、元の静けさに向かいます。

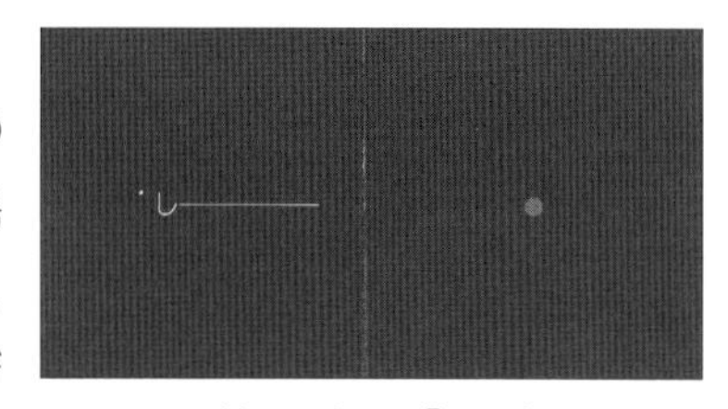

第 10 場面「しー」

裏表紙

(4)「行って帰る」物語と、母音の循環と色の対称から感じる（次頁表１参照）

主人公の円が第1場面で「出発」し様々な経験を経て、第10場面に「帰る」という＜お話＞とオノマトペの＜母音の流れ＞に目を向けてみましょう。すると、驚くことに物語の進行と母音の流れ　U⇒O⇒A⇒I　が一致していることがわかります。このような母音の流れを舌の高さの位置の動きでみると、Uという狭く舌が奥の位置にある発音から始めてOを経て、次第に前に出てくる広い母音Aへ、そしてEが抜けていますが、さらに前に進む狭い母音Iへと順番にオノマトペの母音が発音される事により、主人公の冒険と帰還が音と舌の位置（身体）の循環でも表わされています。同時にお話の真ん中にあたる第５場面を軸に、対称となる第1場面と第10場面、第2場面と第9場面、第3場面と第8場面の背景の色を同じくし、反転して配することによって、より「行って帰る」物語を母音の音と場面の色の双方から強く感じ取られるように構成されています。(音声分析はガハプカ奈美氏による)

<表１>　音（言語）と形・色・動きが作りだす世界

場面	1	2	3	4	5	6	7	8	9	10
絵本の中のオノマトペの音とその母音	ぷーん	ぷく ぷくん	ぷ	ど どおん	ごぶ ごぼ	じゃわ	ぷ ぷわ	ざぶ ざわん	さわ	しー
	U	U	U	O	O (U)	A	U (A)	A	A	I
背景の色とイメージ	ウルトラマリン	ペールブルー	パーマネントイエロー	ペールブルー	ホワイト	パーマネントイエロー	ホワイト	パーマネントイエロー	ペールブルー	ウルトラマリン
	宇宙･光や音のない世界	水・空	陽光	水・空	空気	陽光	空気	陽光	水・空	宇宙･光や音のない世界
動き	始動	下から上へ	上から下へ	水平	放射	曲線・奥行	ジグザグ	弧線	ネット･均衡	静止
物語	出発	活動の予兆	活動	変化1	展開	展開	変化2	展開	活動の終息	帰還

以上に述べてきたことは、一言で言うなら絵本の持つ様々な感覚刺激の諸要素の関連性[※2]に指導者が意識的に目を向け、感じ取ることです。その上で子供たちの生活や経験から生まれる自由な発想を受け止めて広げ、深めていくことが重要です。

※２　感覚刺激の諸要素の関連性から生まれる相互作用を「シュパンヌンク（Spannung）」とする考え方もあります。

【4歳児の保育実践事例】

第１回「ごぶごぶ ごぼごぼ」の絵本を見て、感じたことを声に出してみよう、感じたことを話そう。

第２回「ごぶごぶ ごぼごぼ」の絵本を見て、感じたことを言葉や身体で表現して遊ぼう。

第３回「ごぶごぶ ごぼごぼ」の好きな場面の表現を友達と見合おう。(写真１)

第４回「ごぶごぶ ごぼごぼ」の絵本を言葉や身体、表情でみんなで一緒に表現して遊ぼう。(写真２)

写真１

写真２

【引用文献】
・幼稚園、小学校、中学校、高等学校及び特別支援学校の学習指導要領等の改善について（答申）平成 20 年 1 月 17 日　文部科学省中央教育審議会

（山野てるひ）

2. 感性と表現力に関わる資質・能力の内容とその系統性

1. 新幼稚園教育要領及び学習指導要領に見られる感性と表現力の位置付け

(1) 中央教育審議会答申における感性と表現力の育成

中央教育審議会答申（平成28年12月）においては、「予測困難な社会の変化に主体的に関わり、感性を豊かに働かせながら、どのような未来を創っていくのか、どのように社会や人生をよりよいものにしていくのかという目的を自ら考え、自らの可能性を発揮し、よりよい社会と幸福な人生の創り手となる力を身に付けられるようにすることが重要」であることが指摘されました。また、「汎用的な能力の育成を重視する世界的な潮流を踏まえつつ、知識及び技能と思考力、判断力、表現力等をバランスよく育成してきた我が国の学校教育の蓄積を生かしていくことが重要」であるとされました。

(2) 新幼稚園教育要領及び学習指導要領の改訂の要点

前項の答申を踏まえて、新幼稚園教育要領においては、第１章総則で、「第２ 幼稚園教育において育みたい資質・能力及び『幼児期の終わりまでに育ってほしい姿』」が示されています。また新小学校学習指導要領では、教育課程全体を通して育成を目指す資質・能力を、ア「何を理解しているか、何ができるか（生きて働く「知識・技能」の習得）」、イ「理解していること・できることをどう使うか（未知の状況にも対応できる「思考力・判断力・表現力等」の育成）」、ウ「どのように社会・世界と関わり、よりよい人生を送るか（学びを人生や社会に生かそうとする「学びに向かう力・人間性等」の涵養（かんよう））」の三つの柱で整理することとされました。こうした資質・能力を育む際の留意点として、小学校学習指導要領第１章総則第１の４では、次のように示されています。

> 「各学校においては、児童や学校、地域の実態を適切に把握し、教育の目的や目標の実現に必要な教育の内容等を教科等横断的な視点で組み立てていくこと、教育課程の実施状況を評価してその改善を図っていくこと、教育課程の実施に必要な人的又は物的な体制を確保するとともにその改善を図っていくことなどを通して、教育課程に基づき組織的かつ計画的に各学校の教育活動の質の向上を図っていくこと（以下「カリキュラム・マネジメント」という。）に努めるものとする。」

これらの点を踏まえると、感性と表現力の育成に当たっては、幼稚園、小学校の系統性を一層重視するとともに、特に小学校においては教科横断的な視点から各教科等における指導の関連を図る指導を工夫することが重要になります。

2. 新幼稚園教育要領及び学習指導要領に見られる感性と表現力の具体的位置付け

(1) 新幼稚園教育要領

ア. 幼稚園教育において育みたい資質・能力及び「幼児期の終わりまでに育ってほしい姿」

前述のように、幼稚園教育要領の第１章総則では、「第２　幼稚園教育において育みたい資質・能力及び「幼児期の終わりまでに育ってほしい姿」」が示されています。このうち、感性と表現力に関係の深いものとしては、例えば以下の項目を挙げることができます。

(9) 言葉による伝え合い
先生や友達と心を通わせる中で、絵本や物語などに親しみながら、豊かな言葉や表現を身に付け、経験したことや考えたことなどを言葉で伝えたり、相手の話を注意して聞いたりし、言葉による伝え合いを楽しむようになる。
(10) 豊かな感性と表現
心を動かす出来事などに触れ感性を働かせる中で、様々な素材の特徴や表現の仕方などに気付き、感じたことや考えたことを自分で表現したり、友達同士で表現する過程を楽しんだりし、表現する喜びを味わい、意欲をもつようになる。

イ.　ねらい及び内容

幼稚園教育要領では、ねらい及び内容を５つの領域に分けています。感性や表現力の育成はどの領域にも関わるものですが、特に言葉の獲得に関する「言葉」領域及び感性と表現に関する「表現」領域との関わりが深いと考えられます。そのねらいは次の通りです。

言葉
〔経験したことや考えたことなどを自分なりの言葉で表現し、相手の話す言葉を聞こうとする意欲や態度を育て、言葉に対する感覚や言葉で表現する力を養う。〕
1 ねらい
(1) 自分の気持ちを言葉で表現する楽しさを味わう。
(2) 人の言葉や話などをよく聞き、自分の経験したことや考えたことを話し、伝え合う喜びを味わう。
(3) 日常生活に必要な言葉が分かるようになるとともに、絵本や物語などに親しみ、言葉に対する感覚を豊かにし、先生や友達と心を通わせる。

表現
〔感じたことや考えたことを自分なりに表現することを通して、豊かな感性や表現する力を養い、創造性を豊かにする。〕
1 ねらい
(1) いろいろなものの美しさなどに対する豊かな感性をもつ。
(2) 感じたことや考えたことを自分なりに表現して楽しむ。
(3) 生活の中でイメージを豊かにし、様々な表現を楽しむ。

また、各領域には上掲のねらいを具体化する内容がそれぞれ示されており、この内容を意図的・計画的に指導することが大切になります。

(2) 新小学校学習指導要領

1.の（1）及び（2）で見てきたように、感性や表現力は、小学校学習指導要領に示す各教科等の目標及び内容と密接に関わるものです。そのためここでは、特に関連の深い教科として、国語科、音楽科、図画工作科を取り上げて、具体的な位置付けを見ていきましょう。

ア. 国語科における感性や表現力に係る資質・能力の位置付けと系統

国語科の感性や表現力に関わる資質・能力は、国語科の内容の全般にわたるものですが、例えば次のようなものが系統的に示されています。

	第１学年及び第２学年	第３学年及び第４学年	第５学年及び第６学年
〔知識及び技能〕(3)読書に関する事項	エ　読書に親しみ、いろいろな本があることを知ること。	オ　幅広く読書に親しみ、読書が、必要な知識や情報を得ることに役立つことに気付くこと。	オ　日常的に読書に親しみ、読書が、自分の考えを広げることに役立つことに気付くこと。
〔思考力、判断力、表現力等〕「C 読むこと」精査・解釈（文学的な文章）	エ　場面の様子に着目して、登場人物の行動を具体的に想像すること。	エ　登場人物の気持ちの変化や性格、情景について、場面の移り変わりと結び付けて具体的に想像すること。	エ　人物像や物語などの全体像を具体的に想像したり、表現の効果を考えたりすること。

イ. 音楽科における感性や表現力に係る資質・能力の位置付けと系統

音楽科では、例えば次のようなものが系統的に示されています。

	第１学年及び第２学年	第３学年及び第４学年	第５学年及び第６学年
A 表 現 (3) 音楽づくり	(ア) 音遊びを通して、音楽づくりの発想を得ること。	(ア) 即興的に表現することを通して、音楽づくりの発想を得ること。	(ア) 即興的に表現することを通して、音楽づくりの様々な発想を得ること。
B 鑑賞（1）	ア　鑑賞についての知識を得たり生かしたりしながら、曲や演奏の楽しさを見いだし、曲全体を味わって聴くこと。	ア　鑑賞についての知識を得たり生かしたりしながら、曲や演奏のよさなどを見いだし、曲全体を味わって聴くこと。	ア　鑑賞についての知識を得たり生かしたりしながら、曲や演奏のよさなどを見いだし、曲全体を味わって聴くこと。

ウ. 図画工作科における感性や表現力に係る資質・能力の位置付けと系統

図画工作科では、例えば次のようなものが系統的に示されています。

	第１学年及び第２学年	第３学年及び第４学年	第５学年及び第６学年
A 表 現 (1) 発想や構想	ア　造形遊びをする活動を通して、身近な自然物や人工の材料の形や色などを基に造形的な活動を思い付くことや、感覚や気持ちを生かしながら、どのように活動するかについて考えること。	ア 造形遊びをする活動を通して、身近な材料や場所などを基に造形的な活動を思い付くことや、新しい形や色などを思い付きながら、どのように活動するかについて考えること。	ア　造形遊びをする活動を通して、材料や場所、空間などの特徴を基に造形的な活動を思い付くことや、構成したり周囲の様子を考え合わせたりしながら、どのように活動するかについて考えること。
B 鑑 賞 (1)	ア　身の回りの作品などを鑑賞する活動を通して、自分たちの作品や身近な材料などの造形的な面白さや楽しさ、表したいこと、表し方などについて、感じ取ったり考えたりし、自分の見方や感じ方を広げること。	ア 身近にある作品などを鑑賞する活動を通して、自分たちの作品や身近な美術作品、製作の過程などの造形的なよさや面白さ、表したいことやいろいろな表し方などについて、感じ取ったり考えたりし、自分の見方や感じ方を広げること。	ア　親しみのある作品などを鑑賞する活動を通して、自分たちの作品、我が国や諸外国の親しみのある美術作品、生活の中の造形などの造形的なよさや美しさ、表現の意図や特徴、表し方の変化などについて、感じ取ったり考えたりし、自分の見方や感じ方を深めること。

3.　感性や表現力を育成する保育や授業づくりに向けたねらいの明確な把握

（1）系統性を踏まえたねらいの把握

絵本の魅力を十分に引き出す言語環境を整えたり、指導を工夫したりするためには、保育や指導のねらいを明確に把握することが大切になります。その際、ねらいを系統的に把握し、子供たちの育ちや発達の段階に応じた保育や指導ができるようにすることが大切です。

例えば、絵本を読むことについて、幼稚園教育要領における「言葉」と小学校学習指導要領・国語における「読むこと」のねらいや内容から系統性を見てみましょう。

ア.　幼稚園

幼稚園では、「絵本や物語などに親しみ、言葉に対する感覚を豊かに」することを目指します。昔話や物語など色々な絵本の読み聞かせを聞いたり、想像を膨らませたり、気付いたことや感じたことを伝え合ったりするなど、たっぷりと絵本に触れ、親しむ体験が大切になります。こうしたことは小学校以降、子供たちの読む能力を大きく伸ばす基盤にもなります。

イ.　小学校低学年

小学校で絵本を読むことは、学校全体で行う日常的な読書活動の他、国語科の学習指導で系統的に取り上げます。文学的な文章を読むことについて、低学年では前掲（(2) のア.）のように、「場面の様子に着目して、登場人物の行動を具体的に想像すること」を目指します。ここで言う「場面の様子に着目」するとは、子供が物語全体の中のある場面の様子を自ら意識して読むことです。そこで、物語全体に目を向けながら、自分の好きな場面を選んだり、好きなわけを考えるために「登場人物の行動を具体的に想像」したりすることが考えられます。入門期の子供たちにそうした指導を行う際は、絵本が極めて有効になります。その際、就学前に色々な物語の読み聞かせを聞いたり、挿絵を見て想像を広げたりすることが、こうした能力を育成するための大切な基盤になるのです。

ウ.　小学校中学年

低学年で、ある場面の様子を自覚的に読むことを発展させて、中学年では、「気持ちの変化」などについて「場面の移り変わりと結び付けて具体的に想像する」ことをねらいます。つまり、一つの場面を細かく読み取らせることにとどまるのではなく、「以前はこんな気持ちだったのに、ここではこう変わってきた」などと、場面と場面を想像によって結び付けて読んでいく能力を育むこととなるのです。そのためにも、低学年までに色々な絵本や物語に触れて、多様なストーリー展開を味わったり、描写を想像豊かにイメージしたりすることが大切になります。

エ.　小学校高学年

高学年では「人物像や物語の全体像を具体的に想像」することをねらいます。登場人物の言動や性格、考え方などを総合して人物像を思い描いたり、作品世界をストーリー展開や人物の相互関係、描写や表現の工夫などを基に想像したりすることが大切になります。また一つの物語、一冊の絵本だけで読むことに加えて、同一作家の作品を読み比べたり、シリーズ作品を読んだりすることで、一層当該の作品を豊かに味わうことができます。

（2）教科等間の関連性を生かしたねらいの把握

子供たちの感性や表現力を豊かに育むためには、小学校においては教科横断的な視点から各教科等における指導の関連を図る指導を工夫することが重要になります。その際、それぞれの教科等のねらいの関連性を把握し、より効果的な関連を図ることが必要です。

例えば小学校低学年においては、国語科では「読書に親し」むことが、音楽科では「曲や演奏の楽しさを見いだ」すことが、さらに図画工作科では「造形的な面白さや楽しさ」などを感じ取ったりすることなどが重視されています。こうしたねらいを踏まえると、絵本について，国語科では読むことに親しませるとともに、音楽科、図画工作科では、言葉や絵で表された音やリズム、色や形の面白さ、楽しさを十分に感じたり味わったりできるようにすることが大切なものとなるでしょう。

(3) 保育や指導のねらいを具体化するための留意点

ア.　年間を見通した意図的・計画的な環境構成とカリキュラム・マネジメントの工夫

保育や指導の系統性、関連性を生かすためには、これまで以上に年間を見通した指導が重要になります。例えば季節や行事に合った絵本を手に取れるような環境構成を工夫したり、関連する単元や題材を同じ時期に配列するなど、各教科等間の関連を図りやすいようカリキュラム・マネジメントを工夫したりすることが考えられます。

イ.　評価の工夫・改善

小学校では、育成を目指す資質・能力の三つの柱に対応した，３観点での目標に準拠した評価を一層進めることが重要になります。その際、評価を次の指導に生かす，指導に生きる評価を推進するという視点が大切なものとなります。

（水戸部修治）

3.　音楽教育の視点を表現教育へと広げるために

1.　音楽をどのように捉えるか

(1) 幼児の音楽表現の特徴

幼児教育の場では、小学校以上の教科教育とは異なり、子供たちが日々の遊びの中で様々な音楽表現を楽しんでいます。それは、歌を歌ったり楽器を演奏したり、音楽に合わせて体を動かしたりするような特定の音楽活動に限定される表現ではなく、幼児の多様な表現のあり方を示唆するものであり、そこに幾つかの特徴を見いだすことができます。

その1つは、原初的な音楽表現にあります。例えば、集団で活動する保育の場には、その場なりの約束やルールがあり、滑り台や水道で順番を待つ場面では、しばしば「かーわってー」「いいよー」などの応答唱がみられます（譜例１）。交わされる音楽的な言葉のやりとりは、子供たちの言語発達に沿って「かーわってー」「いやよー」「かーわってー」「いいよー」「どいてー」など多様な言葉の入れ替えや、時には友達と腕を振る動作を同期させて唱える場面なども見られるようになります。

譜例１　順番交代のやりとり

また、保育室でハンカチの落とし物を見つけた5歳児がハンカチを持つ手を大きく振りながら、「こーれだーれのー、おーとしーものー」と持ち主を捜して呼びかける行為も、日常に見られる原初的な音楽表現であると捉えることができます（譜例2）。

譜例2　落とし物の持ち主を捜す呼びかけ

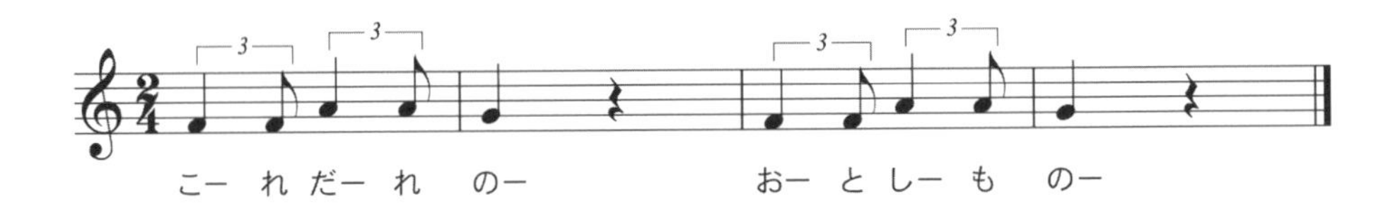

次に2つ目の特徴として、人との関わりによる表現の展開が挙げられます。例えば、晩秋の森に出かけた3歳児Aが地面に敷き詰められた落ち葉の上をシャク、シャク、シャクという足音に耳を傾けながらゆっくりと歩いています（写真１）。それは、落ち葉を踏みしめる音と感触を、聴覚と触覚で捉えて歩く姿であると言えます。そばにいた幼児Bが「足を速く動かすと、ザッ、ザッて音が変わったよ」と声を上げると、保育者が「いいことに気がついたねぇ」と言葉をかけました。すると周りの子供たちは音の変化に意識を向けて、足の動きを速めました。ここには保育者や友達など、人との関わりを通して展開する幼

児の表現の特徴が見いだせます。そして、幼児の音への興味・関心が表現へとつながる背景に、表現の萌芽を見逃さずに適切な言葉かけができる保育者や、遊びの面白さを共感し合える友達の存在があることがうかがえます。

写真１　落ち葉を踏みしめる音を楽しむ３歳児

お正月前後に幼稚園や保育所で行われる餅つき大会では、保育者と子供たちが「そーれっ」「ぺったんこ」と呼吸を合わせてお餅をつく光景が見られます（写真２）。日本の伝統的な季節の行事であるお餅つきの場面において、餅をつく子供とそれを見守る周りの保育者や子供たちが気持ちを一つにして、「ぺったんこ」で杵（きね）を振り下ろす動きのタイミングを共有しています。ここには人との関わりを介して展開するリズミカルな言葉と動きの表現を見て取ることができます。呼吸やタイミングを合わせて拍節的な言葉のやりとりを生み出すこのような行為は、音楽的な表現として捉えることができるでしょう。

写真２　保護者と共に餅つきをする２歳児

これらの場面に見られる幼児の音楽的な表現は、言葉のリズムや抑揚、体の動き、人との関わりなどが関連しており、幼稚園教育要領に示されている5領域が１つずつ切り離されたものではなく、つながりを持っていることを示唆しています。平成29年に告示された新幼稚園教育要領では、5領域に関して新たな内容が加えられました。

例えば、領域「環境」では「２内容」の（6）「日常生活の中で、我が国や地域社会における様々な文化や伝統に親しむ」や、「３内容の取扱い」の（4）「文化や伝統に親しむ際には、正月や節句など我が国の伝統的な行事、国家、唱歌、わらべうたや我が国の伝統的な遊びに親しんだりすることを通じて、社会とのつながりの意識や国際理解の意識の芽生えなどが養われるようにすること」が加わりました。社会とのつながりや国際理解の意識が芽生える背景には、幼児期に自国の文化や伝統に親しむことの大切さが示されています。

また、領域「言葉」では「１ねらい」の（3）「絵本や物語などに親しみ、言葉に対する感覚を豊かにし、先生や友達と心を通わせる」ことや、「３内容の取扱い」の（4）「幼児が生活の中で、言葉の響きやリズム、新しい言葉や表現に触れ、これらを使う楽しさを味わえるようにすること。その際、絵本や物語に親しんだり、言葉遊びなどをしたりすることを通して、言葉が豊かになるようにすること」が新たに設けられました。

そして、領域「表現」では、「３内容の取扱い」の（1）に「風の音や雨の音、身近にある草や花の形や色など、自然の中にある音、形、色などに気付くようにすること」という文言が加わりました。このように、この度の改訂では、幼児教育で培われる子供たちの音楽的な表現力の素地が、言葉や伝統的な文化や身の回りの自然の中の音や形・色とつながるものであることが明確に示されたと言えるでしょう。

（2）幼児の音楽表現を捉える視点

教授－学習という形態で展開される小学校の授業とは異なり、遊びを中心とする幼稚園教育において、幼児の音楽表現をどのような視点で捉えればよいのかを考えてみましょう。

第1点は感性の育ちを見据えることにあります。落ち葉踏みの事例のように、幼児は諸感覚を通して身近な環境に主体的に働きかけて遊び込む中で、面白さや楽しさを感じて心を動かし、声や音、体の動きを用いて表現しています。そうした表現の基となる子供の内的世界の深まり、つまり感性の育ちを読み取る視点を持つことが必要です。

第2点は表現意欲の育ちを捉えることにあります。事例に見られたように、幼児の多様な音楽表現は、「正しい音程で歌われているか」「リズムを正確に打っているか」「楽器をうまく演奏することができているか」という技能的側面ばかりから捉えられるものではありません。大切なのは、いかに幼児が音や音楽と主体的に関わって、意欲的に様々な表現を試みているかという観点で表現を捉えることと言えるでしょう。

第3点は表現のプロセスに目を向けることにあります。それは幼児が何に心を動かし、何を表そうとしているのかを受け止めることであり、表された結果の良し悪しを評価することではありません。プロセスに目を向けることは、幼児の周りに音を楽しめるような豊かな環境を構成することにもつながります。

2.　日本語の音楽的特徴を知る

前節では、「かーわってー」「いいよー」と2つの音高で唱え合う子供たちの事例や、「こーれ、だーれのー」（「もういいかい」「まーだだよ」と同じ旋律）と3つの音高で呼びかける子供の事例を紹介しました。また、お餅つきの場面では、「そー・れっ」「ぺっ・たん・こ」のように拍節を感じる言葉の事例も挙げました。子供たちは様々な場面で日本語を旋律的に、あるいは拍節的に唱えています。私たち日本人が母国語とする日本語にはどのような音楽的特徴があるのでしょうか。以下にその幾つかを取り上げてみましょう。

（1）高低アクセントを有する

英語やドイツ語などのように強弱アクセントの言語とは異なり、日本語は高低によるアクセントを有しています。例えば「机」は、強弱アクセントを有する英語ではdesk〔désk〕と前に強いアクセントをつけて発音しますが、高低アクセントを有する日本語の共通語では「つくえ」のように「つ」よりも「く」「え」を高く発音します。また「足」は共通語では「あ↗し」のように「し」を高く発音し、アクセントは「低↗高」となりますが、関西弁では「あ↘し」というように「あ」を「し」よりも高く発音し、アクセントは共通語とは逆の「高↘低」となります。

このような言葉の高低は歌の旋律の上下の動きと密接に関わり、わらべうたのような「唱えごと」では言葉そのものの抑揚と殆ど変わらないと言われています（小泉1994）。

譜例３と譜例４には関東弁と関西弁の話し言葉の違い（高低アクセント）がそのまま旋律となって表されています。関西には、譜例４と同じ旋律で「だーるまさんがこーろんだ」と伸ばして唱える表現もあります。

譜例3　東京の子供の《だるまさんがころんだ》

だ る ま さ ん が こ ろ ん だ

譜例4　京都の子供の《だるまさんがころんだ》

だ る ま さ ん が こ ろ ん だ

(2) 1音が等しい音価で発音される

日本語の50音図に示されているような基本単位の言語音は、「音（おん）」と呼ばれ1音という単位で数えることができます。この言語音は、「音節（シラブル）」や「モーラ」などとも呼ばれ、最も小さい音の単位を示しています。小泉（1994）は日本語の特殊拍である促音（っ）、撥音（ん）、長音（—）、拗音（きゃ・きゅ）なども等しい音価で発音されること、つまり特殊拍を一つのシラブルと数えることに注意を向けることが必要だと指摘しています。

じゃんけんをして「グリコ」「チヨコレイト」「パイナツプル」などと特殊拍を1音と数えたり、拗音「チョ」を「チヨ」と2音に数えて一歩でも多く前に進もうとする子供たちの遊びには、1音が等しい音価で発音される日本語の音楽的特徴が活かされています。

(3) 2字（2音）ずつまとまる

言語学者の坂野（2002）は、日本語の音数律（特定の音数構成によって成立する特別なリズム）の基本が、2音を1拍とする4拍子進行によって成立するものであると指摘しています。また、小泉（1994）は日本語の日常的な発音の中に表れ、それが歌になるといっそう顕著になる傾向として、「2字ずつまとまる」性格に注目しています。

作曲家の間宮芳生は「2字ずつかためて唱えるリズムのとり方」を、さらに3種類に分類し、(1) 等分の形、(2) 前へよる形、(3) はずむ形、と呼んでいます。そして、人々の音楽的な表現の発想形態が、置かれた状況によって異なることを示唆し、「はずむ形」が遊びの場で支配的であることを挙げています。前節（1.(1)）の「こーれだーれのー、おーとしーものー」とはずむ形で唱えられた表現は、遊び心を持った子供の呼びかけであると理解できます。

3. 幼保小がつながる表現教育へ

前節では日本語の音楽的特徴について述べました。幼児期の子供は日本語の話し言葉を獲得すると同時に、その音楽的特徴を基に遊びを通して豊かな表現力を育んでいます。小学生になると話し言葉だけでなく文字を学び、書き言葉を習得していきます。

写真3と写真4は、1年生が「だるまさんが」に続くオノマトペを考えた表現です。一方のクラスは絵本の通り、「だ・る・ま・さ・ん・が」に続くオノマトペを考えた記述です（写真3）。もう一方は、子供たちがすでに知っている「だーるまさんがこーろんだ」の唱え言葉を基に考えたオノマトペの記述です（写真4）。2つを見比べると、オノマトペの書かれている位置や表し方に違いが見られます。「だるまさんが」「どてっ」「びろーん」など絵本の内容に沿ってオノマトペを考えたクラスは、「むぎゅう」「どろん」「ばあん」など、一言でまとまるオノマトペがだるまさんの周りを取り囲むように大きな文字で書き込まれています。

写真３　「だ・る・ま・さ・ん・が」を基にして考えた１年生の表現

写真４　「だーるまさんが」を基にして考えた１年生の表現

一方、「だーるまさんが」に続くオノマトペを考えたクラスは、「だあ・るま・さん・が」「なぜ・なぜ・なぜ」や「だあ・るま・さん・が」「てを・ふっ・た」や「とろ・とろ・とろ」など言葉を重ねることでリズムの落ち着きが良くなるように、前節（2.(3)）で述べた2字ずつのまとまりで拍節を生み出しています。これらの表現は子供たちの中で日本語の音から感じるリズムと空間と文字がつながっていることを示唆しており、幼児期に培われた音楽的素地が児童期において広がりを見せていることが窺えます。

本書では絵本という文化財を活かして、学年が上がっても日本語の豊かな表現の世界を感覚的に捉えてタイミングよく声を出したり、歌ったり、楽器を奏でたり、動いたりできる力を伸ばしていくことを目指したいと考えています。

【参考文献】

内田るり子編『間宮芳生　日本民謡集』全音楽譜出版社 1975
小泉文夫『音楽の根源にあるもの』平凡社 1994
坂野信彦「日本語の音数率」飛田良文 / 佐藤武義編『現代日本語講座 第３巻 発音』2002
日本学校音楽教育実践学会編　『音楽教育実践学事典』　音楽之友社 2017)

（岡林典子）

絵本から広がる表現活動36選

ー保育指導事例・学習指導事例＋ワンポイントアドバイスー

「間を感じて声を合わせてみよう」
「はっけよ〜い、のこった！」（『ちょんまげとんだ』より）

❶ 音・形・色をともに感じる

1 破裂音を感じて、風船で遊ぼう

実践の概要

『ぱっぴぷっぺぽん』

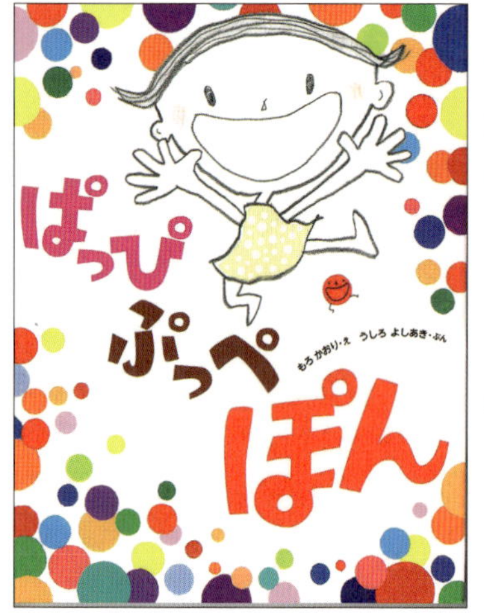

作 / うしろよしあき　絵 / もろ かおり
ポプラ社　2014

「ぱっ ぴっ ぷっ ぺっ ぽ〜ん！」と箱の中から色とりどりの球が飛び出しました。「へんしんごっこにでかけるよ〜」と呼びかけると、球たちは整列して進んでいきます。「ぱっかぱっか」とお馬さんになったり、「ぷっぷっぷー」と自動車になったり。

おおかぜに吹かれてぐるぐる回った後は、何になるのでしょう…

唇を合わせて「ぱっぴ ぷっぺ ぽん」と繰り返し声に出してみると、なんだか体が軽くなってきませんか？「ぱぴぷぺぽ」という音の特徴を体で感じて、楽しく遊びましょう！

遊びが広がる表現活動のポイント

破裂音「ぱぴぷぺぽ」は、発音時に両唇がパッと離れる感触の面白さが感じられます。また、「ぱっぴ」「ぷっぺ」という促音「っ」や、「ぽん」という撥音「ん」が入ったリズムの軽やかさや、音の響きの明るさなども感じることができます。絵本をもとに、音・形・色のつながりを感じて、子供たちと7色の風船で遊んでみましょう。

Point 1

破裂音「ぱぴぷぺぽ」の音の特徴を知り、発音することの面白さを意識する

「ぱぴぷぺぽ」を特徴づける両唇音の/p/には、発音時に破裂音特有の両唇が合わさって素早く離れる唇の動きの面白さを感じることができます。また、促音「っ」や撥音「ん」などの特殊拍（※p.55　4.言葉とリズム参照）が効果的に使われていることを意識して読んでみましょう。

- /p/ には、「物体に打ち当たる」「破裂する」「急で爆発的な動作や出来事」などの音象徴の特徴がみられる。
- 音象徴（おんしょうちょう）（p.170 参照）は、特定の音を特定のイメージと結びつけて知覚することであり、人間が共通して持っている認識のあり方である。

Point 2

色玉やゴム風船、紙風船を使って遊ぶ楽しさを味わう

色玉やゴム風船・紙風船の持つ軽さと、打ち上げるときの音と感触が、「ぱぴぷぺぽ」の音声とつながることを子供たちと感じて遊びましょう。

- 名前のマークシールを貼りつけた風船を箱の中に入れて用意しておく。

3歳児を対象にした実践

表現　2－（1）（8）／人間関係　2－（7）

1　実践のねらい

(1) 破裂音のぱ行を発音するときの両唇の動きと音の響きの軽やかさを感じる。
(2) 色とりどりの球体（風船・紙風船）が空中に舞う美しさを感じる。
(3) 教師や友達と一緒に、声に合わせて風船（紙風船）を飛ばし合う楽しさを味わう。

2　実践の流れ

・日を変えて絵本を繰り返し読み、「ぱっぴ ぷっぺ ぽ～ん」の音に親しむ。
・教師と一緒に一人一人が「ぱっぴ ぷっぺ ぽ～ん」で色玉を打ち上げ、タイミングをつかむ。
・教師と一緒に皆で「ぱっぴ ぷっぺ ぽ～ん」と風船（紙風船）を打ち上げ、タイミングをつかむ。
・二人が向かい合って交互に「ぱっぴ ぷっぺ ぽ～ん」で風船を相手に打ち上げ、もう一人が受け取る。
・円陣になり、真ん中に向かって「ぱっぴ ぷっぺ ぽ～ん」と皆でかけ声をかけて打ち上げ、カラフルな風船（紙風船）を飛ばし合う楽しさを味わう。

【準備】色玉 一人約３個、ゴム風船人数分、風船空気いれ（ハンディポンプ）
【紙風船を用いる場合】磯野紙風船７色セット（直径14cm　400円）人数分、ストロー１名につき1/2本

3　実践事例（1）　紙風船を用いた実践（2クラス合同での実践例）

時間	環境構成	○幼児の表現活動	◇教師の援助
11：10	遊戯室 長椅子	○興味をもって絵本を見たり「ぱっぴぷっぺぽ～ん」の部分を一緒に言ったりする。 キ　教師が出してきた紙風船に興味をもち、教師が紙風船を飛ばす様子を見る。	◇『ぱっぴぷっぺぽ～ん』の音の楽しさを教師自身が感じながら絵本を読む。 ◇紙風船を紹介し、やってみたいと感じる子供に共感し、全員分あることを伝える。 ◇「ぱっぴぷっぺぽ～んで、飛ばしてみよう」と言って、紙風船を打ち上げる。 ◇「強く握らない」「小さくなったら先生に空気を入れてもらう」など扱い方を伝える。 ◇一人一人に紙風船を手渡し、全員に渡ったことを確認して、一緒に飛ばそうと誘う。

	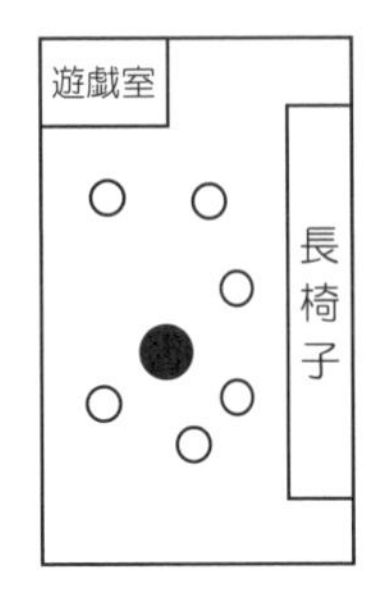	テ「ぱっぴ ぷっぺ ぽ～ん」と言いながら、紙風船を飛ばしてみる。 ・自分の紙風船を拾い、何度も飛ばそうとする子供がいる。 ・しぼんでしまったり、破れてしまったりする子供は教師のところに伝えに来る。	・「ぱっぴ ぷっぺ ぽーん」のタイミングに合わせて楽しくできるように、教師も一緒になって紙風船を飛ばす。 ・自分の紙風船が飛んだことを喜んだり、紙風船が落ちる様子を感じたりできるように言葉をかける。
	遊戯室 長椅子 ちゅうりっぷ組 もも組	○ちゅうりっぷ組の子供は紙風船を持って座り、もも組の子供は紙風船を持ってちゅうりっぷ組の子供の方を向く。 テ「ぱっぴ ぷっぺ ぽ～ん」と言いながら、ちゅうりっぷ組の子供の方に向かって紙風船を投げる。	◇クラスごとに分かれて座ることを伝え、友達が飛ばしている様子を座ってみる。 
		・ももとちゅうりっぷで交代する。	・飛ばす人と見る人を交代することを伝える。
		○紙風船を持って円になろうとする。	◇たくさんの紙風船が飛ぶ美しさを感じられるように声をかけ、最後に全員で一緒に投げてみようと誘う。
		・円の内側に向かって立つ。	・円の内側に向かって立つように誘導し、隣同士でぶつからない間隔を取る。
11：30	遊戯室 長椅子	テ「ぱっぴ ぷっぺ ぽ～ん」のかけ声に合わせて全員で紙風船を投げ、その様子に喜ぶ。	・一人一人の紙風船の状態を確認し、最後に気持ちよく投げて終えられるように言葉をかける。 ・教師も一緒に投げ、「わあ！きれい！」などたくさんの色が一斉に飛ぶ美しさを言葉で表す。
		 ○持ち帰れることを喜び、保育室に戻り、紙風船をカバンにしまう。	◇「みんなで飛ばしてきれいだったね。また遊ぼうね！」とみんなで遊んだ楽しさに共感し、紙風船を持ち帰っていいことを伝える。 ・保育室に戻ることを伝え、カバンに紙風船を丁寧に入れる援助をする。

実践事例（2）　ゴム風船を用いた実践（導入は〔1〕と同様なので、展開部のみを提示する）

時間	環境構成	幼児の表現活動	教師の援助
開始より ３分後	ピアノ 玉 玉	○教師の出した色玉を興味をもって見る。 ・好きな色の色玉を取り、自分なりの「ぱっぴ ぷっぺ ぽーん」のタイミングで投げる。	◇「今日はこんなものがあるよ」と、興味を持てるように、色玉を見せる。 ◇教師と共に「ぱっぴ ぷっぺ ぽ～ん」と声を出して、言葉と色玉の動きが合う面白さを感じられるようにする。 ・「ぱっぴぷっぺぽーん」と言いながら、自分のタイミングで投げる姿を認める。
	・色玉を子供たちが取れる場所に置く。 ピアノ 風 船	テ　みんなで「ぱっぴ ぷっぺ ぽーん」と言い、一緒に色玉を投げる。 キ「ぽーん」のタイミングで、たくさんの玉が宙に上がり、その面白さや迫力を感じる。 ・「もう一回！」と言って繰返し遊ぶ。	◇みんなで一緒にやってみることを教師から提案し、「せーの」などの合図をして、みんなで声を合わせる楽しさや、たくさんの色玉が一緒に舞う面白さを感じられるようにする。
開始より 10分後	・ふたをした風船の入っている箱を出す。 ピアノ 箱 箱	○色玉を片付けてみんなで集まる。 ・風船の箱に興味をもち、開けると、色とりどりの風船に喜ぶ。 ・自分の風船を持って「ぱっぴ ぷっぺ ぽーん」と投げて遊び始める。	◇「もっと素敵なものもあるんだよ」と声をかけ、「ぱっぴっぷっぺ・・ぽーん！」と言って箱のふたを開け、色とりどりの風船の美しさを感じられるようにする。 ・教師も風船をもって一緒に「ぱっぴ ぷっぺ ぽーん」と投げて遊ぶ。
		○友達と二人組みになって「ぱっぴ ぷっぺ ぽーん」と声を出しながら投げ合って遊ぶ。 ○輪になって、声を合わせて遊ぶ。	◇二人組になることを呼びかける。 ・みんなでやってみようと呼びかける。 ・最後は（１）と同様に終了する。

4　色玉・ゴム風船・紙風船を用いることについて

運動会の玉入れで用いられる色玉は、子供たちには馴染みのある球体物です。3歳児には持ちやすい大きさと重さであり、「ぽ～ん」の声と合わせて放り上げるタイミングをつかむのに用いるとよいでしょう。カラフルなゴム風船や、珍しい紙風船に触れることも遊びの楽しさを倍増させます。

（岡林典子・中東静香・畑中悠希・今村香菜）

2 「るるるるる」はどんな気持ち？

実践の概要

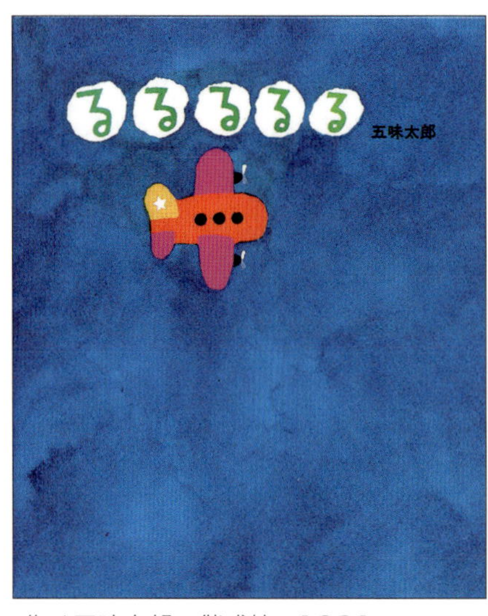

作 / 五味太郎　偕成社　1991

『るるるるる』

「るるるるる…」、真っ青な空のどこからか聞こえてくる音。その正体は赤い小さなプロペラ機です。でもそれはプロペラの音でもエンジンの音でもありません。やがてプロペラ機は色々な状況に遭遇し、地面に衝突したりもします。

「る」の文字の音と形と配置のされ方、そして色鮮やかかな絵が一体となってお話が見えてくる絵本です。きっと私たちの周囲には耳ではとらえられない音があふれているのですね。最後の「る」は、この愛らしいプロペラ機を応援したくなる「る」ですね。

遊びが広がる表現活動のポイント

声に出して繰り返し「るるるるる」の音と形とを楽しみましょう。中心となる音「る」は、音を作っている最小単位である“音素”（本書 p.170）の子音/ r /と母音の/ u /から成り立っています。この子音/ r /は、「回転や流れるような運動」をイメージとして与える音だと言われています。私たちは「る」の音の連なりから、何ともしれず軽やかで流れる動きを感じるのです。

Point 1

「ゆらゆらプロペラ機」を製作する　実践事例（1）－２

子供たちが主人公のプロペラ機に親しんだら、１辺や直径が10㎝程度の四角や丸の小さな画用紙を配布して、フェルトペンやパスでプロペラ機を描きます。教師が準備した「ゆらゆらプロペラ機」台に子供自身がのりで貼り付けて完成させます。

※「ゆらゆらプロペラ機」台の作り方は〔実践事例（1）－２〕の前に掲載

・子供が描いた「プロペラ機」は「ひこうき」の形になっていなくてもよい。

Point 2

自分の「るるるるる」の声に合わせて「ゆらゆらプロペラ機」を動かして遊ぶ　実践事例（1）－２

自分の声の高低や大きさ、速さからプロペラ機の気持ちを感じて「ゆらゆらプロペラ機」を動かして遊びましょう。

・教室の壁面に青のロール画用紙か模造紙を貼って空に見立てられるようにしておく。

3歳児を対象にした実践

表現　2－（1）（8）／環境　2－（7）／人間関係　2－（7）

1　実践のねらい

（1）絵本の中にある文字「る」の音と丸い形の面白さに気付く。
（2）音の連なりの響き、大きさと動きを感じて遊ぶ。
（3）友達と一緒に活動する楽しさを味わう。

2　実践の流れ

・初秋のころ、青空の美しさも感じながら繰り返し子供たちと絵本読みを楽しむ。
・「る」の音や主人公のプロペラ機に十分親しんだら、「ゆらゆらプロペラ機」を製作する。
・自分の「るるるるる」の声に合わせて「ゆらゆらプロペラ機」を動かして友達と遊ぶ。

3　実践事例（1）－1（毎日の生活の中で）

時間	環境構成	○幼児の表現活動	◇教師の援助
	・絵本を用意する。 P 教師 〈保育室〉	○集まって絵本を見る。 ・絵本の世界に入り込み、プロペラ機の動きと言葉の響きや変化に心を動かしながら、笑ったり、自分でも「るるるるる」と声に出したりする。スムーズに言うことが難しい幼児もいる。	◇絵本を読むことを呼びかけ、絵と音の関わりに興味をもって見ることができるようにする。 ◇プロペラ機の動きや「るるるるる」という言葉の響きや面白さを感じられるよう、読む速さや声の感じ、強弱、抑揚、頁のめくり方などを工夫しながら読む。
	・保育室の絵本のコーナーに絵本を置く。	○自ら絵本を広げて楽しんだり、教師に「読んで」と持って来たりする。	◇一緒に絵本を見て楽しんだり、繰り返し読んだりして親しみをもち、言葉の響きの楽しさを感じられるようにする。
	・遊戯室に巻物状に貼り合わせた絵本を貼っておく。	○長い巻物に興味をもって見たり、プロペラ機を追ったりする。 ・「るるるるる」と言いながら絵に触れ、追う幼児もいる。	◇一緒にプロペラ機を追いながら見たり、読んだりする。 ・プロペラ機の動きや、言葉の面白さを感じて見たり追ったりする姿を認め、一緒に楽しむ。
	教師 P 巻物絵本 〈遊戯室〉	○プロペラ機になって遊ぶ。 ・プロペラ機になって走り回る子供や、絵本の飛行機のように様々に動いたり墜落したりする幼児、「るるるるる」と言いながら動く幼児、見ている幼児など、様々な姿が見られる。	◇教師も一緒にプロペラ機になって動く。 ・走ったり跳んだり転がったりして動きながら、「るるるるる」や「る」「る」「る」などの言葉を取り入れ、幼児が「るるるるる」を動いて感じることができるようにする。 ・電気を消したりつけたりして、雲の中を飛ぶことを楽しめるようにする。

<「ゆらゆらプロペラ機」台の作り方>

〔材料・用具〕直径３㎜長さ１ｍのアクリル棒（約120円）1人、1/2本（50cm）、青色画用紙８×16㎝人数分、両面テープ（幅３㎝）、ガムテープ、ペンチ、はさみ

① アクリル棒をペンチで50㎝の長さに切る。
② ８×16㎝の画用紙を半分に折り、折り目を付けてから広げて、長い方の両辺に両面テープを貼る。
③ 両面テープをはがし、画用紙の半分の中心にアクリル棒の片方の端を置き、画用紙を折って貼り合わせる。
④ アクリル棒のもう一方の端は危なくないようにガムテープで挟んで巻いておく。

実践事例（1）－2（本時の展開）

時間	環境構成	○幼児の表現活動	◇教師の援助
10：00	・テーブルと絵本を用意する。 P 教師	○絵本を見る。 **キ**　絵本を見ながら、一緒に「るるるるる」「れ」の声を出して楽しむ。	◇「るるるるる」の声に合わせて「ゆらゆらプロペラ機」を動かして友達と遊べるようにする。 ・これまで親しんできた「るるるるる」を感じられるよう、言葉の響きやリズムを意識しながら読む。
10：05	・小さな画用紙、フェルトペンを用意する。	○画用紙に、自分なりのプロペラ機を描く。 ・なかなか描きださない幼児や好きなものを描く幼児もいる。 **デ**　自分が描いたプロペラ機を、のりで台紙に貼る。（写真１）	◇自分だけのプロペラ機を作ることを伝え、「楽しそう」「やってみたい」と思えるようにする。 ・自分なりのプロペラ機でよいのだと感じられるよう、一人一人が自分なりに描く姿を認めていく。 ・「かけない」という幼児や、なかなか描きださない幼児には、自分が「るるるるる」と飛ばしてみたいもので良いと伝え、一緒に考えたりする。
10：12	・のりと下敷き、プロペラ機の台紙を用意する。	○貼った幼児から、のりと下敷き、いすを片付けてプロペラ機を動かして遊ぶ。	◇絵を描いた方とは反対側にのりをつけることを伝えたり、台紙に貼るのを手伝ったりする。
10：20	・テーブルを片付けて、室内を広くする。	○自分のプロペラ機を飛ばして遊ぶ。 **カ**「るるるるる」と声を出しながら飛ばしたり、絵本に出てくる動きを真似たり、自分なりに動いて飛ばしたりする。（写真２～４）	◇自分のプロペラ機ができたことを一緒に喜び、教師も「るるるるる」と口にしながらプロペラ機を動かして一緒に遊ぶ。 ◇声を出しながら飛ばしている姿や、自分なりの動きを楽しんで飛ばしている姿など、一人一人が楽しんでいるところを認めて共感し、自分なりにプロペラ機を動

10：20	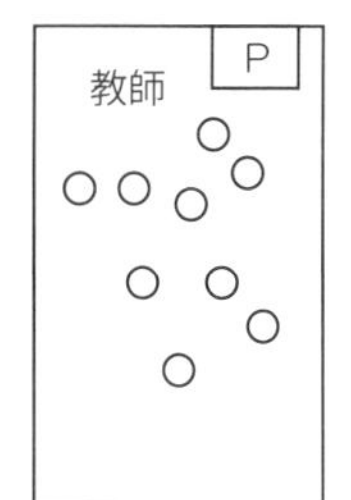	・廊下や園庭に出て動かして遊ぶ幼児も多くいた。	かして遊ぶ楽しさを感じられるようにする。 ◇いつでも「るるるるる」の響きを感じて遊ぶことができるよう、個人ロッカー棚にプロペラ機を留めて片付ける場所を作る。

4　保育の実際

・初めて読んだ時、自然と教師の声に続いて「るるるるる」「れ」など声に出しながら見ていました。進んでいくプロペラ機の周りの景色の変化や、言葉の移り変わりに関心をもって、笑ったり、驚いたりと心が動く姿が見られました。

・４回目の絵読みを楽しんだころ、壁面に青いロール画用紙を貼りました。丸い紙を用意し、教師がプロペラ機を描くと、「やりたい」と言って多くの子供が集まってきました。「るるるるる」と言いながら描いたものを「とんだー！」と言って壁面に貼ったり、「これは雲だから」と白い紙を貼ったりと、自分なりにプロペラ機が飛んでいるイメージをもちました。

・本時では自分のゆらゆらプロペラ機を作ることに意欲をもち、声を発しながら自分のプロペラ機を飛ばして楽しむ姿が見られ、二つ作ろうとする幼児や発声と動きを関わらせている幼児もいました。

写真１　描いた絵をゆらゆら台に貼る

写真２　二人で「るるる」と呼応しながら動かす

写真３　プロペラ機を中心に集めて動かして遊ぶ

写真４　回転の動きを発見して友達と楽しむ

（山野てるひ、今村香菜）

3　50音の響きと動きで遊ぼう

実践の概要

作 / 谷川俊太郎　絵 / 堀内誠一　くもん出版
2009

『かっきくけっこ』

「あいうえお」を声に出したら、どんな響きがするでしょう。柔らかい感じ？　かたい感じ？　すべすべしている？　ざらざらしている？

それを絵にしてみると、どんな色や形になるでしょう。明るい色？　暗い色？　形はまるい？　角ばってる？「かきくけこ」や「さしすせそ」はどうでしょうか。

作者の谷川俊太郎さんは、50音の意味だけではない言葉の音の多様さが子供たちの耳を開くと言っています。そして自由に声に出して、身体も動かして大人も一緒に遊んでほしいとも言っています。

遊びが広がる表現活動のポイント

この絵本では、「あいうえお」を声に出した時の響きの明るさ、柔らかさ、長さなどが、絵に表されています。子供たちと声の響きや形・色・手触りの感覚のつながりに面白さを感じて、声と動きで表わしてみましょう。

集団で楽しめるように、絵本を拡大して紙芝居に仕立てておくとよいでしょう。

それぞれの行を声にするときの音の出所（口の開け方、唇や舌）や印象の違いを感じながら絵本の読みを楽しむ

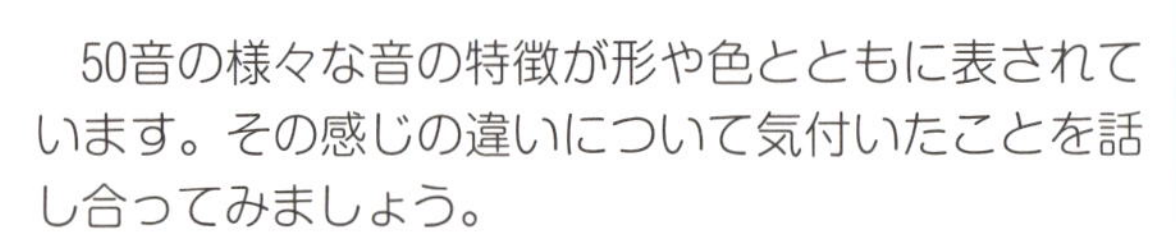

50音の様々な音の特徴が形や色とともに表されています。その感じの違いについて気付いたことを話し合ってみましょう。

・行のもつ音の特徴や印象の違いを感じて、絵本を読む。
※Q＆A p.170 参照。

音と動きのつながりを感じて身体表現を楽しむ

清音（あいうえお等）、濁音（だぢづでど等）、半濁音（ぱぴぷぺぽ等）とともに、促音「っ」、長音「ー」、拗音「ゃ、ゅ、ょ」、撥音「ん」を加えて発声するときの、声の長短や速度、大小や強弱の違いを子供たちと感じて動いてみましょう。

・日本語の特殊拍を知ろう！
・促音：「かっきくけっこ」など小さな「っ」のこと。
・長音：「やーいゆえよーよ」など「ー」のこと 。
※撥音：「ん」のことなど p.55 参照。

5歳児を対象にした実践

表現 2－(4)(8) ／ 言葉 2－(7) ／ 人間関係 2－(7)

1 実践のねらい

(1) 50 音の行のもつ響きと絵の形・色・手触りの関わりを感じながら、絵本を楽しむ。
(2) 行全体の音の響きや、清音や濁音、撥音などの感じの違いを考え、工夫して動きに表わす。
(3) 教師や友達と一緒に体を動かす楽しさを味わう。

2 実践の流れ

・行のもつ音の響きの違いと、絵の形や色の違いを感じながら絵本を楽しむ。
・清音と濁音、半濁音、促音や撥音の違いなど、50 音の響きの面白さを感じながら動いてみる。
・慣れてきたら、行の音の違い、「かっきくけっこ」の促音の入り方や、「だぢづでどどど」や「ぱっぴっぷっぺっぽっぽっぽ」などの濁音や半濁音から感じる重量感、軽量感も表現して楽しむ。

3 実践事例（1）－1

時間	環境構成	○幼児の表現活動	◇教師の援助
13：30	・部屋を広くし、教師の周りに集まれるようにする。教師は園児椅子に座り、絵本を持つ。 子ども	○絵本が始まることを楽しみにしながら教師の前に集まる。 ・どんな絵本を見るのかを知る。 ○絵本を見る。 ・教師のまねをして一緒に読もうとする。 ・文字を目で追って読もうとする。 キ　自分なりに気付いたことや思ったことを話そうとする。 ・「忍者が素早く走っているみたい」 ・「ささが揺れているみたい」 ・「ナマズがいる！」 ・「ぬるぬる、にゅるにゅる」	◇絵本が見える位置に集まるよう声をかけ、皆が見られるか確認する。 ・開く前にゆっくりと表紙を見せ、今から読むことが楽しみになるようにする。 ◇題名をリズミカルに読み、幼児たちの捉えや反応を受け止めていく。 ◇画面から感じられる印象を教師なりに捉え、唇の動き、表情、強弱などを変えて読む。 ・「あいうーえーお」：唇をはっきり動かし、区別して発音する。 ・「かっきく　けっこ」：はっきりしたリズムで、歯切れよく勢いよく読む。 ・「さしししすすせせそ」：無声音で、擦れるような調子で、発音を意識して読む。 ・「だぢづでどどど」：濁音をはっきりと強く読む。 ・「なーに　ぬねーの」：ゆっくりとした、ねっとりとした読み方をする。 ・「ぱっぴっぷっぺっぽっぽっぽ」：軽さや弾ける雰囲気で読む。 ・「まみむめむめめも」：mの発音を意識しながら線が曲線であることを感じて読む。

	○教師とともに輪になって座る。	**キ**　目が二つあることを見つけて指差す。 ・様々な感想を言う。 ・「ぐるぐる回ってる」 ・「れ、も回っている」 **キ**「鬼が怒っているみたい」 ・「だれかとぶつかった感じ」	・「やーいゆえよーよ」：遠くに呼びかけるように読む。 ・「らららりらるられろ」：ｒの発音で舌をしっかりと巻きながら発音する。 ・「わっ　いーうえ　おっ」：絵の雰囲気を大切に、勢いよく読む。 ・「ん」：闇夜で何かを見つけたような「ん？！」の雰囲気で読む。 ◇それぞれの場面での幼児たちの言葉や表情を丁寧に捉え、一緒に楽しんだり、「ほんとだねぇ」と受け止めて、のびのびと思ったことを表せるようにする。 ◇「ん」でおしまいであることを感じられるように、そっと本を閉じ、余韻をもって読み終える。「いろんなおもしろい言葉があったね」と話し、幼児たちの言葉や反応を受け止めていく。

実践事例（1）－２

時間	環境構成	幼児の表現活動	教師の援助
13：15	○大きな紙芝居なので、巧技台を準備する。 ○…子ども □…大きい絵本，教師	○教師の周りに集まって紙芝居を見る。 ・表紙を見て多くの子供が「かっきくっけっこ」とすぐに声を出す。 **キ**　表紙の顔の絵にひらがなを見つけて「へのへの」と指差しで読む幼児がいる。（写真１） ・教師が読む前にほとんどの子供が声に出し始める。 **カ**　手を上げて自分なりの読み方を表わし伝えようとする。（写真２） ・友達の読み方を聞いて、即座に立って動きに表わす幼児がいる。 ・「最後は伸ばさなあかん」などと言う幼児もいる。	◇すでに読んでいるが、紙芝居にすることで新たな気持ちで興味関心がもてるようにする。 ・紙芝居を揺らしたり、ワクワクした気持ちで幼児たちが見られるようにする。 ・紙芝居を見せながら教師なりの表現の仕方で声の強弱をつけたり、時に少し体を動かして表してみる。 ・言葉で表現することが楽しめるように、一緒に言葉の面白さに気付いたりしながら、共感し楽しい雰囲気をつくっていく。 ◇読み終えて、何だか体がムズムズと楽しくなってきた様子を表現し、やって見たいと思えるように教師自ら体を大きく動かし、幼児たちの気持ちに誘いかけるようにする。 ・幼児たちが自ら心を動かし、表現したことを取り上げ、教師も真似てみる。

			・表現したことが認められることによって「もっとやってみたい」と思えるように関わる。
		○「かっきくけっこ」の表現をする。 **カ**　すぐに何人かが自分なりの動きをする。皆、思い思いに膝を高く上げたりし跳ぶように動く。	◇「かっきくけっこ」と声に出しながら、カクカクした固い感じなどを教師が体で表現し、「さあ、どうぞ！」と声をかける。 ◇「次はなににしようかなぁ…なにぬねのがいいの？」と幼児の声に応えて、な行の場面を出す。
		○教師の姿や、友達の表現する姿を見て、意欲的に皆の前でやってみようとしたり、自分なりに考えて表現しようとする。 **カ**　両腕をくねくねさせる。屈む姿勢で全身をくねらす、腰をくねらす、横に往復して跳ぶなど、その行の音の特徴を感じながら動く。	◇幼児の気持ちが乗ってきている様子を確かめ、順番に場面を出さず、「次は何かなぁー、用意はいいか？」と期待を持たせて、ぱっと場面を提示する。 ・幼児たちの考えた表現を大事に受け取り共感していく。 ・数場面を繰り返し、友達の前で表現して楽しむ満足な気持ちを見て取る。
13：35		○最後に決めポーズをして、表現する楽しさを味わうとともに活動を終える。（写真３）	◇「最後、ぱっぴぷっぺぽでポーズ！パッ！」と声をかけ、教師とともにポーズを一斉に決め、活動を終える。

4　保育の実際

2回目の実践では、既に絵本読みをしているので、表紙を見ると「かっきくけっこ」と大きな声が上がりました。場面が変わるごとに積極的に声を出して楽しむ姿が見られ、皆の前で発表することに意欲を示したのは、「次は何だろう」と無作為のように場面を取り出す教師の適切な働きかけによるものでしょう。

写真１　表紙の顔の文字を指差す

写真２　手を上げて発表することに意欲を示す

写真３　最後の決めポーズをする

（岡林典子・山野てるひ・小川陽子・矢木万友美）

 絵のイメージを音にしてみよう

実践の概要

作 / 元永定正　福音館書店　1986

『がちゃがちゃ どんどん』

モダン・アートの世界で活躍した画家、元永定正（1922-2011）の抽象的な絵とオノマトペで構成されています。赤、ピンク、オレンジ、黄、緑、青といったさまざまな色と独創的な形につけられたオノマトペは、大胆かつユーモアにあふれ、子供たちに自由なイメージを喚起させてくれるでしょう。

遊びが広がる表現活動のポイント

絵からイメージした音を表現するために、まずは色々な音に触れることが大切です。演奏が容易で、子供たちも親しみやすい打楽器は、木や皮、金属などの材料や叩くものによって音が変わります。音のイメージを広げるためには、すずやタンバリンだけでなく、世界の民族楽器をはじめ、様々な打楽器を用意できると良いですね。

オノマトペを使って絵や音のイメージを言葉にする　実践事例（1）

まだ語彙が十分でない子供にとって、オノマトペは身近な言葉です。絵や音を言葉でうまく説明できない子供たちも、オノマトペを用いることによりその特徴を瞬時に表現できます。まずは子供たちからオノマトペを引き出し、それから音の特徴へと発展させていきましょう。きっと子供たちが発するオノマトペには目を見張るようなものがありますよ。

・絵のイメージをもとに様々な音に気付くために、最初は対比のはっきりとした絵を選ぶと良い。

音の探索をする　実践事例（2）

子供の世界は発見に満ちています。最初からこの楽器はこのように叩くと教えるのではなく、子供たち自身で打楽器の叩き方を工夫してみましょう。子供たちと楽器との自由な出会いがあると素敵ですね！

・世界各国の民族楽器は、形も種類も豊富で打楽器も多い。
・安全で子供にも使いやすいサイズの楽器を選ぶ。

5歳児を対象にした実践

表現　2－（1）（4）（6）（8）／人間関係　2－（7）

1　実践のねらい

（1）絵から喚起されたイメージを身体とオノマトペで表し、クラスで共有して楽しむ。
（2）様々な楽器の音の特徴を感じて、イメージを音にすることを試みる。

2　実践の流れ

・絵本から対照的な２つの図形を選び、オノマトペと動きでその形のイメージを表現する。
　（子供たちの自由な表現が出るように、最初は絵本のオノマトペを隠して提示してもよい）
・子供にも扱いやすい小物打楽器を自由に選んで、イメージを音にする。
・他の３対の図形についても同様に、オノマトペと動きの後に打楽器で表現する。
・楽器や叩き方によって色々な音色があることに気付いて音遊びをする。

3　実践事例（1）－1

時間	環境構成	○幼児の表現活動	◇教師の援助
11：00	・黒板に向かって座る。 黒板 楽器 教師 幼児 ・どの幼児も絵本が見える位置に座っているか確認をする。	○絵本の図形を見て、自由に体とオノマトペで表現する。 ・図形の一部を表現しようとする幼児、全体のイメージを表現しようとする幼児など、様々な動きが見られる。 ・「ビリビリビリ」「ゾーン」「ギュウギュウ」など自然にオノマトペの表現が出てくる。 ○クラス全員で動きとオノマトペを楽しむ。 ○今度は左の絵を見て、「ドンドン」「ピョンピョン」などの言葉とともに自由に表現する。	◇黒板に絵本から２つの図形を選んで提示する（本時は絵本の２～３頁に描かれた２つの図形を用いた実践例）。オノマトペをシールで隠しておき、右の絵を指差す。 ・「今からみんなはこの絵に変身してみましょう。自由に動いてもいいです」と誘う。 ・戸惑っている幼児には、どのようなオノマトペが感じられるのか声をかける。 ◇面白い表現をしている幼児の動きを取り上げる。 ・「じゃあ、みんなで一緒に動いてみよう。この音はどんな感じ？」 ◇左の絵を指して、身体とオノマトペで表現するように促す。 ・「今度はこれで自分たちの動きをしてみよう」

	・  「ピョンピョン」の動き	**カ**　クラス全員で友達の考えた動きとオノマトペを表現する。 ・「ユラユラ」「ビリビリ」 ・「ガタガタ」「バラバラ」 **キ**　教師の問いかけにより、右頁の図形との違いを感じ取っている。	○面白い表現をしている幼児の動きを取り上げて、全員で楽しむ。 ・「右の形はどんな感じ？」 ・「では、左の形はどう？」 ○友達の表現を見て感じたことや思ったことが話し合えるように、言葉をかける。

実践事例（1）－2

時間	環境構成	○幼児の表現活動	◇教師の援助
11：00	・黒板に向かって座る。 黒板 楽器 教師 幼児 ・楽器をかごに入れておく。	○２つの絵をオノマトペで表現する。 ・右の絵では、ジャンプしたり、ドシンと歩いたりするなど、左の絵よりも重い動作が見られる。 ○楽器を用いて、全員で２枚の絵を表現する。 ・左頁に比べ、右頁の表現は重く、速度は遅い。	◇実践事例（1）で取り上げた絵を再度提示し、オノマトペと身体で表現するように促す。 ・「この前の絵を言葉や体で表してみようかな。音を出してもいいですよ」 ◇全員に行き渡るように楽器を配布し、図形によって表現を工夫する。 ・「この形を見てどんな音が出るかな？」 ・合図をするまで勝手に音を出さないように約束する。
11：10	・活動が終ると、楽器を回収する。 ・５～６名のグループごとに座る。 幼児 楽器 幼児 幼児 幼児 ・グループごとに７～８種類の楽器（種類は多い方がよい）をかごに入れて用意しておく。	**テ**　７種類の絵について、グループごとにオノマトペを用いて表現する。 ・「ボーンボーン」「ヒラヒラヒラ」「ズルズル」「ピカッ」「ポンポン」「ピラピラ」「ボクッ」 ○グループで７～８種類の楽器を交代しながら自由に鳴らして、音を聴く。 ・全員で楽器を用いて、教師が指示した絵を表現する。	◇５～６人のグループに分け、オノマトペをシールで隠して、pp.20-21 の７種類の形を提示する。 ・「いろんな形と色がありますね」 ・「①の絵から音が出るとしたら、どんな音？」（②～⑦の絵についても同様の活動を行う） ◇グループごとに７～８種類の楽器を渡し、７種類の形を楽器で表現するように促す。 ・「グループでどの楽器を誰が使うか、仲良く決めてください」 ・「形ごとに音を出してみましょう。決めた楽器でその形にどんな音が合うかなと考えてみてください」

			・同じ表現を繰り返している幼児には、面白い振り方やたたき方をしている幼児の表現を紹介してもよい。
		カ　グループごとに楽器を用いて、教師が指示した絵を表現する。 ・全員で楽器を使って表現する。	◇発表を静かに聴くように促す。 ・「それでは、今からグループごとに発表してもらいます」 ・「もう一度全員で立ってやってみましょう」
11：30	 ・グループで絵を楽器の音で表現する	**キ**　違いや良さに気付いて、「きれいだった」「楽しかった」などと言う。	◇活動のまとめをする。 ・「他のグループのお友達を聞いてどうでしたか？」 ・「この頁はそれぞれ形も色もちがいますね。それぞれちがう楽器の鳴らし方や、踊りがあってよかったです」

4　小学校への接続

第1、2学年では、小学校学習指導要領A表現（3）イに、音楽づくりの活動を通して、「(ア）声や身の回りの様々な音の特徴」について、それらが生み出す面白さなどと関わらせて気付くことと示されています。小学校ではオノマトペを書いて様々な音やイメージを表現することにより、その特徴に気付くようにします。まず打楽器を自由にたたいて、その音をオノマトペで記録し、似ている音同士を分類して特徴を明確に感じ取ります。また、反対に絵から音のイメージを表すオノマトペも考えてみましょう。

5歳児ではグループ全員でそれぞれの楽器を持って形や色のイメージを音にしました。たたき方で違いを表現しましたが、小学校では文字に書いたオノマトペのイメージに相応しい音色の楽器を選び、どのように鳴らすかを話し合っても良いでしょう。その際に、楽器の音探索活動の経験が役立ちます。教師は子供の面白い表現を取り上げて共有し、音の世界を広げる支援をしましょう。絵の順番を決めて、それぞれのイメージをもとにした演奏をつなげると、グループで絵をもとにした音楽づくりの活動へと発展させることができます。

（佐野仁美・松田幸恵・藤井香菜子・山崎菜央）

5　発音の面白さを発見しよう

第１学年　音楽科・国語科

実践の概要

作／岸田衿子　絵／にしむらあつこ
福音館書店　2003

『ぐぎがさんとふへほさん』

音楽科の歌唱表現と国語科の言語表現の関わりについて理解を深められる絵本です。ぐぎがさんは「ぐがよー」、ふへほさんは「ふはよー」とご挨拶。ぐぎがさんのホットケーキはかちんかちん、ふへほさんのホットケーキはふわふわ。まるで正反対の二人だけどとても仲良しです。ある日、二人は海へ釣りに出かけます。二人はおかしなものを釣り上げて、機嫌よく、ぐぎがさんは「ぐーぎーがーぎごぎがー」、ふへほさんは「ふーひーはーひほひはー」とそれぞれによく知られた唱歌《うみ》を歌います。

物語の読みと表現活動のポイント

絵本は、児童たちの様々なイメージの世界を具体的に表してくれるものである。『ぐぎがさんとふへほさん』は、ひらがなの「音」の面白さを感じさせる言葉を通して、何気ない日常の場面が表されている。あたかもありそうなイメージの世界で繰り広げられる不思議で対照的な二人の会話を、音楽的なイメージへ転換させやすい絵本である。言葉の「音」表現から音楽科の歌唱表現へ、同時に国語科の言語表現へもつなげることができる。

Point 1　１年生で学習する「ひらがな」を通して母音と子音を意識させる

1年生で学習する「ひらがな」を使用することで、「知っている」という安心感と新しくひらがなが「母音」と「子音」で構成されていることに気付く。そうすることで、ぐぎがさんが何と言っているかを発見する楽しさがある。

・「ひらがな」番号表（p.43 ワークシート参照）を作り、全員が見ることができるように拡大したものを掲示する。一緒に目で確認することにより、私たちの話している「言葉」が「母音」と「子音」でできていることを、より意識することができる。

Point 2　「言葉」にはそれぞれ雰囲気があることに気付かせる

学級全員が自分の名前を使って歌詞を作ることで、子供の関心を引き出し、互いに歌い合ってその印象を比較したり検討したりしやすくする。同じ行（子音）から共通して受け取る感覚に着目し、それらを意図的に活用すれば自らのイメージを他者にも伝え、共感し合うことができることに気付かせる。

授業の構想と実際

1　単元題材の概要

●国語科

本単元は、読むこと；指導事項Cオ、カに重点を置いており、絵本の登場人物の会話に着目しながら、自分のこれまでの体験と結び付けイメージを自分なりにまとめ、友達と共有することをねらいとしている。

●音楽科

本題材は、表現；指導事項A（1）ウ（イ）、（3）ア、鑑賞；共通事項Bイに重点を置いている。楽譜を用いた音楽表現は時に難しさを感じるものである。既に知っている楽曲で、自分の名前を用いることによって「表現してみたい」という意欲がわき、その表現を工夫することをねらいとしてる。

2　単元・題材の指導目標

●国語科

（1）絵を見て、身近なことを表す語句を想像し、言葉を感情豊かに発音することができるようにする。（知識及び技能）

（2）登場人物の行動などに着目しながら物語の全体から感じられることを具体的に自分の日常に照らし合わせて想像して読んだり、それらを共有することで考えをもったりすることができるようにする。（思考力、判断力、表現力等）

（3）絵本の登場人物に着目して、大好きな場面を見付けるとともに、自分の生活と比べて、感じたことや考えたことを友達と共有しようとする。（学びに向かう力、人間性等）

●音楽科

（1）気を付けて自分の発音する声を聴き、発音する言葉によって生まれる表現効果に着目できるようにする。（知識及び技能）

（2）既に知っている楽曲の歌詞を形作っている要素に気付き、その音楽における働きと関わらせて歌唱しようとする。（思考力、判断力、表現力等）

（3）自分の名前の行に置き換えて作った歌詞を声に出して歌い、その行の音の特徴や表れ方の変化を感じ取ったり、考えたりして、音への関心を深めようとする。（主体的に学習に取り組む態度）

3　単元の評価規準

教科	知識・技能	思考・判断・表現	主体的に学習に取り組む態度
国語	・絵から感じたことを言葉を通して感情豊かに発音している。	・登場人物の行動などに着目しながら物語の全体から感じられることを具体的に自分の日常に照らし合わせて想像して読んだり、それらを共有することで考えをもったりすることができるようにしている。	・絵本の登場人物に着目して、大好きな場面を見、自分の生活と比べて、感じたことや考えたことを友達と共有しようとしている。
音楽	・自分の発音する声を気を付けて聴き、発音する言葉によって生まれる表現効果に着目できる。	・既に知っている楽曲の歌詞を形作っている要素に気付き、その音楽における働きと関わらせて歌唱出来る。	・自分の名前の行に置き換えて作った歌詞を声に出して歌い、その行の音の特徴や表れ方の変化を感じ取ったり、考えたりして、音への関心を深めようとしている。

4　題材の指導計画

題材指導計画

全２時間	音楽科
第一次 （1 時間）	母音と子音の組み合わせで「言葉遊び」を楽しみ、楽曲の歌詞を自分の名前の行に置き換えて歌唱活動をする。
第二次 （1 時間）	ひらがなが母音と子音でできていることを理解し、歌唱時にはそれぞれの行の持つ特徴を自分なりに生かしながら歌おうとする。（本時）

←

全２時間	国語科
第一次 （1 時間）	ひらがなが母音と子音できていることを理解し、自分のイメージに合った発音を見いだせるようにする。 母音と子音の組み合わせで「言葉遊び」を楽しめる。
第二次 （1 時間）	「言葉遊び」などを通して、ひらがなの構成に興味をもち、物語を読むときに登場人物の気持ちやそれぞれの場面に合わせて発声の仕方を工夫できるようになる。

5　本時の展開（第二次第１時）

（1）本時のねらい（音楽科）の展開（第二次）

・ひらがなの行の特徴によって生まれる表現効果に気付く。（知識及び技能）
・既に知っている楽曲の歌詞を置き換え、変更されたイメージを歌唱によって表現しようとする。（思考力・判断力・表現力）
・友達との相互交流を通して、音の特徴や表れ方に関心を持ち、さらに深めようとする。（学びに向かう力、人間性等）

（2）本時の展開

分節	○児童の学習活動	◇指導者の支援　◆評価
Ⅰ導入	○前時の学習を振り返る。 ・《早口言葉のうた》（大中恩作曲）を歌唱し、言葉そのものに着目して活動したことを思い出す。 ・《うみ》を母音と子音に分けて歌い、前回の活動と自分が感じたひらがなに対するイメージを思い出す。	◇本時では特にひらがなの行に着目し、それぞれの音のイメージを大事にすることを確認する。 ◇ひらがなの一覧表を示し、歌唱しながらも母音と子音の関係を視覚的に確認できるようにする。
Ⅱ展開	登場人物の歌う歌のイメージを考えてみましょう。	
	○絵本『ぐぎがさんとふへほさん』の読み聞かせをそれぞれの登場人物のイメージを思い浮かべながら聞く。 ○登場人物の歌う歌にどのような違いがあるか具体的に考える。 EX）♪うみ　　「うみはひろいな～」 ♪ぐぎがさん「ぐぎがぎごぎが～」 ♪ふへほさん「ふひはひほひは～」	◇絵本の登場人物の行動と名前を一致させることができるよう工夫をして歌唱表現へつなげるようにする。 〔補助的支援〕 ◇登場人物が釣り上げたものをイメージして歌ってみるなど具体物を想像できるような声かけをする。
	自分の名前の頭文字の行に歌詞を変えましょう。	
	○教師自身の名前と入れ替えた歌詞の掲示を見ながら楽しむ。	◆掲示物を示しながら児童がひらがなの行を意識できるように歌唱する。（知・技）

Ⅱ展開	○自分の名前の頭文字の行を確認し、ワークシートに歌詞を書き込む。	◆行の違いによる音の変化に関心を持ち、歌唱によって表現しようとしている。（思・判・表）
Ⅲまとめ	それぞれが作った歌詞で発表し合いましょう。	
	○自分の作った歌詞を自信を持って発表し、それを楽しむ。	◇さまざまな行の歌詞の発表が聴けるよう、同じ行の名前はグループ発表にするなど工夫をする。
	○さまざまな行の歌詞の発表を比較しながら、自分なりのイメージを持って鑑賞する。	◆友達との相互交流を通して、音の特徴や現れ方に関心を持ち、さらに深めようとする。（態）

6 授業の実際

ワークシート「番号表の例」

※１～５の番号は、母音（aiueo）の順番に対応する。

① うみ	う	み	は	ひ	ろ	い	な
② 番号	3	2	1	2	5	2	1
③ な行	ぬ	に	な	に	の	に	な

3段目に自分の名前の行を入れ込んでいく作業をし、その後、各自記入した名前の行で《うみ》の歌唱発表を行った。

様々な行で《うみ》を互いに発表し合いながら、「な行」はやわらかい感じだけど少しねちゃねちゃした感じ。「さ行」は、おすしみたいで酸っぱい感じ。「か行」は、堅そうでカチカチしている感じ。「ら行」は、くるくる動く感じで面白い。などその行の特徴を児童なりに捉え、楽しむ様子が見られた。

また、本題材が終了したのちも自分で作成した歌を休み時間などに歌う姿が多く見られ、歌とその発音を味わって楽しむ題材目標が良好に達成された。

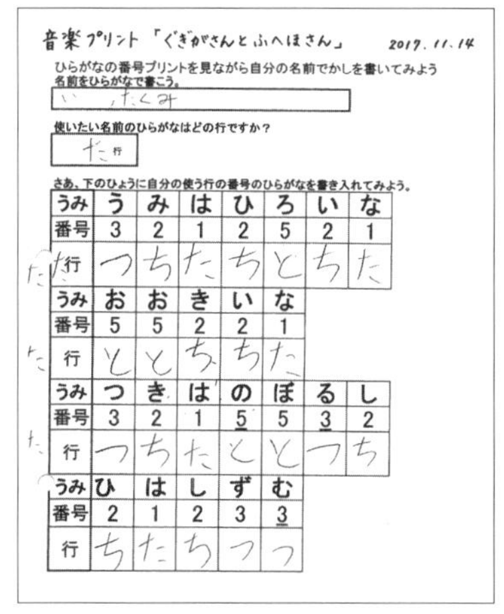

音楽プリント「ぐぎがさんとふへほさん」 2017.11.14

ひらがなの番号プリントを見ながら自分の名前でかしを書いてみよう

名前をひらがなで書こう。 い たくみ

使いたい名前のひらがなはどの行ですか？ た行

さあ、下のひょうに自分の使う行の番号のひらがなを書き入れてみよう。

うみ	う	み	は	ひ	ろ	い	な
番号	3	2	1	2	5	2	1
行	つ	ち	た	ち	と	ち	た
うみ	お	お	き	い	な		
番号	5	5	2	2	1		
行	と	と	ち	ち	た		
うみ	つ	き	は	の	ぼ	る	し
番号	3	2	1	5	5	3	2
行	つ	ち	た	と	と	つ	ち
うみ	ひ	は	し	ず	む		
番号	2	1	2	3	3		
行	ち	た	ち	つ	つ		

写真１　児童Aが作成したワークシート

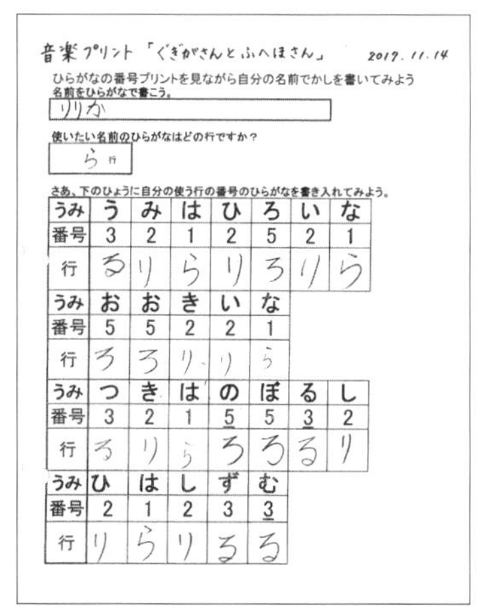

音楽プリント「ぐぎがさんとふへほさん」 2017.11.14

ひらがなの番号プリントを見ながら自分の名前でかしを書いてみよう

名前をひらがなで書こう。 りりか

使いたい名前のひらがなはどの行ですか？ ら行

さあ、下のひょうに自分の使う行の番号のひらがなを書き入れてみよう。

うみ	う	み	は	ひ	ろ	い	な
番号	3	2	1	2	5	2	1
行	る	り	ら	り	ろ	り	ら
うみ	お	お	き	い	な		
番号	5	5	2	2	1		
行	ろ	ろ	り	り	ら		
うみ	つ	き	は	の	ぼ	る	し
番号	3	2	1	5	5	3	2
行	る	り	ら	ろ	ろ	る	り
うみ	ひ	は	し	ず	む		
番号	2	1	2	3	3		
行	り	ら	り	る	る		

写真２　児童Bが作成したワークシート

（ガハプカ奈美・山崎菜央）

6　技法から想像して 海の中を表してみよう

第 2 学年　図画工作科・国語科

実践の概要

作 / レオ=レオニ　訳 / 谷川俊太郎
光村図書出版

『スイミー』　学校図書国語2年上・光村図書国語2年

物語の中に現れる様々な情景をきっかけにして、図画工作科の表現と効果的に関連させる指導の試みです。

本作品は、小さな黒い魚（スイミー）が、広い海を旅して様々な生き物たちと出会い、やがて仲間と出会う、成長の物語とも言えます。海の情景や生き物の表現としてオノマトペを活用してイメージを広げることで、海の豊かで広いイメージや孤独だったスイミーの気持ちの変化を映像イメージと重ね合わせて表現する学習が可能になります。また国語科としても、大きなロール紙で海を表現し、その中に多様な生き物や小さなスイミーを表すことは、お話全体のイメージをつかむ支えになることでしょう。

物語の読みと表現活動のポイント

多くの児童にとって「スイミー」は、幼い頃から絵本で慣れ親しんでいる物語の一つにあげられる。海の色々な場面やそこに現れる海の生き物との出会いは、児童の心に響き、スイミーの気持ちになって一緒に悲しんだり、ワクワクしたり、ドキドキしたりする。一匹の小さな魚の冒険が児童一人一人にとっての「成長の旅」の物語と重なり合うのではないだろうか。この小さな魚が旅をする海を、児童にとって大きく長いロールの画用紙を使って、ダイナミックに表現していくことで、自分とスイミーとの心情的な重なりを意識し、このお話をより深く共感的に理解していくことにつながる。

Point 1　物語の好きな場面の情景や、登場人物の気持ちを言葉で置きかえてみる

スイミーのお話では、ひとりぼっちになってしまったスイミーが広い海を旅しながら、元気を取り戻し、隠れて暮らしている仲間を勇気づけ共に生き抜くまでが表されています。その中で「大きな魚に襲われる場面」や「見たことのない生き物に遭遇する場面」「豊かな海や降り注ぐ光の情景」等を、「きらきら」「ゆらゆら」「ドキドキ」「ワクワク」等々の表現に置きかえることで、色彩や情景のイメージを喚起することもできる。

・レオ＝レオニの原作では、表現技法として、児童にも取り組みやすい技法で描かれている。それらの技法に着目させ、大きな海でのドキドキ・ワクワクするような冒険を、ロール紙を用いて表させたい。

Point 2　「自分が感じるイメージを探す」ために、自分で技法を工夫しようとする

学級全体で、ロールの画用紙を用いて、広い海の中にある岩や海草、他の生き物を想像し、その姿をどのように表していくのかを、楽しみながら考えさせていきたい。表現の工夫のために「ためし紙」を用意し、学級としての作品作りと「自分なりの工夫（研究）」の場を設けておくことも重要なポイントとなる。そのために指導者は、片面段ボールやローラー、スポンジ等、色々と児童が体験できる描画道具を準備しておくことが大切である。

・物語の全体的な流れや、大きな海の中の小さなスイミーたちの、気持ちをより深く理解しようとする態度を育てることが期待できる。

授業の構想と実際

1　題材の概要

●図画工作科

本題材は指導事項A(1)イ、B(1)アに重点を置いている。小学校低学年の児童は一人一人の造形活動だけではなく友達と一緒に活動する事で、技法的な交流や「見立て」等の発想を交流し合い、豊かなイメージの世界を広げていくことが大切である。この題材では、海の中の音・光のきらめきなどを会話や画像を通して、お互いを刺激し合い、「より楽しく」「美しい表現」を見つける活動へと進めることができる。

2　題材の指導目標

(1) 海の中の生き物や光など様々な場面を想像し、その表現のためにスタンピングやローリングによる表現と、色の組み合わせなどに着目し効果的な表現を探せる。(知識及び技能)
(2) 表現の道具と、色の組み合わせや水の混ぜ具合などによる表現の違いに気付き、海の中の雰囲気を意識し、それらの技法を効果的に組み合わせて表せるようにする。(思考力、判断力、表現力等)
(3) スイミーが住む海の中の世界をイメージして、大きくのびのびと身体を動かし、表現を工夫しながら豊かなイメージ表現を楽しむことが出来るようにする。(学びに向かう力、人間性等)

3　題材の評価規準

教科	知識・技能	思考・判断・表現	主体的に学習に取り組む態度
図画工作	・海の様々な場面を想像し、表現技法や色の組み合わせに着目し、効果的な表現を探しながら活動できる。	・スポンジやローラー等の表現道具と、色の組み合わせや水の混ぜ具合などによる表現の違いに気付き、海の中の雰囲気を意識し、それらの技法を組み合わせながら表している。	・スイミーが住む海の中の世界に関心を持ち、大きくのびのびと身体を動かし、表現を工夫しながら豊かなイメージ表現を楽しんでいる。

4　題材の指導計画

題材指導計画	全６時間	図画工作科
	第一次(2時間)	「スイミー」のお話をもとに、海の中の様子を想像し、イメージを膨らませていく。「深い・浅いところ」「光と影」「豊かな・さみしいところ」等の対比的なイメージもポイントになる。
	第二次(1時間)	様々な表現の道具や色を使って、海の中の感じや、海の生き物の感じを見つけてみよう。(本時)
	第三次(2時間)	「海の中のスイミーをさがしに行う！」スイミーのお話を思い出しながら、ロールの画用紙（児童たちにとって大きい画用紙が望ましい）に、色や表現の技法を工夫しながら海の中の情景を表していく。
	第四次(1時間)	できた作品を、友達と鑑賞し合う。(海のイメージを表すために、お互いが工夫したことを探し合ってみる)

全７時間	国語科
第一次(1時間)	音読発表会をするというめあてを設定し、学習の見通しを立てる。
第二次(4時間)	音読発表会に向け「スイミー」の話の大体をつかむため、場面の様子を人物の言動を手掛かりに捉える。音読しながら、スイミーの気持ちや、海の情景を想像し、「比喩」や「体言止め」の表現の良さを味わう。 ＊形や色の造形的イメージが、読む際のヒントになる。
第三次(2時間)	スイミーの気持ちを想像しながら、音読の工夫をし、音読発表会をする。 ＊図画工作で完成した「海の中のスイミーをさがしに行こう」の絵を教室の壁に貼り、それに囲まれて、音読をしてもよい。

5　本時（図画工作科）の展開（第二次）

（1）本時のねらい

・スタンピングやローリングなどを使った表現のポイントを理解し、技法や色を工夫しながら、海の感じや個性的な生き物の表現を探していく。（知識及び技能）
・海の「深いところ」や「浅いところ」などの具体的イメージを意識し、生き物の動きや形などから個性的な姿や色を工夫して表していくことができる。また、友達と「ためし」を見合うことで、自分がイメージしていたものを表す方法を拡げていくことができる。（思考力、判断力、表現力等）
・様々な表現の道具や色を使って工夫し、多様な表現を見つけようとする。（学びに向かう力、人間性等）

（2）本時の展開

分節	○児童の学習活動	◇指導者の支援　◆評価
Ⅰ導入	○スイミーの世界を思い出す。 ・どのような「場所」へ行ったり、どのような「生き物」に出会ったりしたのかを思い出し整理する。また、お話では登場していない生き物もいたかもしれないことも意識し、イメージを広げながら人物や自分自身の気持ちを想起する。 ・具体的な形状にこだわらず、それぞれの海のイメージをのびのびと広げていく。	◇「スイミー」の話の流れや登場する生き物を確認する。（その際指導者は、本文に書かれているものと、挿絵として描かれているものを意識しておくことが大切となる） ◇「スイミー」のお話だけでなく、自分なりのスイミーが住んでいそうな「海」の様子を想像できるような、補助的発問もする。
Ⅱ展開	用意されたたくさんの道具を使って、自分が思いつく海の様子や生き物を、描いてみましょう。	
	●キャラクターについて ①原作にあるキャラクターを再現。②自分がイメージする海の生き物を具体的に表そうとする。 ③デザイン的（模様として）スタンプやローラーの形に触発されて表す。 ●海の表現について ①明るい海・暗い海・荒々しい海などを意識しながら描き分ける。 ②絵具や色の組み合わせを意識し、表していく。	◇表現のために用意する道具としては、以下のようなものを準備しておく。 ①スタンピング用の厚紙（ボール紙） ②スタンピングの版（スポンジ素材等々） ③ローラー、ローラ用のバット ④スパッタリング用のブラシ ⑤その他（筆や共同絵具など） ◆紙の交換や「大きく」「細かく」などの視点を提供する。色々と「ためし」ながら表現を探している。（思・判・表）
	友達が「ためし」ている方法を見せてもらって、どんな感じの海や生き物だと思いますか。また表し方を質問して、その表し方を教えてもらいましょう。	
	○友達に触発されながら、生き物や海の表し方を探していく者もいる。 ・あまり「ためし」を行えず、活動が少ない傾向の児童。 ・一つの表現にこだわり、多様な表現を追求できない傾向の児童。	◆「ためし」の紙を用いて、表現を楽しんでいる。（態） ◇児童の行った「ためし」の作品を教室（黒板や壁・窓）に掲示し、児童の表現意欲を刺激し、相互の自然な学びを促す。

Ⅲまとめ	みんなが「ためした」絵を見て、どんな絵から、どんな場面を感じますか？	
	①絵を具体的に説明するような発言をする。 ②「形」や「色」から、そのときの雰囲気やスイミーの心情まで意識した発言を行う。	◇「スイミー」の物語全体の流れを意識し、その時々の「スイミー」の心情を再確認しておく。 ◆「形」や「色」、「技法」を、それぞれに工夫している。（知・技）

6　授業の実際

国語の授業では、児童はスイミーのお話の流れをしっかり理解することができていた。そして主人公のスイミーと同じようにドキドキしたり、ハラハラしたりしながら、海の中を旅する気持ちになって音読をしている様子が見られた。２年生の児童にとって図画工作の授業では、筆やクレヨンで描くこと以外の活動が楽しく、今回のようにスタンピングやローリングを使った表現に対しては、ほぼ全員が興味を持ち意欲的に「ためし」を行うことができていた。ただ友達の活動が気になり、自分なりの表現を探すよりも、人をまねて同じような表現をしようとするものもいた。ある程度は、相互の触発のし合いから、表現が広がっていくことを期待し、待つことも大切であるが、「スイミー」の「どの場面やどんな気持ちの感じにするか？」などの補助的な意識づけをしていくことも必要である。

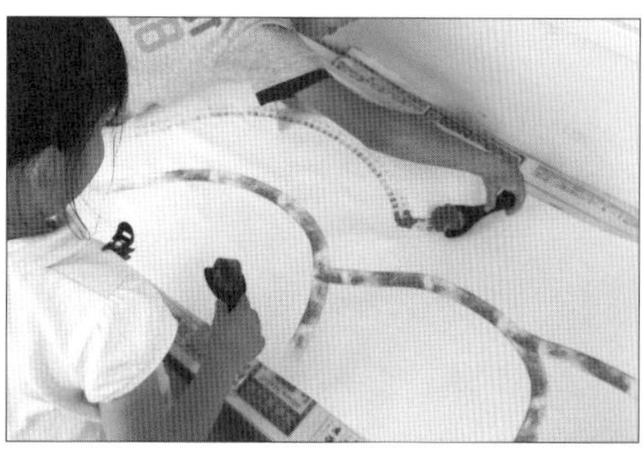
写真１　ローラーを使って表現を探している

授業の終わりに、作品を教室の黒板・廊下の窓・壁などへはマスキングテープで仮止めしていった。一面に張られたそれらの作品の中に立った児童たちは、再度物語の場面を思い出し、スイミーの気持ちに関わる感想を口々に述べている様子が見られた。

写真２　スタンプを使って表現を探している

① 「深い学び」が見られた場面

色々な描画道具（スポンジやローラー）が用意される中、それらの道具を使ってどんな絵（模様）が描けるのかを、「まず試そうとする姿」が多く見られ、さらに友達の表現を参考にしながら、「模倣して見たり、話し合ってイメージを交流し合ったりする姿」が多く見られた。それらの道具や友達との対話によって、児童たちの中の『海の中の世界』がどんどん深まっていく様子が見て取れた。

② 児童たちの共同作業の中の、感性の深まりの場面

作品が完成すると長さ10m×２の海が教室の中に現れた。黒板から壁にかけていっぱいに広がる自分たちの『海』を見て、児童たちは、小さな魚『スイミー』が、大きな海の中でどんな気持ちでいたのか、どんな成長があったのかを興味深く感じることが出来ていたようだった。

（足立 彰）

❷ 言葉のリズムを楽しむ

1　リズムにのって、オノマトペを動きで表そう

実践の概要

作 / かがくいひろし　ブロンズ新社　2009

『おしくら・まんじゅう』

寒い季節に、友達と体を押し合って遊ぶ「おしくらまんじゅう」。

可愛らしい紅白のおまんじゅうに挟まれて押されるのは…ぷるんとした「こんにゃく」、ねばねばの「納豆」、そして、なんと「幽霊！」。

「そーれ、おしくらまんじゅう、おされてぎゅー、おされてぎゅー、ぎゅーぎゅーぎゅー」という唱え歌の心地よいリズムが、ユーモラスな絵と、様々な質感を表すオノマトペとともに楽しむことのできる絵本です。

遊びが広がる表現活動のポイント

こんにゃくは「ふん、ふん」と押されると、「ぷるる～ん」とまんじゅうを跳ね返します。納豆は「ぐにゅ、ぐにゅ」と押されると、「ねっば～」とまんじゅうに絡みつきます。絵本に描かれたこんにゃくや納豆の姿・形をまねるのではなく、自分が発したオノマトペの音の感じを動きにしましょう！

繰り返し唱えて、言葉のリズムに親しんでおく

絵本を繰り返し読んで、「おされてぎゅー、おされてぎゅー、ぎゅーぎゅーぎゅー」の言葉のリズムの心地よさ、楽しさを子供たちと感じ合いましょう。

・「ぷるるる～ん」は突然に跳ね返す弾性を、「ぐにゅ」は力を入れた後のつかみどころのなさを、「ヒュ～」は流れるような軽さや頼りなさを感じさせるオノマトペである。

オノマトペの質感の違いを、体の動きにする

ぷるるんとしたこんにゃく、ねばねばした納豆、ヒューとつかみどころのない幽霊など、登場する物の質感を表すオノマトペの音の特徴を充分に感じて、体を動かしましょう。

3歳児を対象にした実践

言葉　2－（7）（9）／表現　2－（8）

1　実践のねらい

（1）声に出して、言葉のリズムを感じる。
（2）音の質感を動きで表して遊ぶ。

2　実践の流れ

・日を変えて絵本を繰り返し読み、言葉のリズムに親しんでおく。
・本時は、保育者が自分なりの動きを示し、子供たちと共に動いて遊ぶ。

3　実践事例

時間	環境構成	○幼児の表現活動	◇教師の援助
10：45	保育室　ロッカー　ロッカー ●＝教師 ○＝子ども	○教師の周りに集まる。	◇全員が集まったことを確認し、絵本を読み始める。 ・一人一人が絵本の見える位置にいるかを確認し、見えない場合は見える場所に座るように言葉をかける。
		・これまでに何度も読んでいるので、絵本が始まると興味をもって見たり、教師が読む言葉に一緒になって口ずさんだり、自分の体を少し動かしてみたりする。	・オノマトペの楽しさを感じられるように、読み方に変化を付けながら教師自身が言葉の楽しさを感じながら読む。
			・一枚ずつの絵や言葉をじっくりと感じられるように、頁をめくるときに少し間をもつ。 ・幼児とのやりとりを楽しめるように、一緒に読んだり、読む部分を幼児と分けたりする。 ・体を動かしながら読んだり、シーンに合わせて読み方に緩急（かんきゅう）をつけたり、繰り返し出てくる言葉を幼児と一緒に楽しめるように読む。

10：50	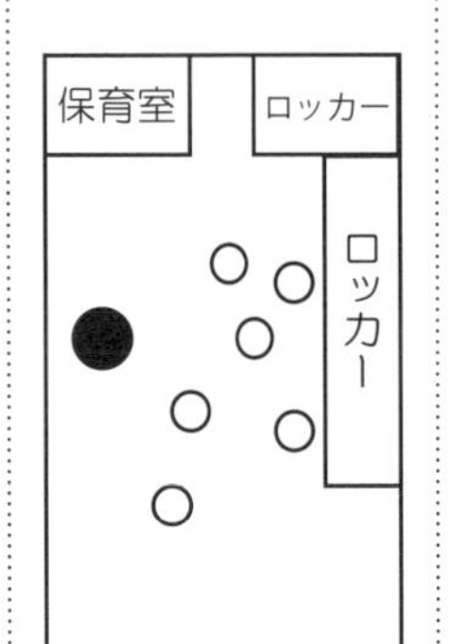 	○教師とくっついておしくらまんじゅうをすることを喜び、教師の近くに来ようとしたり、教師と一対一での関わりを求めたりする。 	◇教師とおしくらまんじゅうをすることを伝える。怪我がないように十分配慮しながら、友達のことを押さないよう言葉をかける。 ・一対一の関わりを求める幼児には、十分に関わり、教師と関わる安心感の中で楽しめるようにする。
10：55	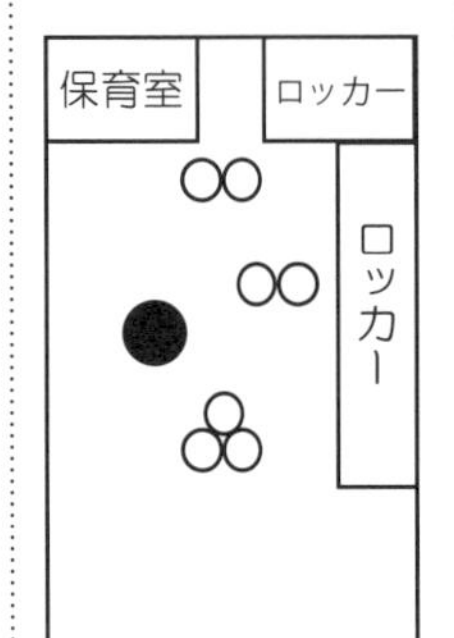 	🄳 こんにゃくや納豆、幽霊になって「ぷるる〜ん！」「ねっば〜」「ヒュー」とそれぞれのオノマトペの質感を感じながら自分の体で表現してみる。 	◇楽しい雰囲気の中で、こんにゃくや納豆、幽霊の言葉の感覚を表現できるように、教師自身が楽しんで感じた動きを体で表現したり、幼児なりに表現した動きを認めて一緒にやってみたり、他児に広めたりする。 ・自分なりに感じた動きを表現している幼児の姿を十分に認め、一緒になってやってみる。絵本に出てきた動きだけでなく、遊びの中でも出てきた動きを取り入れ、色々な動きと音が対応して感じられるようにする。
		🄳 好きな友達と２人〜３人組になり、おしくらまんじゅうをやってみる。	◇好きな友達を見つけて２人〜３人組になることを伝える。 ・友達が見つかりにくい幼児には、一緒にペアの友達を探して安心して次の活動に向かえるように配慮する。
11：05			

11：10	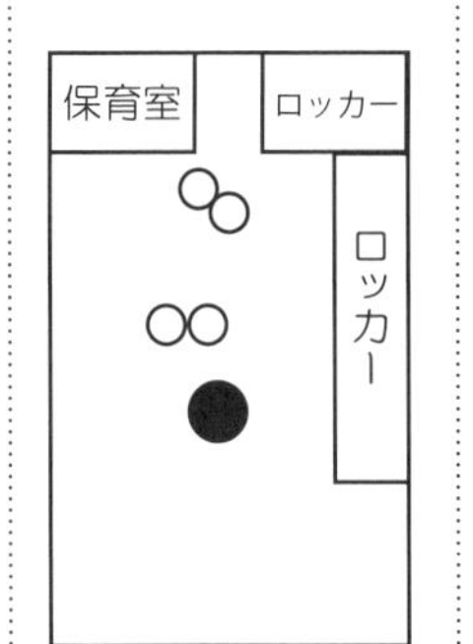	**カ**　ペアになった友達とおしくらまんじゅうをする。 ・友達とのふれあいが嬉しく、興奮する幼児がいる。  ○友達とおしくら幽霊をする。先生幽霊に食べられた子供から手洗いうがいに行き、弁当の用意をする。	◇友達とおしくらまんじゅうをするときは、押しすぎたり引っ張ったりするとけがをすることを伝えて、力加減を感じながら楽しめるように配慮する。 ・倒れても危険がないように周囲のものをよけて場を広くして安全に遊べるように見守る。 ・幼児なりに表現するこんにゃくや納豆の動きを認めながら、ペアの友達の動きにも目がいくように言葉をかけ、一緒にやってみる。 ◇おしくら幽霊の表現を楽しめるように言葉をかけながら、友達幽霊と一緒に先生幽霊のところへ来るように伝える。教師の元に来た子供から食べる表現をして、幽霊のイメージを楽しみながら次の活動へ向かえるようにする。

4　5歳児での展開

3歳児では絵本の内容に沿って表現遊びが展開されていたが、5歳児では言語力や表現力、創造性などの発達に従い、表現活動にも豊かな広がりが見られるようになる。例えば、教師の「みんなだったらどんなものはさんでみたい？」という問いかけに、泥、お餅、蛇、ケーキなどが挙がり、泥では、「おされてグニャ　おされてグニャ　おされてビトー」などの面白い音の表現が見られた。また、生活発表会で狸が出てくる話をした経験がもとになり、狸を挟んで、「おしくらたぬき　おされてポン」という表現も見られた。また、教師が読み始めようとして息を吸い込むときの体の動きを感じて、子供たち皆が「そーれ、おしくらまんじゅう…」と声を合わせる場面も見られた。写真１は5歳児のオリジナル作品である。

写真１　５歳児が作成した絵本『おしくらまんじゅう』

（岡林典子・中東静香・畑中悠希・笹井優子）

2　言葉のリズムで遊ぼう

実践の概要

作 / 岸田衿子　絵 / スズキコージ
福音館書店　1990

『かぞえうたのほん』

「すうじさがしかぞえうた」「ひのたまかぞえうた」「へんなひとかぞえうた」等、子供も大人も思わず笑い出したくなるような楽しい絵本。かぞえ歌が6つ入っていて、わらべうたのように唱えられます。

「ろくくん　ろーるぱん　ほどいてたべた」「ななくん　なっとう　あらってたべた」「はちくん　はまぐり　からごとたべた」など、ありそうでなさそうな発想豊かな言葉と愉快な絵が、かぞえ歌になっています。

遊びが広がる表現活動のポイント

色々なかぞえ歌を楽しんで、動きやとなえ言葉を真似したり、友達同士で声や動きを真似あったりしてみましょう。言葉のリズムを体で感じて動いたり、リズム打ちをしたりするうちに、「音」としての日本語に親しむことができるようになります。

繰り返し唱えて、言葉のリズムに親しんでおく

繰り返し絵本を読んで、言葉のリズムの心地よさを感じましょう。

わらべうたの「とうふは白い、白いはうさぎ、うさぎははねる…」のようなしりとり歌で遊んだりして、言葉で遊ぶことに馴染みましょう。

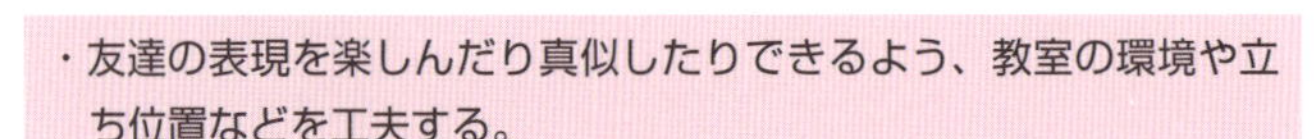
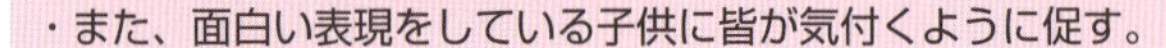

・友達の表現を楽しんだり真似したりできるよう、教室の環境や立ち位置などを工夫する。
・また、面白い表現をしている子供に皆が気付くように促す。

言葉を唱えながら自然に体を動かせるようになろう

年齢が上がるほど、言葉は言葉、動きは動きと、表現が別々になりがちですが、一体的な表現を大切にしたいですね。

声を出すときに体を動かすことができると、気持ちも柔軟になってくると思いますよ。

4歳児を対象にした実践

人間関係　2－（7）／言葉　2－（9）／表現　2－（4）

1　実践のねらい

リズムの面白さを感じながら、唱えたり、体を動かしたりして遊ぶ楽しさを味わう。

2　実践の流れ

・絵本の中の言葉やオノマトペのリズムを感じる。
・2人組になったり、向かい合わせになったりして、触れ合いを楽しむ。
・唱えが揃う面白さを感じる。

3　実践事例（1）

時間	環境構成	○幼児の表現活動	◇教師の援助
13：00	P 教師 幼児 ・どの幼児も絵本が見える位置に座っているかの確認をする。	○絵本『かぞえうたのほん』を見る。 ・教師の周りに集まる。 ・静かに話を聞く。 ・感じたことをつぶやく。 ・一緒に言葉を口ずさむ。	◇落ち着いて話が聞けるように声をかけ、リズムを感じながら、絵本を読み進めていく。 ・リズミカルに口ずさむ面白さに共感していく。
13：05		○《いーいーいーかぞえうた》のリズムを楽しむ。 ・一緒に言葉やリズムを声に出して体を動かす。 デ　友達と2人組になって体を動かす。	◇かぞえ歌を唱えながら、オノマトペの部分で体を動かすことを楽しむ。 ・2人組になって顔を見合わせたり、友達の動きを真似たりして楽しむ幼児を認め、受け止めていく。 ・友達と抱き合う、一緒に内緒話するなど、友達と触れ合いながら体を動かす面白さに共感する。
13：20		○《すうじさがしかぞえうた》を皆で唱える。	◇皆で揃えて歌う面白さを感じられるように、教師も幼児と共に唱えて歌う。 ◇次回の遊びにも期待が持てるように話をする。

5歳児を対象にした実践

人間関係　2－（7）／表現　2－（4）

1 実践のねらい

友達と気持ちを合わせてリズムを打つ楽しさや、言葉にリズムを付けていく楽しさを味わう。

2 実践の流れ

・絵本のリズミカルな言葉を楽しむ。
・友達と手拍子を合わせようとする。
・一人ずつ手をたたいてみたり、グループごとにたたいたりして繰り返し、リズム打ちを楽しむ。
・グループの友達と一緒に、リズムのリレーを楽しむ。

3 実践事例（2）（環境構成は4歳児と同じ）

時間	○幼児の表現活動	◇教師の援助
13：20	○手遊びで「ひとつたたこう」をする。 ・自分で数を聞いてたたく。 ・友達と合わせてたたこうと、声に出して数を数えながらたたく。 ・揃ってたたけていることを喜ぶ。 ○「うさぎが はねる ピョーン ピョン」の言葉に合わせてリズム打ちをする。 ・全員で拍子打ちをする。 ・グループごとにリズム打ちをする。 デ　グループごとにリズム打ちをつなげていく。	◇気持ちを落ち着け、これからの活動に期待が持てるように手遊びをする。 ・手拍子が揃っていることを認める。また、揃うと心地よいと感じられるような言葉をかける。 ・手拍子のテンポや数を変えてみる。 ◇絵本のリズミカルな言葉を発展させ、リズム打ちが揃いやすい簡単なリズムのある言葉を選び、全員で合わせる心地よさを感じられるようにする。 ・言葉のリズムに合わせてリズム打ちをしようとしている幼児を認める。 ・教師も一緒にリズムを打つ。また、わかりにくい幼児には、教師の手元がよく見えるように移動したり、繰り返したりしていく。 ・友達と気持ちを合わせてリズムをつなげる楽しさや、心地よさに共感する。
13：50	カ　自分たちで考えた言葉のリズムを打つ。 カ　グループごとに、考えた言葉のリズムを打つ。 デ　グループごとに順番にリズムを打って繋げていく。	◇幼児が考えた言葉に、リズムをつけて打ってみる。 ・教師を見ながらたたけるように一緒に手を打つ。 ・友達と合わせてたたく楽しさと達成感を味わえるようにする。 ◇グループごとに考えた言葉のリズムを打ってみようと誘う。 ・ゆっくりたたいたり繰り返したりして、どの幼児もリズムが分かるようにしていく。 ・揃ってリズムをたたく心地よさに共感する。 ◇次回の遊びにも期待がもてるように話をする。

4　言葉とリズム

(1) 絵本からの表現

見立てることからごっこ遊びへと発展していく子供の成長の中で、子供たちが何かになりきって遊び、創造の翼を広げることができるようになるきっかけとして、「絵本」が大きな役割を果たします。

現実離れした、あり得ないようなストーリー、身の回りに起こるはずのないようなストーリーが子供たちをひきつけます。このように、保育の中で心と体を動かすということを大切にしたいものです。

子供たちがどのように表現するかを思いつかない様子のときは、面白い表現をしている子を取り上げたり、何か皆で共有できる楽しいキーワードを言ってみるといいですね！

(2) 言葉のリズム

日本語は発音する時に、文字1字1字の長さがほぼ同じですが、リズミカルに唱えるときに、特殊拍（のばす拍：長音、はねる拍：撥音、つまる拍：促音など）は前の普通拍といっしょに1拍分の長さで発音されることもあります。特殊拍は、位置や言葉の音数次第で短くなったりならない場合もある「特殊な」拍です。

「いちじく　にんじん　さんしょに　しいたけ　ごぼうに　むくろじゅ　ななくさ　はつたけ　きゅうりに　とうがん」

のように特殊拍は普通拍と同じ長さで唱えられることもありますが、「ろくくん　ろーるぱん　ほどいてたべた」のように、言葉の音数がリズムからはみ出すとき、特殊拍にしわ寄せがきて、短く唱えられます。

こうしたリズムへの配字において、大人が言葉と拍の関係を押し付けないようにしましょう。小さい時からリズミカルに言葉を唱えているうちに、そうした特殊拍の扱いも自然に会得していきます。大人は文字に影響されていて、反って特殊拍の扱いが不自然だったりすることもありますので、誘導しようとしないように心がけましょう。

(3) リズム打ち

拍を一定に打つ拍子打ちと異なり、言葉のリズムを打つリズム打ちは特殊拍の特徴を反映します。例えば長音では両手を押し合わせるようになりますが、これも速さによって、あるいは特殊拍の位置によって異なる場合があります。子供の感じる通りでよいと思いますので、言葉を体で表現するつもりで打ってみましょう。

（坂井康子・木徳友利恵・安達多佳子）

3　リズムに合わせて跳んでみよう

実践の概要

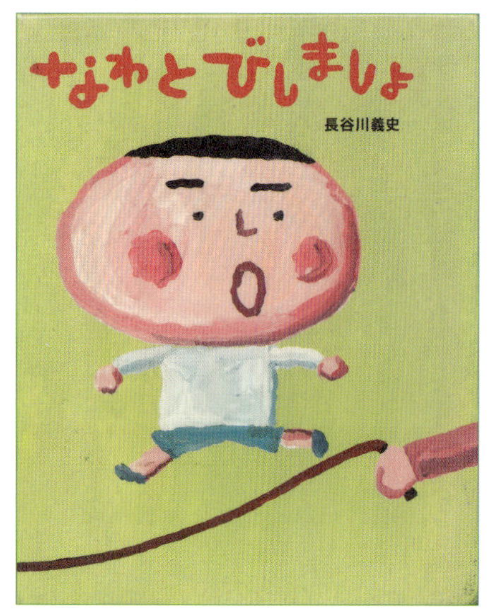

作／長谷川義文　学習研究社　2008

『なわとびしましょ』

「♪なわとびしましょ、おはいんなさい」というかけ声にのって、なわとび遊びが展開していくお話です。最初に縄に入ってきたのはたけしくん、続いておじいさん、おばあさん、魚やさんにうどんやさん、犬やお化け、宇宙人まで加わって、楽しいなわとびが続きます。

順調になわとびが続いていきますが、ペッタン　ペッタン…、という心地よい縄の音がついに途切れる瞬間がきます。「なわをふんだのだれですか？」というクライマックスの頁には一面に大きな足の絵が描かれており、意外な人物が縄にかかってしまうというオチに作者のユーモアを感じます。

遊びが広がる表現活動のポイント

この絵本の場合は、読み進めていくうちに自分が縄を跳んでいるような気分になり、「ペッタンペッタン」というかけ声に合わせて身体が上下に動いたり、手拍子がおこったりします。

そうした子供たちの自然な姿を大切にし、お話の展開に子供たちの声や動きを巻き込むと楽しさが倍増するでしょう。

また、読み終わって子供たちの心の中に「言葉のリズム」や躍動感が残っているうちに、子供たちを誘って実際になわとび遊びをしてみましょう。

読み聞かせは子供たちも参加して　実践事例（1）－ 1

全体的に実際になわとびをしている感じで躍動感をもって読み進めましょう（「読む」というより、なわとびうたを「うたう」感じで）。途中から子供たちが一緒に唱えるようになってくれたら大成功です。

・色々な登場人物の名前をリズムにのって読み聞かせできるよう、読み手が予めよく練習しておくことが大切（特に宇宙人の名前など）。

大なわを跳んでみよう　実践事例（1）－ 2

この絵本を読むと、子供たちは、自分たちもなわとびがしたくなります。「○○ちゃんがはいります」のように、次に入る友達の名前を唱えたり、タイミングよく縄に入り複数で一緒に跳ぶ楽しさを味わいましょう。

・長縄または数本の短縄を連結したものを用意。
・長縄を持つのは教師が担当するとよい。教師 1 人の時は縄の一方を柵や木にくくりつけるなど工夫する。

5歳児を対象にした実践

表現　2－（1）（6）／環境　2－（6）／
人間関係　2－（8）／健康2－（2）

1　実践のねらい

教師や友だちと一緒に言葉を唱えたり、リズミカルに身体を動かす楽しさを味わう。

2　実践の流れ

・園庭で身体を動かすことが多くなる秋から冬にかけて、縄を使った遊びに興味をもたせておく。
・「おおなみこなみ」「ゆうびんやさん」など、大縄を使ったわらべうた遊びに触れる機会をもつ。
・読み聞かせの後、絵本で親しんだ唱えうたを使って複数で跳ぶなわとび遊びに挑戦する。

3　実践事例　（1）－1

（実践事例（1）－ 1、2 を通して）

時間	環境構成	○幼児の表現活動	◇教師の援助
11：00	・教師の前に絵本が見える隊形に集まって座る P 教師 幼児	○「なわとびしましょ」の絵本の表紙と見返しを見る。 ・教師の周りに集まる。 ・今までしてきたなわとび遊びを思い出して「ぼく、へびとびできるよ」「わたしは○○とびができるようになった」など、なわとびについての経験を伝え合う。	◇落ち着いて話が聞けるように声をかける。 ◇絵本の見返し（縄をつかった遊びが紹介されている）を見せ、縄を使った遊びに興味を持たせるように声をかける。 ・「へびとび、このあいだみんなでやってみて楽しかったね」 ・「ものまねなわとび、面白そうだから今度やってみようか」 ・幼児の気付きや、つぶやきに共感し、受け止める。
11：10	○どの幼児も絵本が見える位置に座っているか確認をする。	○「なわとびしましょ」のおはなしを聞く。	◇「なわとびしましょ」のおはなしを始める。 ・譜例のように、リズムを付けわらべうたを歌うようにテンポよく読む。 な わ と び　し ま しょ お は いん な　さい ・登場人物の部分もなるべく4拍にまとめて歌うように読む。

			たけし くんが おじいちゃんの せいぞうさんが
		デ　教師の歌いかけに対して、興味を持ち、声を重ねてくる。 ・「ペッタン　ペッタン」などのかけ声をかける。 **デ**　声に合わせて手拍子、膝打ちなども自由に入れる。	◇幼児たちが次第にリズムにのってきた様子をとらえ、全体で一緒に声を合わせて唱えるよう導く。 ・頁をめくりながら、全体に「どうぞ」と声をかけ「ペッタン　ペッタン」から一緒に唱えるように促す。
		・「なわとびしましょ、おはいんなさい」の部分を教師といっしょに唱える。	◇クライマックスにさしかかる「ペッタン ペッタン」の頁では、全員の声が大合唱になるよう導く。
		カ　全員で声を合わせ、繰り返し「ペッタン　ペッタン」を唱える。 ・最初は小さく、そしてだんだん大きく、最後は最大になるよう、気持ちを一つにして声を出す。	・縄を踏んで遊びが終結する静けさとの差を感じさせるため、「なわをふんだの　だれですか」のシーンはなるべく静かに語る。

実践事例（1）−2

時間	環境構成	○幼児の表現活動	◇教師の援助
10：15	○２階テラスの柵に縄の一端をくくりつけておく。 教師	○前日に見た『なわとびしましょ』の絵本の遊びを思い出す。 ・なわとびをしたい幼児が教師の周りに集まる。 ・「だんだん跳ぶ人が増えていくんだよ」 ・「なわとびしましょ、おはいんなさい」と覚えている歌詞を歌い始める。	◇自由な遊びの時間に、なわとびで遊びたい幼児を、前日見た絵本『なわとびしましょ』の遊びに誘う。 ・「なわとびしましょは、どんなあそびだった？」と声をかける。 ・幼児たちの発言を受け止める。

		○最初は好きなタイミングで縄に入っていく。 ・「3人跳べるまでがんばろう」 ・「○○ちゃん、もう少し前で跳んでみたら？」など、複数人で跳べるようになるための工夫が子供から出てくる。 	◇教師自身も縄を左右に振りながら、幼児全員に聞こえるように大きな声で歌を唱える。 ・縄に最初に入る幼児の名前を入れて唱える。 ・「なわとびしましょ、おはいんなさい」「○○ちゃんが入ります」 ・「何人いっしょに跳べるかな？　挑戦してみよう」 ・教師は幼児のビートを感じ取りながら、縄の揺れを調整する。
10：45		**カ**　待っている幼児は「ペッタンペッタン」と唱えながらその場で跳び、跳んでいる幼児とビートを共有する。 **テ**　数回跳ぶうちに、「○○ちゃんがはいります」に続いて、タイミングよく縄に入れるようになっていく。 ・「やったー」 ・「もう一回やりたい」	◇うまく跳べない幼児がいたら、どうしたら跳べるか、回りの幼児にも声をかけて皆で解決できるよう導く。 ・「○○ちゃんが跳ぶのをよーく見ててね」(できている幼児の姿を見せて学ばせる) ・「みんなの声をそろえたら、跳びやすくなるね」 ・「見ている人もしっかり、うたって応援してね」

4　その後の姿

子供たちは声が揃うと動きも揃っていくことを体験から学び、見ている子供と跳ぶ子供が一体となって遊ぶ様子が見られるようになりました。最初は2人一緒に跳ぶので精いっぱいでしたが、次の日は3人、1週間後には4人、と一緒に跳べる数が増えていき、複数で一緒に跳ぶ楽しさを味わえるようになりました。

（平井恭子・村田眞里子・櫨山ゆかり）

4歳/5歳

4　間を感じて「どすこ～い」と声を合わせてみよう

実践の概要

作 / 中尾昌稔絵　/ 広瀬克也
くもん出版　2015

『ちょんまげとんだ』

「かぜふいて おすもうさんの ちょんまげ とんだ」「どことんだ？」とリズミカルな言葉で始まるこの絵本は、ちょんまげパワーが絶体絶命の状況を解決していく楽しい内容です。

先ずは大きな岩に押されて崖から落っこちそうなブルドーザーに、ちょんまげが飛んで行きます。パワーを得たブルドーザーは「どすこ～い」と力強く岩を押し返してピンチを脱出。さらにちょんまげは、シャチに食べられそうなペンギンや、ワニに睨まれた鳥の親子に飛んで行きます。「どすこ～い」の声とともに、どうやってピンチから脱出するのでしょう？

遊びが広がる表現活動のポイント

「どすこい」の言葉を伴って、ちょんまげが色々なところに飛んで行くって面白いですね！

「リズミカルな言葉の楽しさ」「声と体の動きを連動させる面白さ」「先生や友達と声や体の動きを合わせることの心地よさ」などを感じましょう。子供たちがリズムや呼吸が合うことの心地よさを体感できるように工夫することが大切です。

言葉のかけ合いの楽しさを味わう

リズムにのって、「ちょんまげとんだ」「どことんだ？」と、声を合わせてみましょう！　子供たち皆に一体感が生まれます。「次はどこへ飛ぶの？」「どこへ飛ばそうか？」と考えると、ワクワクしてきますね。

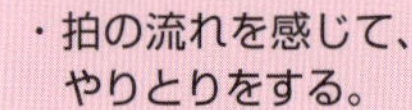

・拍の流れを感じて、やりとりをする。

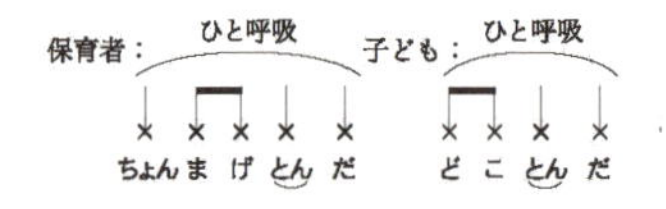

「どすこ～い」という言葉の面白さを遊びに広げる

おすもうの動きと連動させて、「どすこ～い」の言葉の力強さを感じてみましょう。日常では使わないこの言葉の重さや音の面白さが楽しめます。「どすこい」の言葉に合わせてちょんまげを飛ばすためには、子供がかぶれるサイズのちょんまげを作ってみましょう。カップラーメンの器などを利用するといいですよ。

・「どすこい」は、相撲甚句の囃（はや）し言葉で、民謡の合いの手のようなもの。子供にとっては、日本の文化に触れるきっかけとなる。

4歳児を対象にした実践

表現　2－（4）（8）／言葉　2－（4）（7）／人間関係　2－（5）（7）

1　実践のねらい

（1）言葉のリズムを感じながら、音に合わせて体を動かす楽しさを味わう。
（2）友達と一緒に声を合わせて唱えたり、表現したりする楽しさを感じる。

2　実践の流れ

・日頃からお相撲遊び（力比べ）や四股（しこ）を踏んだり行司役をしたりして、相撲に親しんでおく。
・日を変えて絵本を何度も読んでおき、「ちょんまげとんだ」「どことんだ」のかけ合いに慣れておく。
・絵本の中の「どすこ～い」の言葉を教師と一緒に声に出して言ってみる。
・ちょんまげが飛んで来たら「どすこ～い」と言って、思い思いに体を動かすことを楽しんでおく。

3　実践事例（1）

時間	環境構成	○幼児の表現活動	◇教師の援助
11：00	・絵本を読み終えた後に体を動かせるように、広い場を確保する。 P 教師 幼児	○絵本『ちょんまげとんだ』を見る。 ・教師の周りに集まる。 ・静かにお話を聞く。 ・感じたことをつぶやく。 ・一緒に言葉を口ずさむ。	◇落ち着いて話が聞けるように声をかける。 ◇繰り返される言葉のリズムを感じながら、読み進めていく。 ・どの幼児も絵本が見える位置に座っているか確認をする。 ・絵本を見て感じた幼児の気付きや、つぶやきに共感し、受け止める。
11：10		○「どすこーい」の言葉に合わせて体を動かす。 **カ**　自分で考えた動きをする。 **キ**　友達の表現を見る。	◇「どすこーい」の言葉に合わせて動いてみようと誘いかける。 ・喜んで表現する幼児を認める。 ・友達の表現を見て感じたことや思ったことを取り入れながら自分なりの表現を楽しんでいる幼児を認め、広める。

	P	○教師や友達とやりとりを楽しみながら体を動かす。 ・「ちょんまげとんだ」「どことんだ?」と声を合わせる。 デ「どすこい」と力強く言って、各部位で受け取る仕草をしたり、はね返す仕草をする。  ○押し相撲の取り組みをする。 ・合図で力を入れて勝負する。  ・友達の応援をする。 ・行司を交代でする。	◇「あたま」「おなか」「あし」などの仕草の約束事を確認してから、「ちょんまげとんだ」「どことんだ?」とちょんまげ飛ばして遊ぶ。 ・言葉のリズムを大切にして、抑揚をつけたり、速さに気を付ける。 ・次に何が出てくるのか楽しみになるような間合いで、「あたま」「おなか」「あし」などの言葉を入れる。 ・慣れてきたらテンポを速くして楽しむ。  ◇ちょんまげをつけて気持ちを盛り上げ、お相撲の取り組みをしようと提案する。 ・取り組みをしない幼児は土俵から離れて座り、友達を応援するように声をかける。 ◇次回の遊びに期待がもてるように話をする。

5歳児を対象にした実践

実践事例（2）

（実践のねらい、実践の流れは4歳児と同様なので、展開部のみを提示する）

時間	環境構成	幼児の表現活動	教師の援助
開始 5 分後	P 教師 幼児	○「ちょんまげとんだ、どこんだ」で遊ぶ。 ・「あたま」「おなか」など、飛んでくる場所によって、受け止める仕草を変化させる。	◇「あたまに飛んだ」「おなかに」「あしに」など体の色々な部分にちょんまげを飛ばす。

	○伸び伸びと体を十分に動かせるように場を広げる。	 ・教師がわざと間違える仕草に引っかからないように気をつける。 ・前に出てかけ合いの後に「足に飛んだ」などと言って飛ばす。	・「どすこい！」と受け止める仕草を子供たちと話し合い、頭の上で手を合わせる、跳び上がるなど飛んでくる場所に応じたものを決める。 ・体の色々な部分で受け止める楽しさに共感する。 ・やりとりに慣れてきたら、ゲーム性を増すために飛ばすテンポを速くしたり、わざと間違えた仕草を示して、ひっかける。 ・飛ばす役割をやりたい子供と交代する。 ・役割をうまく出来たことを認める。
13分後		○飛んでいく場所と動作、音をグループで考える。 	◇絵本では南極のペンギンに飛んだり、森に飛んだりしているので、子供たちにちょんまげの飛んでいく場所を考えようと誘う。 ・相談し合えるように2、3人のグループを作る。
20分後		テ　グループで場所、動作とオノマトペを考えて、発表する。 ・「春の森」…「ヒラヒラ」 「海」…「ザバザバ」などと言いながら体で表現する。 ・友達の表現を見て、工夫してみようとする。	 ◇グループで幼児が思い思いに表現する楽しさを受け止め、違いを認めていく。

4　4歳から5歳への発達と表現

4歳児の実践では、絵本に出てくる「ちょんまげとんだ」「どことんだ」のかけ合いをリズムにのって友達と声を合わて楽しみながら、一人一人が自分なりの「どすこい」の動きを表現していました。4歳児は自分の表現を中心にして少しずつ周りの友達の面白い表現や工夫に意識が向けられるようになっていきます。教師はそれぞれの子供のよいところを認めながら、他の子供の表現にも気付かせる援助をしたいものです。5歳児はグループでの話し合いもできるようになります。友達の表現をみて工夫をしてみようとするなど、表現の幅も広がってきます。人とのやりとりや気持ちを合わせて表現する姿を大切に見守りましょう。

（岡林典子・安達多佳子・古塚聡子）

5　マラカスのリズムを楽しもう

実践の概要

作 / 樋勝朋巳　福音館書店　2013

『きょうはマラカスのひ』

クネクネさんの家に遊びに来たパーマさん、フワフワさんの3人がマラカスの発表会を開く様子を描いた絵本です。

「チャッ、チャッ、チャッ、チャッ」「ワァー！」「シャカ、シャカ、シャカ、シャカ」「コン！」「チャッ、ウー、チャチャ、ウー」「チャッ！」のように、リズミカルなオノマトペが豊富です。加えて、登場人物の性格を反映して、恥ずかしがりやのパーマさんが発するオノマトペは小さく書かれたり、声の強弱を感じられるように文字の大きさが変化して書かれたりしています。

遊びが広がる表現活動のポイント

ペットボトルでマラカスづくりをしてみましょう。米、小豆、ビーズ、クリップ、小石など中に入れるものやその量、また縦、横、斜めなど、マラカスの振り方で音が変わります。子供たち自身で音の違いに気付き、気に入った音を探せるとよいですね。ここでは、マラカスの音を唱えながら身体で表現する実践を紹介します。

登場人物を理解して、ラテンのリズムのオノマトペで遊ぶ　実践事例（1）

前もって絵本を読み聞かせ、人物の性格について話し合ったり、先生と一緒にマラカスのリズムを口ずさんだりして楽しんでおきましょう。

この絵本には、「チャッ、ウー、チャチャ、ウー」などの楽しいラテンのリズムがたくさん出てきます。子供たちにもお馴染みのマラカスは、もともとラテン音楽のリズム楽器です。同じようなリズムでも、「タン、タン、タタ、タン」とはノリが違うと思いませんか？　実はアクセントの位置が異なっているのです。オノマトペでリズムを唱えると、このような表現も自然に理解できるようになります。

・人物ごとにマラカスのリズムを取り出して紙に書き、黒板に貼っておく。

グループで身体表現を考え、発表する　実践事例（2）

子供たちが人の前で自分の表現ができるようになるのは、とても重要です。クネクネさんやパーマさん、フワフワさんになりきって、さあマラカスの発表会をしてみましょう！

・面白い表現が出現したら、取り上げて皆で楽しむ。
・最後のポーズを全員で考え、人と合わせる気持ちよさを味わうようにする。

4歳児を対象にした実践

表現 2－（1）（4）（5）（6）（8）／人間関係 2－（7）

1 実践のねらい

絵本の中のマラカスのリズムを感じながら、繰り返し口ずさんだり、リズムに合わせて体を動かしたりする楽しさを味わう。

2 実践の流れ

・1週間ほど前から絵本を数回読み聞かせて、子供たちが人物の性格やストーリーについてよく理解できている状態にしておく。
・マラカスづくりをして、マラカスの音に興味を持たせるようにしておく。

3 実践事例（1）

時間	環境構成	○幼児の表現活動	◇教師の援助
10：00	・絵本を用意する。 楽器 教師 幼児	○絵本が見やすい位置に集まって座る。	◇登場人物になりきって絵本を味わえるように、絵本の文字や登場人物の気持ちに合わせてリズミカルに読んだり、強弱をつけて読んだりする。
		○絵本『きょうはマラカスのひ』のお話を聞く。 ・教師の読みに続いてオノマトペのリズムを口ずさむ。	・教師に続いてリズムを口ずさめるように、タイミングをとったり、全員の表情を見たりしながら進めていく。
		○3人の登場人物のリズムを唱えて教師とかけ合う。 ・体を動かしやすいように少し広がって立つ。	◇3人の登場人物のリズムを取り出して、身体表現しながらオノマトペを唱える。 ・リズムの面白さや心地よさを感じながら繰り返す。 ・マラカスのリズムを表現しようとしている幼児の気持ちや意図を丁寧に受け止め、共感する。

11：00	 ・床にテープを貼って、ステージと観客席に分ける。	**カ**　自分の好きな登場人物を選び、ステージに上がって順番に表現する。 **テ**　観客役の子供たちとかけ合う。 ・身体を使ってマラカスを振る表現をしたり、強弱をつけてオノマトペを唱えたりする。 **キ**　友達の表現を真似たり、その面白さに共感したりする。	◇好きな登場人物を選び、人物ごとにステージに上がって一人ずつ表現してみようと提案する。 ・ステージで表現している幼児のリズムの面白さを伝え、観客役の幼児たちとタイミングよくかけ合いができるように促す。 ・同じオノマトペでも強弱や唱え方による表現の違いに気付かせる。

5歳児を対象にした実践

実践事例（2）

時間	環境構成	○幼児の表現活動	◇教師の援助
11：00	・絵本を用意する。 楽器 教師 幼児	○絵本が見える位置に集まり、体を動かせるように少し広がって座る。 ○絵本『きょうはマラカスのひ』のお話を静かに聞く。 ・先生と一緒に言葉を口ずさみ、マラカスを振る動きをする。 ○登場人物ごとにマラカスのリズムや体の動きを考える。 ・クネクネさん、パーマさん、フワフワさんになってリズムや動きを考える。 ・友達の考えたリズムや動きを一緒にしてみる。	◇３人の登場人物のリズムの特徴を感じ取れるように、抑揚をつけたり、速さを変化させたりして読む。 ・オノマトペのリズムを繰り返して全員が唱えられるようにする。 ・絵本を見て感じた幼児の気付きや、つぶやきに共感し、受け止める。 ◇オノマトペのリズムを体や声を使って表現してみようと声をかける。 ・自分なりに表現している幼児を認める。 ・友達の表現から感じ取ったことを取り入れながら楽しんでいる幼児の表現を紹介する。

11：30	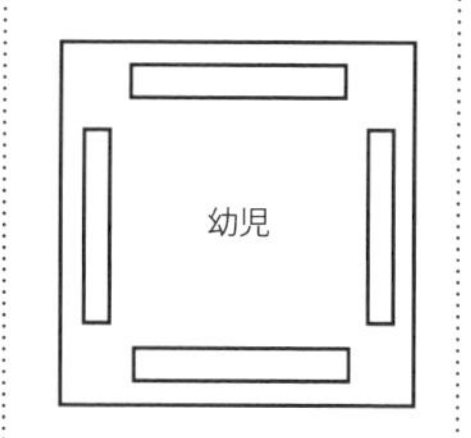 ・3～4人に分かれて座る。	カ　グループに分かれ、登場人物になりきってリズムや動きを考える。 デ　グループで考えたリズムや動きを発表する。 ・登場人物を分担して表現を考えたグループは、それぞれのリズムや動きを順番につなげて発表する。 ・最後のポーズを考えて表現する。 キ　様々な表現があることに気付く。	◇3～4人のグループに別れ、登場人物のリズムや動きを考えるように導く。 ・グループで一人の登場人物になっても、何人かの登場人物をそれぞれが分担して表現してもよいことを伝える。 ・グループ全員で話し合いを進めていくように促し、グループ間を回って話し合いの様子を見守る。 ・自由な雰囲気の中で進めていけるようにする。 ・幼児だけで話し合いが進まないグループには、幼児同士の意見を整理して、表現を共有できるように援助する。 ・グループごとに発表をすることを前もって伝えておく。 ◇グループの発表を聞いて、リズムや動きを全員で繰り返して楽しむ。 ・面白い表現や工夫が感じられた箇所を取り上げて、全員に伝える。 ・うまくつながらないグループには次の動きを促すようにする。 ・全員で動きが合うことの気持ちよさを感じられるように声をかける。 ・それぞれのグループの表現ができていたことを認める。

4　4歳児から5歳児への発達と表現

自分なりの表現をすることは大切ですが、子供にとってはなかなか難しいかもしれません。最初は、絵本や先生の動きの模倣から始めてみましょう。子供には、人と同じでもよいことを伝えて、まずは表現する楽しさに気付かせることが大切です。4歳児の実践では、全員の前で一人で発表するだけでも自分の表現を意識する経験になるはずです。友達の面白い表現や工夫を取り上げて共有することも、子供の「やってみたい」という気持ちを後押しすることでしょう。

5歳児ではだんだんグループで話し合いができるようになります。もちろん、グループ内でのもめ事が起こることもあるでしょうが、友達の表現を見ているうちに表現の幅も広がってきます。またリズムや動きを人と合わせる気持ちよさも感じられることと思います。教師は表現のよいところを認め、楽しさに気付かせる援助をしたいものです。

（佐野仁美・安達多佳子・木徳友利恵）

6　動きと感触を楽しもう

実践の概要

作 / 新井良二　講談社　2012

『ねんどろん』

「ずんずん ちゃ　ずんずん ぱ」から始まる2拍子のリズムが全体に貫かれている、とても音楽的な絵本です。声を出して読み始めるとすぐにリズムに乗ってきます。同時に何やらドロドロの絵の具の海のようなところから、「赤」「黄」「緑」の主人公たちが、「ねん」「どろん」「ぴたぴた」「びよーん」等の様々な触覚のオノマトペを発しながら、変身していきます。

リズムの動きと色と形と触覚と、身体全体の感覚を働かせて楽しめる絵本です。

遊びが広がる表現活動のポイント

「ずんずん ちゃ　ずんずん ぱ」と皆で一緒に唱えると不思議、自然に身体が動き出してきます。赤や黄色や緑色のねんどろんになって、くっついたり離れたり、色々なものに変身して身体全体を使って遊びましょう。そして「ねんどろん（スライム）」を作って、今度は動きとオノマトペの感覚を色や手触りと結び付けて楽しみませんか。

2 拍子のリズムに乗って身体全体を動かして遊ぶ　実践事例（1）－ 1

「ずんずん」や「ぴったぴ」、「びょーん」などのオノマトペの音の特徴を動きに表して、2 拍子のリズムにのせてみましょう。

但し、2 拍子の枠にとらわれすぎず、子供たちの自由な発想も認める。

「ねんどろんスライム」の感触とオノマトペを結び付けながら楽しむ 実践事例（1）－ 2

※「ねんどろんスライム」の作り方は　実践事例（1）- 2 の前に掲載

・絵本の「ぴたぴた」「ぎゅ」「ぺたぺた」「どろん」「びょーん」などの他に、実際に触った感触から自分なりのオノマトペを見つける。

5歳児を対象にした実践

表現　2－（1）（4）／言葉2－（7）（8）／人間関係　2－（7）

1　実践のねらい

（1）言葉のリズムを感じて身体を動かして遊ぶことを楽しむ。

（2）感触遊びを十分に楽しみ、手触りから感じたことや思ったことを言葉で伝えようとする。

2　実践の流れ

・先生や友達と声を出して絵本を繰り返し読み、リズムや色を楽しむ。

・「ねんどろん」の2拍子のリズムや感触のオノマトペを友達と一緒に唱えて身体全体で表現する。

・3人一組でそれぞれが「赤」「黄色」「緑」のねんどろんになって、車や飛行機や船をつくって遊ぶ。

・自分の色のねんどろん（スライム）を作り、絵本のオノマトペからイメージを広げて、感触遊びを楽しむ。

3　実践事例（1）－1

時間	環境構成	○幼児の表現活動	◇教師の援助
11：00	・どの幼児も絵本が見える位置に座っているか確認をする。 P 教師 幼児	○絵本『ねんどろん』を見る。 ・教師の近くに集まって、めいめい感じたことをつぶやいたり、一緒に口ずさんだりする。	◇何度か絵本を読み重ね、「ねんどろん」の絵本の世界やリズム感などを十分に感じ、親しみをもてるようにしておく。 ・リズミカルに楽しく、幼児に心地よい速さで読む。 ・絵本を見て感じた幼児の気付きやつぶやきに共感し、受け止める ・場面に合わせて間をとったり、リズムを変えたりして、話の展開に期待をもったり、ねんどろんの動きに面白さを感じたりできるようにする。
11：05	・体全体を十分に動かせるように、場を広く確保しておく。	○自分なりのねんどろんになって遊ぶ。 ・絵本に出てきた言葉をみんなで口ずさみ、自分なりに体を動かす。 ・伸びたり縮んだりする ・転がったり床や壁にくっついたりする。 ・友達にくっついたり離れたりする。	◇教師も一緒にねんどろんになって遊ぶ。 ・幼児の思いに寄り添ったり、自分なりの動きをのびのびと表現できる雰囲気をつくったりする。 ◇ねんどろんのユニークな動きや言葉の響き、リズムを楽しんだり、自分なりに動きを試したり考えたりしている様子を認め、他児にも伝えたりする。

11：15	・	・伸びたり縮んだりする。 ・転がったり床や壁にくっついたりする。 ・友達にくっついたり離れたりする。 **カ**　三人一組で「赤」「黄」「緑」のねんどろんになって遊ぶ。 ・友達と一緒に様々な形をつくって遊ぶ。(写真 1-3) ・友達の動きを真似たり他のグループの表現を見たりする。	◇友達の表現を見て感じたことや思ったことを取り入れながら自分なりに表現している様子を認める。 ◇気の合う友達だけでなく、クラスの他の友達とも関わって、色々な表現に触れられるように、グループをつくる。 ◇ねんどろんになって様々な動きを楽しめたことを一緒に喜び、次回、実際にねんどろんに触れて遊ぶことを楽しみにできるようにする。

<「ねんどろん（スライム）」の作り方>

〔材料・用具〕ＰＶＡ洗濯のり、ホウ砂、 ヤクルト容器、大さじ、ペットボトル 300ｍｌ、水性絵の具（赤・黄・緑）、紙コップ、割りばし（かき混ぜ用）、お湯（40℃程度）とお湯を入れる容器

① ペットボトル８分目にお湯を入れ、30 ～ 40 ｇのホウ砂を入れてよく振り、溶け残りがあるほどのホウ砂飽和溶液（約 10%）を作る。

② 紙コップにヤクルト容器１/ ２杯の分量のＰＶＡのりに対して、ヤクルト容器１杯のお湯と絵の具を入れる。

③ ②を割りばしで十分にかき混ぜる。（ここでしっかり混ぜ合わせることが失敗しないコツ！）

③ 最後に大さじ１杯強のホウ砂飽和溶液を紙コップに加え、スライム状になるまで割りばしでよくかき混ぜる。

※注意：のりとお湯は幼児自身が扱うが、ホウ砂は毒性があるので必ず教師が管理して幼児に触れさせない。

3　実践事例（1）－2

時間	環境構成	○幼児の表現活動	◇教師の援助
10：00	P シート・机3台・机シート・	○感触遊びの準備をする。 ・スモックを着る。 ・教師と一緒にシートを敷いたり机を運んだりする。 ○絵本「ねんどろん」を見る。 ・感じたことをつぶやいたり一緒に口ずさんだりする。	◇ねんどろん（スライム）作りを楽しみにできるように声をかけ、一緒に準備を進める。 ◇繰り返し読んできて、リズムを覚えて口ずさむ幼児もいるので、場面によっては、皆で一緒に声やリズムを合わせて読み、ねんどろんの世界観を共有する。

10：15	・それぞれの机に必要な材料や用具を置き、自分たちで作れるようにする。 ・ホウ砂溶液は、教師が入れる。	○作り方の話を聞く **デ**　ねんどろんを自分で作る。 ・お湯と洗濯のりと絵の具をしっかり混ぜ合わせる。（写真4） ・よく混ぜたら、先生にホウ砂溶液を入れてもらう。	◇分量やしっかり混ぜ合わせることを伝える。 ・グループや近くの友達同士で伝え合って作れるように声をかける。 ・どんなねんどろんができるか自分で作れる嬉しさや期待に共感する。
10：30	・できあがったら、感触遊びを十分に楽しめるように机の材料用具を片付ける。 ・作ったねんどろんをまた使えるように、色ごとにまとめて入れる容器を用意しておく。	**キ**　ねんどろんの色と感触で遊ぶ。 ・伸ばしたり丸めたりして感触を楽しむ。（写真５） ・ねんどろんの絵本に出てきた言葉や触って感じた言葉を口ずさむ。 ・友達と一緒に触ったり、分け合ったりする。 **デ**　形を描いたり見立てて遊ぶ。  ○協力して片付けをする。 ・使ったねんどろんを片付け、着替える。	◇ねんどろんの不思議な感触や気持ち良さを感じている様子に共感する。 ・軟らかさや硬さ、色の違い、冷たさなどに気付きながら遊んでいる幼児の声を周りの幼児にも伝える。 ・感触に戸惑いを感じている幼児には、少しずつ慣れるように教師が一緒に触ったり友達の様子を見たりする。 ◇他の色も作りたい思いが出てくるので、分け合いながら一緒に遊べるように声をかける。 ◇色を混ぜたり見立てたり、口ずさんだり、自分なりに試す友達の姿に刺激を受けて取り入れたりできるようにし、出てくる言葉に耳を傾け、周りの幼児にも広めたりする。 ◇楽しかった思いに共感しながら次回の遊びに期待がもてるように話をし、大事に片付けるようにする。

4　保育の実際

・ねんどろんになって友達と一緒に考え、全身を使って様々な形を表わす工夫を楽しんでいた。
・ねんどろんづくりも自分たちでのりや絵の具を調合することや、感触遊びに集中する姿が見られた。

写真１

写真２

写真３

写真４

写真５

（山野てるひ・村山里奈）

7　お気に入りの昔話の読み聞かせ会をしよう

第３学年　国語科・音楽科

実践の概要

文／小沢正　画／太田大八　教育画劇　1996

「たのきゅう」　光村図書、国語３年上 他　昔話絵本

音楽科と効果的に関連させる国語科の指導の試みです。本作品は主人公「たのきゅう」が知恵を働かせてピンチをチャンスに変えていく楽しい物語です。音楽科での、拍の流れにのってリズムを感じ取る学習を生かし、国語科ではお話の面白さを感じながら、言葉の響きやリズムを生かして読み聞かせを行います。音楽科の学習を生かすことで、音声で表現する楽しさを一層味わうことのできる学習になります。

物語の読みと表現活動のポイント

本単元では、お気に入りの昔話を選んで読み聞かせをし、友達に聞いてもらう言語活動を行う。読み聞かせは、挿絵を聞き手に見えるように示しながら声に出して読み、お話を楽しんでもらう読書活動である。読み聞かせを行うためには、お話の楽しさを味わいながら何度も声に出して読み、内容の大体をつかんで音読できるようにすることが必要となる。本単元と並行して音楽科では、拍子やリズムの特徴を感じ取りながら、拍の流れにのって表現する学習を行う。国語科のみならず音楽科でもリズムや響きへの気付きを促し、その楽しさを味わわせることで指導の効果を高める。

Point 1　音読を通してお話の楽しさを味わうことができるようにする

中学年の音読の指導は、〔知識及び技能〕(1)「ク　文章全体の構成や内容の大体を意識しながら音読すること。」に重点を置く。また本単元では、お気に入りの昔話を選び、読み聞かせによって発信することで、伝統的な言語文化に親しむことをも意図している。そこで本単元では、昔話を場面ごとに細かく読み取らせるのではなく、音読を繰り返しながらお話の楽しさを体感できるようにすることを重視する。

・子供たちが学校図書館を利用して、読み聞かせの対象となる絵本を選べるよう、事前に学校図書館の配架を確認しておく。迷っている子には、何冊かお薦めの絵本を提示できるようにする。

Point 2　コンパクトな言語活動でねらいの実現を図る

本単元では、伝統的な言語文化としての昔話に親しめるようにすることをもねらう。そこで機械的に音読練習させるのではなく、読み聞かせ会を行うという言語活動を位置付ける。２時間扱いの単元でねらいを実現できるよう、言語活動をコンパクトなものにするとともに、第１時間目と第２時間目との間にインターバルを置くことで、自分のお気に入りの昔話を選ぶことができるようにする。

・子供たちが学校図書館から選んできた昔話の本を並べて昔話絵本のコーナーを作り、朝読書の時間や休み時間も自由に読むことができるようにする。（「6授業の実際（3）」参照）

授業の構想と実際

1　単元の概要

●国語科

第３学年及び第４学年〔知識及び技能〕(1) ク（音読に関する事項）、(3) ア（伝統的な言語文化に関する事項）に重点を置き、昔話に親しみ、内容の大体を意識しながら音読することができるようにする。そのため、お気に入りの昔話を選び、読み聞かせ会を行う言語活動を位置付ける。

2　単元の指導目標

(1) 昔話を選び、内容の大体を意識しながら音読したり、言葉の響きやリズムに親しんだりすることができる。（知識及び技能）

(2) 昔話や読み聞かせに関心をもち、好きなお話を選んだり、繰り返し声に出して言葉の響きやリズムを味わったりしようとすることができる。（学びに向かう力、人間性等）

3　単元の評価規準

教科	知識・技能	主体的に学習に取り組む態度
国語	・昔話を選んで読み、内容の大体を意識しながら音読している。 ・昔話を音読したり読み聞かせをしたりして、言葉の響きやリズムに親しんでいる。	・昔話や読み聞かせに関心をもち、好きなお話を選んだり、繰り返し声に出して言葉の響きやリズムを味わったりしようとしている。

4　単元の指導計画

単元指導計画

全２時間	国語科
第一次（１時間）	・「たのきゅう」の読み聞かせを聞き、面白いと思ったところを紹介し合う。 ・お気に入りの昔話を選んで読み聞かせ会を開くことに向けて、学校図書館で好きな昔話を選ぶ。
※４日～５日間隔を空けて、朝読書の時間や休み時間に昔話を読み、お気に入りの昔話を選ぶことができるようにする。	
第二次（１時間）	・選んだ昔話を音読したり、相手に挿絵を見せて読み聞かせのリハーサルをしたりする。 ・グループごとに、お互いの選んだ昔話の読み聞かせを聞き合い、感想を交流する。

全３時間	音楽科
第一次（２時間）	・拍子やリズムの特徴を感じ取りながら、拍の流れにのって表現する。
第二次（１時間）	・手拍子でリズムを取りながら、反復や変化などの音楽の仕組みを生かして、まとまりのあるリズムをつくる。

5　本時（国語科）の展開（第一次第1時）

(1) 本時のねらい

・登場人物の行動や場面の移り変わりに気をつけながら昔話「たのきゅう」の読み聞かせを聞いて感想交流するとともに、自分が読み聞かせしたい昔話絵本を選ぶことができる。(知識及び技能)

(2) 本時の展開

分節	○児童の学習活動	◇指導者の支援　◆評価
Ⅰ導入	○本の題名や絵から、どんな物語か予想し、本時のめあてを確認する。	◇「たのきゅう」の挿絵を見せながら、物語を予想できるようにする。
	「たのきゅう」の読み聞かせを聞き、面白かったところをしょうかいしよう。	
Ⅱ展開	○誰が何をしているところが面白いのかを確認する。 ・ぼくが面白かったのは、「たのきゅう」と言ったのに、「たぬき」と勘違いしたところです。 ・私はおじいとおばあの台詞の言い方が面白いと思いました。いつも使っている言葉と違うからです。 ・たのきゅうが「きらいなものはお金」とうそを言ったところが、だましあいみたいで面白かったです。 ○学校図書館で昔話絵本を数冊選ぶ。	◇「だれが」「何をしたところが」「どんなふうに」面白かったのか、感想発表に盛り込む内容を提示する。 ◇名前磁石を活用し、自分の感想と友達の感想を比べながら聞くことができるようにする。 ◆面白かったところとその理由を、感想交流している。(知・技) ◇学校図書館を活用し、読んでみたい昔話絵本を数冊選ぶことで、関心を広げる。
Ⅲまとめ	「読み聞かせ会」で音読してみたい絵本を何冊か選び読んでみましょう。	
	○音読してみたい昔話絵本を選び、一人で読む。 ○自分が面白いなと思ったページに、名前を書いた付箋を一枚貼る。 ・私は、「じゅげむ」を選びました。早口言葉みたいで面白いからです。 ・ぼくは、「そばせい」を選びました。話の落ちが面白いからです。 ○本時の学習を振り返る。	◇面白いと思ったページに、名前を書いた付箋を一枚貼るようにする。 ◇昔話絵本のコーナーを作り、朝読書の時間や休み時間も自由に読むことができるようにする。 ◆昔話に関心をもち、読み聞かせしたい昔話を選んでいる。(知・技) ◇次時への見通しをもつことで、「読み聞かせ会」に向け、意欲をもつことができるようにする。

6　授業の実際

(1) 読み聞かせでお話の世界を楽しむ

写真１　読み聞かせにひたる

子供たちは小さい頃から、親や教師による読み聞かせを通して本に親しんできている。本単元でも、教師による読み聞かせを通して昔話の世界を目と耳で楽しんだ。お話にどきどきして緊張する場面、思わず笑いが出る場面など、読み手と聞き手の間合いが、お話の楽しさにもつながっている。音読の力もついてきている時期なので、聞いて楽しむだけでなく、子供たちによる昔話の読み聞かせへの意欲を高めることにもつながった。

(2) 感想交流を通して昔話の面白さに気づく

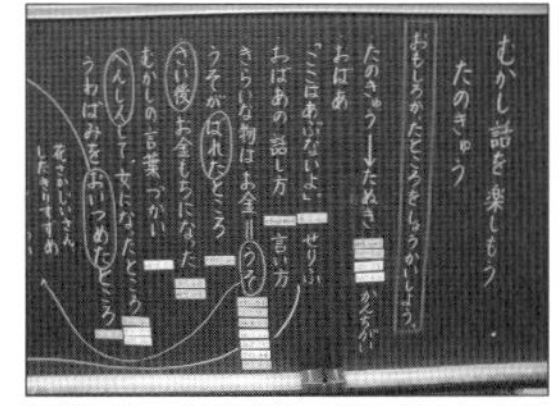
写真２　感想を一覧する板書

名前磁石を使いながら、面白かったところを発表していった。名前磁石を使うことで、誰がどんな感想をもっているのか、自分と比較しながら聞くことができる。「だれが」「何をしたところが」「どんなふうに」面白かったのか友達の感想を聞くうちに、ある子が「それなら『大工と鬼六』と似ている」とつぶやいた。台詞のやりとり、知恵比べ、最後の大逆転などが似ていると発表した。すると、「同じシリーズの『じゅげむ』も音読すると面白いよ」という声も出て、他の昔話にはどんなものがあるか、どんな面白さがあるのか、みんなで出し合う流れとなった。感想交流は、昔話に関心があまりなかった子供にとっては、本を手に取るきっかけとなり、昔話を沢山読んでいる子供にとっては、面白さの視点を持って本を選ぶきっかけとなった。

(3) 表紙を見せて、付箋を貼って、交流のきっかけとなる絵本コーナー

写真３　絵本コーナー

写真４　本を手に取る子供たち

1時間目と2時間目の学習の間に、４～５日程度のインターバルをおいた。朝の読書の時間や休み時間に、子供たちが自由に昔話絵本に手を伸ばせるような読書環境作りを行った。本の表紙を見せる並べ方をしたり、誰がどのページを面白いと感じたのか付箋を貼ってみたりした。友達への関心が高くなってきている子供たちにとって、交流のきっかけとなっていったようだ。「ぼくもあの本を読んでみた」「私もあの場面が面白いと思った」などのやりとりが見られた。そして最終的に自分が読み聞かせしてみたい昔話を見つけ、練習する姿となった。

(4) グループでの昔話読み聞かせ会

写真５　読みの交流

音読を通して昔話を楽しむことができるように、グループでの読み聞かせ会を実施した。子供による絵本の読み聞かせは、係活動の中で一部の子が取り組んだことはあるが、全員が行うのは初めてであった。音読の得意不得意はあるが、聞き手と読み手、両方を経験することは、言葉のリズムに触れる機会となった。学習が終わった後も、一人で昔話を楽しむ子供も見られた。

（水戸部修治・山科典子）

❸ オノマトペの面白さで遊ぶ

1　形と動きの対比を感じよう

実践の概要

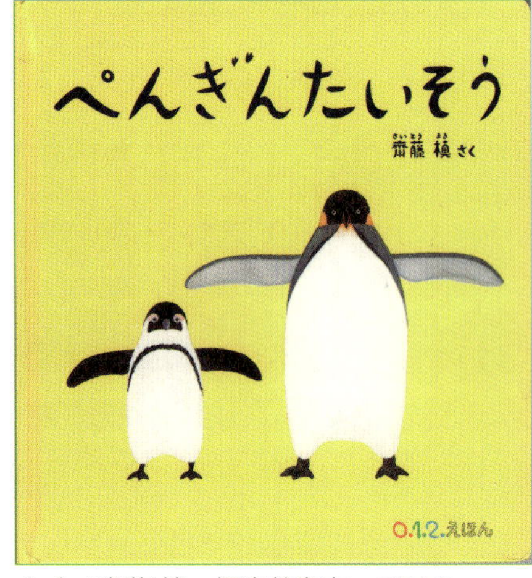

さく / 齋藤 槙　福音館書店　2016

『ぺんぎんたいそう』

「ぺんぎんたいそう　はじめるよ」、小さなケープペンギンと大きなキングペンギンが画面の左右に並んでユーモラスな体操が始まります。「いきをすって〜、はいて〜、くびをのばして〜、ちぢめて〜、うでをふって〜」、読んでいるうちに思わず一緒に体を動かしたくなってきます。最後の「おしりをふって〜　またあした」の終わり方も、動きが楽しく子供たちは大好きです。

シンプルな色使いですが、背景の黄色も気持ちを元気に明るくします。

遊びが広がる表現活動のポイント

『ぺんぎんたいそう』は表紙を見ただけでも笑みがこぼれるような、大小のトボけた<形の対比>からなっています。大きさの違う似た形ものが、吸う―吐く、伸ばす―縮める、腕を振る―足を上げる、小さく飛ぶ―大きく飛ぶというように、<動きの対比>の特徴も感じられるように体操が展開していきます。

指導者が 10 場面全体の構成をつかんで、流れを感じる

3種類の動きの対比（吸う―吐く、伸ばす―縮める、腕を振る―足を上げる）の後に「おなかと あたまをぴったんこ！」と休止をはさみます。そしてクライマックスの「おおきく じゃんぷ!」へと向かい、「おしりを ふって〜 また あした」で終結します。

・動きが流れる、止まる、盛り上がる、落ち着く、という全体のリズムや間を感じながら、指導者は快活に楽しく読む。

オノマトペと動きの連動を感じる

「ぱたぱた」「ぴったんこ」「ちょん」「ぴょーん」の四つのオノマトペが流れの変化をつくり、アクセントにもなっています。声に出して、子供が自分の声と動きが連動していることを感じられるようにしましょう。

・掛け声やオノマトペの言い方を色々変えて、動きの変化を楽しむ。

※福音館書店からはネットで「ぺんぎんたいそう」の音源や楽譜も配信されています。そのような楽しみ方も良いですが、ここでは指導者の声で流れやリズムをつくり、子供と一緒に声を出して動きましょう。https://www.fukuinkan.co.jp/detail_page/penginexercises.html

3歳児を対象にした実践

表現　2－（8）／健康2－（2）／人間関係2－（7）

1　実践のねらい

（1）形の大小や動きの対比の感じに気付く。
（2）言葉を声に出しながら、先生や友達と一緒に体を動かす楽しさを味わう。

2　実践の流れ

・集団で楽しめるように、絵本を拡大して大きなスケッチブックに貼り、「めくる紙芝居」に仕立てておく。（教師にとっても片方の手で操作でき動きやすい）
・教師が腕や首を少し動かしながら読んで、子供から自然に動きが出てきたら、皆で一緒に動いてみる。

3　実践事例

時間	環境構成	○幼児の表現活動	◇教師の援助
11：00	・紙芝居を用意する ・紙芝居を置く巧技台を用意する。 ●＝教師 ○＝子供	○教師の周りに集まる。 ○初めての紙芝居に興味をもって見ようとする。 ・大きなスケッチブック紙芝居に関心を寄せて集まる。 ○何度か読んでいるので、教師が読む言葉に合わせて言ってみたり、自分の体も少し動かしてみたりする。 ・「いきをすって～」教師が読みながら動く。	◇巧技台の上に紙芝居を用意し、紙芝居が見えているかを確認する。 ・いつも読んでいる絵本とは違う紙芝居に期待感を持てるように言葉をかけながら紙芝居を出す。 ◇ペンギンの動きに合わせて幼児が動き出したくなるように、オトマトペを意識して読む。 ・読みに合わせて少し体を動かしたり、場面に合わせて読み方に強弱や緩急をつけてたりして、音の違いや動きの違いを感じられるように読む。 ◇興味をもちにくい幼児には、二人の担任で連携しながら個別に関わり、やってみようと思えるように援助する。

11：05		○教師の言葉にやってみたいと答える幼児がいたり、どのように動けばいいか分からず不安を感じる幼児がいたりする。 ○広い場所を見つけて立つ。	◇読み終わった後に、紙芝居に合わせて動いていた幼児の姿を受け止め、一緒にぺんぎんになって「ぺんぎんたいそう」をやってみることを投げかける。 ◇周りとぶつからないように広い場所を見つけるように知らせる。 ・一人一人の立っている場所が壁や人に近すぎないかを見て、危険がないように配慮する。 ・自分で場所を見つけたことを認める。 ・幼児同士がぶつかったり、トラブルになった時は悲しい思いを受け止めながら、気持ちの切替えができるように関わる。
11：08		デ　紙芝居の流れに合わせて動いてみる。 ・息を吸う　・息を吐く ・首を伸ばす　・首を縮める ・手を動かす　・足を動かす ・頭とおなかをくっつける ・小さくジャンプ ・大きくジャンプ ・おしりを振る 	◇楽しい雰囲気で始められるように、教師自身が楽しんで体を動かしたり、モデルとなるように、対比を意識して大きな動きで動く。 ・自分なりに感じた動きを表現している幼児の姿を十分に認め、一緒になってやってみる。 ・指先や足先まで伸ばしている幼児や全身を使って表現している幼児の姿を認めて、一人一人が自分の体の動きを意識できるようにする。
11：13		・おなかとあたまをぴったんこ カ　自分なりに感じたペンギンの歩き方を表現しようとする。	◇ペンギンになって歩くことを誘いかける。 ・絵本に出てきた動きだけでなく、連続でジャンプをしたり、片足でバランスを取ったりするなど、変化をつけて動いく。教師自身が「ちょんちょん」や「のしのし」等、色々なオノマトペを使って表現し、対比的な動きと音が対応して感じられるようにする。

<table>
<tr><td></td><td>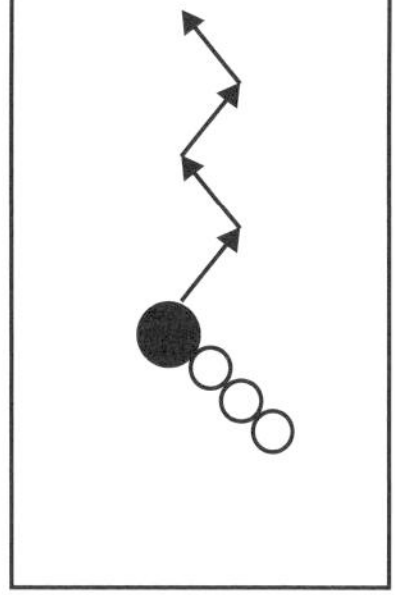</td><td></td><td>・かかとで歩こうとしたり、手を羽に見立てる姿を認めてペンギンになりきる気持ちを受け止める。</td></tr>
<tr><td>11:15</td><td>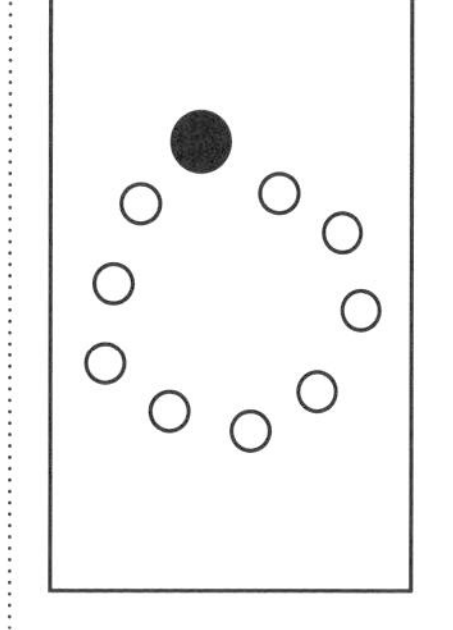</td><td>○教師の後ろに並び、ペンギン列車をつくって歩く。
・後について動くことだけで楽しい幼児や列についていけない幼児もいる。

・ぺんぎん列車でジグザグに歩く</td><td>◇教師の後ろに繋がってペンギン列車になって歩いてみることを伝える。
◇ジグザグに歩いてみたり、ジャンプをしてみたり、普段とは違う動きをしてみる。
・最後尾の幼児とつながり、ペンギン列車を円にする。</td></tr>
<tr><td>11：20</td><td></td><td></td><td>◇最後に友達ペンギンとおしりを振ってさようならをすることを伝える。</td></tr>
<tr><td></td><td></td><td>○円になっておしりを振って先生や周囲の友達とさよならをする。</td><td>◇「楽しかったね」「こんなペンギンがいたね」等、幼児の姿を取上げながら楽しかった思いに共感して、「またやりたい」と次に期待感をもって終われるようにする。</td></tr>
</table>

4　保育の実際

3歳児は月齢によって一人一人の発達に大きな違いがみられます。教師の声や動きにすぐ呼応して自分も動いたり表したりできる幼児もいますが、眺めているだけの幼児もいます。けれども教師のリズムのある声や変化のある動きや働きかけをどこかでちゃんと受け止めており、その繰り返しが大切な環境となっているのです。

写真１　いきをすって～

写真２　あしをあげて～ いっち に

写真３ おなかとあたまをぴったんこ

（山野てるひ・中東静香・畑中悠希）

4歳/5歳

2　オノマトペを唱えながら忍者になりきって遊ぼう

実践の概要

作 / 山田マチ　絵 / 北村裕花　ひさかたチャイルド　2016

『てのりにんじゃ』

てのり忍者は、その名の通り、てのり文鳥と同じくらい小さな忍者です。足音も立てず、とても素早く動くので、なかなかその姿を見ることができません。しかし、もし家の中に迷いこんだ忍者に出会ったとき、どうしたらいいのか、この絵本が分かりやすく教えてくれます。まずは忍者用のお団子の作り方、まだ慣れない時の対応、仲良くなってからの修行の付き合い方、お別れの時の礼儀などを、とてもよく理解できます。この絵本を読んだ子供たちは、忍者をぐっと身近に感じ、忍者になって修行に参加してみたくなるでしょう。

遊びが広がる表現活動のポイント

子供たちがてのり忍者になり切れるよう、教師自身が主人公の男の子になって、子供たちの忍者修行をリードしていきましょう。「しゅしゅしゅしゅ」「そろーりそろーり」などのオノマトペをうまく使うことで、子供たちはより真剣に忍者になりきることができます。絵本を見せる時にもそのことに留意して、「忍者がどんな修行をしているのか」イメージを膨らませるよう、働きかけるとよいでしょう。

Point 1

絵本の細かい描写にも注目させる　実践事例（1）－1

この絵本の中には、忍者の生活が細かく描写されています。子供たちの興味をひくためにクイズのような形で書かれている頁もあるため、子供たちと一緒に考えたり発言を丁寧に認めたりしながら、絵や言葉をじっくり楽しむことが大切です。

- 読み聞かせは広すぎず、狭すぎない部屋で実施する。
- すぐに忍者になって表現遊びができるぐらいの適度なスペースが必要。

Point 2

忍者になりきって修行体験する　実践事例（1）－2

教師が主人公の男の子になりきり、子供たちの忍者修行のお手伝いをするイメージで、表現活動を展開するとよいでしょう。その際、子供たちの動きに合わせて「しゅしゅしゅしゅ」「そろーりそろーり」などのオノマトペを発声することで、子供たちはより一層忍者になりきることができます。

- 手裏剣やお団子などの小道具はあえて、用意しない（子供たちの想像の力を十分引き出してから、必要に応じて製作しても可）。

4歳児を対象にした実践

表現　2－（1）（8）／言葉　2－（8）／人間関係　2－（6）

1　実践のねらい

（1）動きに応じたオノマトペを知り、言葉を唱えながら動く楽しさを味わう。
（2）友達の動きや表現に気付き、模倣したり、自分の表現に取り入れたりして楽しむ。

2　実践の流れ

・絵本を見せる前に、忍者について知っている情報を子供たちから引き出し、お話に興味を持たせる。
・絵本でみた「忍者の修行」を実際に表現遊びの中で体験してみる。

3　実践事例（1）－1

（実践事例（1）－ 1、2 を合わせて）全時間50分

時間	環境構成	○幼児の表現活動	◇教師の援助
11：00	○教師の前に絵本が見えやすい隊形で座る。 	○「てのりにんじゃ」の絵本の表紙を見る。 ・「忍者しってる」「ぼく会ったことある」「手裏剣もってるよ」 ・「てのり？」  右手の平の上で左手の指をのせて、「どのぐらいの大きさかな？」とイメージする	◇落ち着いて話が聞けるように声を掛ける。 ◇「てのりにんじゃ」の絵本の表紙を見せ、忍者に興味をもたせる。 ・「今日はこんな絵本を持ってきました」 ・「忍者は忍者でも、てのり忍者です」 ◇忍者についての幼児の気付きや、つぶやきに共感し、受け止める。 ・「みんなが知ってる忍者と同じかな？」
11：10		キ　描かれている絵をじっくり見て、気付いたことを発言する。 ・「あっ、これ私もできる」 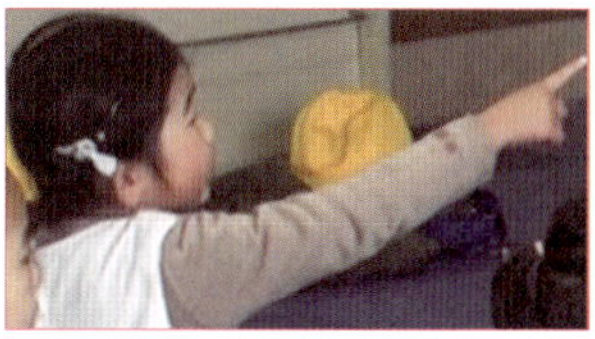 うんていをしている自分の姿と忍者を重ねてイメージする	◇絵本の絵を幼児とじっくり味わう。 ・修行の様子を紹介している頁などでは、絵とともに「しゃんしゃんしゃん」「つんつんつん」「すぱぱぱぱ」などのオノマトペをたっぷり味わうように読む。

		・「あっ、電気のところにいた」 ・「ぼくもみつけた」  思わず立ち上がり、絵の中に見つけた忍者を指さして教師に教える	・「忍者はどこに隠れているかな？」（例．分身＆隠れ身の術が紹介されている頁など、じっくり時間をとって幼児に発見させる）
		キ　見つけたことを次々に教師に伝える。 （誕生日パーティーのシーンでは） ・「手裏剣のクッキーがある」 「ケーキに忍者のいえがある」	◇絵本の絵から忍者の姿を発見した幼児の言葉を丁寧に受け止める。 ・「よく見つけたね」 ・「他にはないかな」

実践事例（1）－2

時間	環境構成	○幼児の表現活動	◇教師の援助
11：15	・少し広めの保育室に集まる。 教師 幼児	○教師の呼びかけに応える。 「やってみたい」「ぼく、忍者になれる」	◇「てのりにんじゃ」の絵本を見た後、「忍者の修行」遊びに幼児を誘う。 ・「みんなも忍者になれるかな？」
11：20	・幼児を絵本を読んだ場所から一端部屋の片隅に移動させる。 幼児 教師	○幼児が忍者になりきって入ってくる。 **カ**　気付かれないように「そろ～り、そろり」	◇最初は部屋の隅に幼児を誘導し、忍者が外から家の中に入ってくるシーンを演出する。 ・「先生がねている間に手のり忍者がゆき先生のおうちに入ってきましたよ」 ◇忍者になりきっている幼児の姿を認め、他の幼児にも気付かせる。 ・「○○子忍者は、そろ～りそろ～り入ってきました」

		カ 忍者の修行を色々な種類のオノマトペを伴う動きで表現する。 ・教師の呼びかけに対し、手裏剣をとばす真似をしながら教師に近づく。 **カ**「しゅしゅしゅ…」手裏剣をとばす. 	◇虫に狙われている教師を助けるシーンを演出する。 ・「あっ、大変です。虫がとんできて先生を狙っています」 ◇動きに対応したオノマトペを発して、他の幼児にも興味を持たせる。 ・「シュシュシュ…、△君忍者みたいにみんなもできるかな？」
		「あーん、もぐもぐ…」チョコレート菓子を飛ばして口の中へ. 	◇友達の表現を見てよい部分を取り入れたり、模倣したりできるよう言葉をかける。 ・安心して自分の思いを表し、友達や教師とのやり取りを楽しみ、気付きを共有できるようにする。 ◇教師自身もオノマトペを発しながら、幼児とやりとりを楽しむようにする。
		カ「さささささささ…」忍者のように素早く走る。 	◇活動に緩急をつけ、幼児を飽きさせないよう工夫する。 ・「ぼーっ」「この音が鳴ったら、お別れでござる」⇒大急ぎで走り去る動きへ導入し、最後まで忍者になりきったまま終わる。

4 その後の姿

当日は身体を使った表現遊びを行いましたが、翌日以降の遊びでは、粘土で忍者団子を作ったり、折り紙で手裏剣を作ったりするなど、造形遊びでお話の世界を楽しむ子供の姿も見られました。

ごっこ遊びだけではなく、生活の中の色々なシーンでオノマトペを用いて会話する子供たちの姿が以前より多く見られるようになりました。

（平井恭子・平田裕紀）

5歳

3　音とリズムを重ねて音楽会を楽しもう

実践の概要

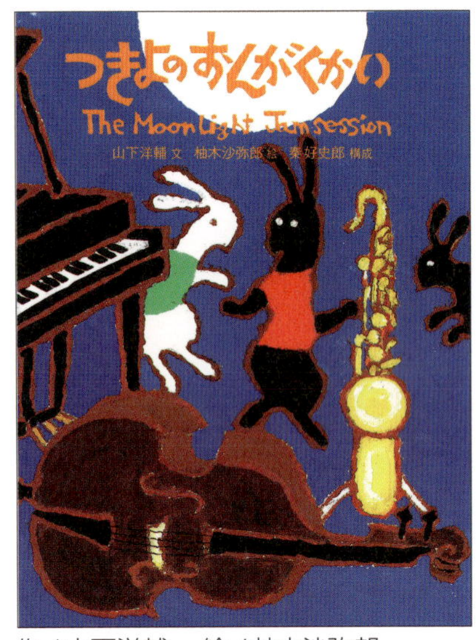

作 / 山下洋輔　絵 / 柚木沙弥郎
構成 / 秦好史郎　福音館書店　1999

『つきよのおんがくかい』

満月の夜にこうちゃんが月を見ようと山に登ると、ピアノをかついだクマやベースを持ったウマ、ドラムを持ったネコなどに出会います。クマ、ウマ、イヌ、ネコの4匹が揃うと、「ぶんぶん、シャンシャカ、スタタトン」と愉快な音が重なって音楽会が始まります。

踊りたくなるようなリズムが次々に奏でられ、こうちゃんも参加して音楽会は一晩中続きました。動物たちに「またこいよ」と誘われたこうちゃんは、次の満月の夜の音楽会を楽しみにすることでしょう。

遊びが広がる表現活動のポイント

絵本にはベースやドラム、サックスなど、子供たちが日頃あまり目にしない楽器が出てきます。身近な動物たちが演奏するユニークな楽器の音色を表すオノマトペを、リズミカルに楽しく表現してみましょう。その面白さに引き込まれた子供たちは、一緒に口ずさんだり、自然に体が動き出すでしょう。

Point 1

絵本の中のオノマトペを、リズムにのって声で表わす

動物たちが奏でる楽器の音は、ベースが「ぶぶぶぶ　ぶぶんぶ　ばびぼべ　ばび」、ドラムは「スタタトン　ダバトトン　スタタトン　ダバトトン」のように、強弱やリズムが感じられるように書かれています。

子供たちと音楽の楽しさを共感できるように、リズミカルな読み方を工夫してみましょう。

・絵本に表わされている音のリズムや強弱を感じ取って、リズミカルに読む。

Point 2

タンバリンや鈴などの楽器の音から、幼児が感じたオノマトペを引き出す

子供たちの身近な楽器であるタンバリン、鈴、カスタネットなどを、教師が様々なリズムで鳴らしてみましょう。その音から子供たちが感じたり、考えたりしたオノマトペを、教師も共感しながら引き出しましょう。それらの中から、生き生きと表現を楽しめる音を一緒に選び、音楽会を楽しみましょう。

・どんなオノマトペを考えついたのか、ホワイトボードに書き留めて、周りの幼児と共有する。

5歳児を対象にした実践

表現　2－（1）（4）／環境　2－（4）／人間関係　2－（7）

1　実践のねらい

(1) 絵本や楽器からリズムを感じて、オノマトペを唱えたり体を動かして遊ぶことを楽しむ。
(2) グループで見つけた音を伝え合い、クラスで共有する楽しさを体験する。

2　実践の流れ

・絵本を見て、オノマトペを聞いたり唱えたりする。
・タンバリン、カスタネットなどの楽器の音から感じたオノマトペを伝え合う。
・友達の考えたオノマトペを一緒に楽しんだり、口ずさんだりする。
・友達とオノマトペを合わせて「○○組おんがくかい」を楽しむ。

3　実践事例

時間	環境構成	○幼児の表現活動	◇教師の援助
9：30	P 教師 幼児	○絵本『つきよのおんがくかい』を見る ・保育室の中央に集まる。 ・静かに話を聞く。 ・絵本の中のオノマトペのリズムを感じる。 ・絵本の中のオノマトペを一緒に口ずさむ。 ・友達と一緒に言葉を口ずさむ。	◇どの幼児も絵本が見える位置に座っているか確認をする。 ◇リズミカルに楽しく、幼児に心地よい声や速さで読む。 ・場面に合わせて間をもち、話の展開に期待が持てるようにする。 ・絵本を見て感じた幼児の気付きや、つぶやきに共感し、受け止める。 ・幼児がオノマトペを聞きながら、自然に体が動いたり、一緒に口ずさんでいる様子を笑顔で受け止める。 ・絵本を読んだ後の楽しい雰囲気を大切にして、次の活動に期待が持てるように話をする。

9：40			◇『つきよのおんがくかい』に登場した楽器を振り返る。 ・他にはどんな楽器があるのか、これまでの合奏経験を思い出しながら、タンバリン・鈴・カスタネットを紹介する。
	・タンバリン・鈴・カスタネットを用意する。 ・幼児のオノマトペを書き出すホワイトボードを用意する。	○　様々な楽器の音を聞く。 ・タンバリンの音を聞く。 ・鈴の音を聞く。 ・カスタネットの音を聞く。	◇　タンバリン・鈴・カスタネットを順に、様々なリズムで鳴らし、幼児が感じたオノマトペを引き出していく。 ・必要に応じて、幼児がどのように感じているのかを教師の方から尋ねて、幼児のオノマトペを引き出していく。
		キ　それぞれが楽器の音を聞いて感じたり、考えたりしたオノマトペを伝える。 ・友達の考えたオノマトペを聞く。 ・教師と一緒に考えたオノマトペを繰り返し唱える。	◇　幼児が感じたり、考えたり、自然と口ずさんだりしたオノマトペを、ホワイトボードに書き留めて、周りの幼児と共有する。 ・教師も一緒に幼児の考えたオノマトペを繰り返し唱え、楽しい思いを受けとめたり、共感したりする。 ・友達の表現を見て感じたことや思ったことを取り入れながら自分なりの表現を楽しんでいる幼児を認める。 ◇幼児の考えたそれぞれの楽器のオノマトペの中から、幼児が生き生きと表現を楽しめる音を一緒に選ぶ。
10：00	教師 カスタネット　タンバリン 鈴　カスタネット	○「○○組おんがくかい」を開く ・タンバリン・鈴・カスタネットのグループに分かれる。 ・考えたオノマトペを友達と一緒に唱える。 **デ**　指揮者（教師）に合わせる。 ・友達の音を聞く。	◇オノマトペや様々なリズムの違い、重なりの面白さなどを楽しめるように、教師が指揮者になり、「○○組おんがくかい」を楽しめるように支える。

			 ◇それぞれの楽器の音を楽しみ、みんなで一緒に合わせて音楽会を開けたことを、幼児と一緒に喜び合う。

4　実践全体の流れの中でみられた子供たちの姿

初めて『つきよのおんがくかい』の絵本を読むと、子供たちはすぐさまお話の持っている面白さに引き込まれていきました。絵本の中のオノマトペを教師が読むと、一緒に唱えてその音を楽しみ、ドラムをたたいたり、サックスを吹いたり、ピアノを弾く様子を真似しながら、自分の感じた音を口々に口ずさんでいました。

絵本を読んでから行ったカスタネットの楽器遊びでは、教師が様々なリズムで鳴らすカスタネットの音、「トトトト」「トントントントン」「カンカンカンカン」「カリカリ」「タンタン」「タタンタン」「キャンキャン」など、それぞれに思ったオノマトペを表していました。一人一人が楽器を持って遊ぶと、鳴らした音と共に、口を動かしている子供の姿がみられました。

「おんがくかい」では、子供たちが教師の指揮に合わせてオノマトペの音を合わせたり、輪唱のようにしたのがとても楽しい様子で、終わった後も「シャンシャンション」と言って音や声を楽しむ姿がありました。

5　実践後の担任の感想から

オノマトペを声に出して繰り返すことでリズムが生まれ、よりリズムを感じられることが理解できた。繰り返しは大切だと思った。また、子供たちが「シャンシャンシュー」の「シュー」で首をのばす表現が面白く、これこそが体から湧き出る自然なオノマトペだと思った。

難しかったのは、子供たちが音から感じるリズムをオノマトペで考えることを、どのように引き出すかという点と、色々と出てきたオノマトペからどれをピックアップして組み合わせるかという点であった。リズムが複雑だと唱えにくいだろうと予想して単調なリズムにしたが、もっと違うリズムを提示したら、表現から感じ取られる印象も違っただろうと思われた。

今後は今日感じたリズムが次の遊びに繋がり、広がって行けばよいと思う。今度は違う楽器に触れる機会もあるので、どんなリズムを感じるかを見ていきたい。

（岡林典子・大森千江）

4　オノマトペの動きを楽しもう

実践の概要

さく / かがくい ひろし　ブロンズ新社　2008

『だるまさんが』

「だ・る・ま・さ・ん・が」の言葉とともに、見開き2頁にはかわいらしい6つのだるまさんが左右に揺れています。次の頁では、だるまさんが「どてっ」と転んだり、「ぷしゅーっ」とつぶれたり、「びろーん」と伸びたり、色々な動きとオノマトペの関わりが面白く感じられる絵本です。左右に手を広げ、かわいいだるまさんの真似をして、「だ・る・ま・さ・ん・が」と動いてみると、楽しい表現が生まれるでしょう。

遊びが広がる表現活動のポイント

この絵本の登場人物はすべてだるまさんです。手や足が描かれただるまさんは親しみやすく、子供たちの興味を引きつけます。姿だけではなく、だるまさんはオノマトペとともに、とてもユニークな表情や動きをしています。子供たちがだるまさんに変身して楽しめるよう、声や動きを工夫してみましょう。

四角い紙を用いて身体表現することに慣れておく　実践事例（1）－1

子供たちの様子から、いきなり絵を動きに結び付けにくいと思われるかもしれません。その場合、たとえば紙のように形を変化させやすいものを提示して、揺らしたり、回したり、振ったり、折り曲げたりして、子供たちにその動きを身体で真似させて遊んでみましょう。

・Ｂ４程度の大きさの紙が扱いやすく、子供たちにも分りやすくてよい。

友だちと声のタイミングを合わせる心地よさを感じる　実践事例（1）－2

この絵本は、「だ・る・ま・さ・ん・が」の頁とオノマトペの頁が交互に現れるシンプルな構成になっています。それがくり返されて、リズムが生まれます。「だ・る・ま・さ・ん・が」の拍ごとに身体を揺らしながら発声して、表現を同期させることも出来るでしょう。

・子供たちにとって声を合わせたり、拍にのって演奏したりするのは難しいので、幼いうちから友達とタイミングを合わせる心地よさを感得する経験は重要。

5歳児を対象にした実践

表現　2－（1）（4）（8）／人間関係　2－（7）

1　実践のねらい

(1)「だ・る・ま・さ・ん・が」という、拍の流れを感じさせるリズミカルな言葉を唱和することにより、リズムや呼吸が合うことの心地よさを感じる。
(2) オノマトペに合わせて、自分なりの表現を楽しむ。

2　実践の流れ

・絵本を読み聞かせながら、「どてっ」「ぷしゅーっ」「びろーん」など、様々なオノマトペの面白さを感じ、体の動きを連動させて遊ぶ。
・保育者の動きからオノマトペを連想したり、保育者の発したオノマトペに動きをつけたりしながら、自分なりの表現を引き出す。
・友達の表現を見たり、一緒に表現したりすることにより、人と合わせる楽しさを体験する。

3　実践事例（1）－1

時間	環境構成	○幼児の表現活動	◇教師の援助
11：00 11：15	・絵本が見える位置に座る。 （楽器／教師／幼児） ・どの幼児にも絵本が見えるかどうか確認しつつ、身体表現ができるように少し広がるよう促す。	○保育者の読みに合わせて、絵本の絵をもとに体を左右に揺らしながら、オノマトペを発声する。 ・「どてっ」という短く、低い声とともに倒れる動作をする。 キ　体がペッタンコになる動きに伴って「ぷしゅーっ」という高い声から低い声への移り変わりや、だんだん弱くなどの強弱の変化が現れる。 ・「びろーん」ではだんだん高くなる声とともに、爪先立ちで体を伸ばす姿が見られる。	◇絵本の読み聞かせをする。 ・「だ・る・ま・さ・ん・が」という拍の流れにのって、だるまの絵のように体を左右に揺らしながら読む。 ・「だ・る・ま・さ・ん・が」に続く頁でどのようなだるまの姿が出てくるのか、期待を抱かせる。 ・リズムにのれない幼児も声を合わせることができるように、タイミングよく頁をめくり、オノマトペを発声する。 ◇豊かな表現をしている幼児を認め、それをクラス全員で共有し、皆で繰り返し身体表現を楽しむ。

実践事例（1）−2

時間	環境構成	○幼児の表現活動	◇教師の援助
11：00	・身体表現ができるように、少し広がって座る。 楽器 幼児	**カ**　保育者の動きを見て、「だ・る・ま・さ・ん・が」の後に続く言葉を考える。 ・「ふにゃふにゃ」「ぐるぐる」「ぱたぱた」 ・「だ・る・ま・さ・ん・が」の後に続けて、オノマトペとともに身体表現する。 ○保育者のオノマトペを一緒に発声しながら、自由に表現する。 ・自分なりの動きをしたり、友達の動きを真似たりしながら、表現遊びを楽しむ。	◇だるまさんに変身して様々な動きを見せ、オノマトペを付けるように促す。 ・「先生の動きにはどんな言葉が合うか、考えてみましょう」 ・なかなか言葉が出ない幼児には、「とんとん」「ばたんばたん」などの例を挙げる。 ・幼児から出てきた言葉に共感して、全員で身体表現するように促す。 ◇今度は逆に、「だ・る・ま・さ・ん・が」の言葉に続けて色々なオノマトペを発して、幼児たちの身体表現を導く。 ・「先生が『だ・る・ま・さ・ん・が』『きらきら』などの言葉を言いますので、それを聞いて、みんなでどんなだるまさんなのかを考え、だるまさんになって動いてみよう」と誘いかける。 ・面白い動きをしている幼児の表現を紹介する。
11：15		・友達の動きを見て、それに合うオノマトペを考える。 ・たとえば、クロールの水かきのような動きをした幼児に対し、「だ・る・ま・さ・ん・が」「すいすい」、「だ・る・ま・さ・ん・が」「ばったんばったん」などテンポも様々なオノマトペが出てくる。	◇一人の幼児をピックアップして、全員でその動きに合うオノマトペを考えるように促す。 ・「今度は A ちゃんの動きを見て、どんな言葉が合うか、考えてみましょう」 ・幼児の表現を受け止め、幼児同士でイメージを膨らませるようにする。 ・「じゃあ、みんなで『だ・る・ま・さ・ん・が』『すいすい』をやってみようか」と誘いかける。
11：25		・「だ・る・ま・さ・ん・が」の言葉に続けて、全員でオノマトペと身体表現を楽しむ。	

4　小学校への接続

5歳児の実践では、拍の流れやリズムや呼吸が合うことの心地よさを感じ、積極的に自分なりの表現を楽しむ活動でした。実はこれらは小学校の音楽科の学習をすすめる上で基礎となるものです。たとえば、みんなで歌ったり、楽器を演奏したりする時に、拍の流れを共有し、自分の演奏と人の演奏が合った時の心地よさを感じることは不可欠といえるでしょう。また、保育者と子供たちとのやりとりにおいては、反復（リズミカルな言葉の繰り返し）、呼びかけとこたえなどの音楽の仕組みの理解につながる要素も多く含まれています。

ここでは、音楽の仕組みの学習の視点から小学校1年生の学習に発展させる実践例を挙げてみたいと思います。小学校学習指導要領第1、2学年のA表現（3）の音楽づくりのアには、「(ア) 音遊びを通して、音楽づくりの発想を得ること」と記載されています。下記のように、小学校の音遊びの題材として『だるまさんが』を用い、絵本を読んだ後に、グループ活動として、オノマトペをワークシートにつくります。グループ全員で日本のわらべうたの「だーるまさんが〔ター¦タタ¦タン¦タン〕」というリズムにのって発声した後、一人ずつオノマトペを「○○○ ●」のリズムで応答して遊びます。

わらべうたにみられるような日本語の拍にのった表現を提示することにより、子供たちのリズムにのった応答が無理なく導き出されるでしょう。子供たちの声の性質に気付くことや拍にのること、呼びかけとこたえという事項は、「音楽づくり」をすすめていくための基礎となる要素です。このような表現を繰り返し行っていくことにより、豊かな創造性が育まれることでしょう。

●小学校における実践内容の概要

ねらい：声の高低や音色の違いに気付き、オノマトペを作って唱える。	
○児童の学習活動	◇指導者の支援　◆評価
○『だるまさん』の絵本を読む。 ○４人のグループで人数分のオノマトペを考え、ワークシートに書き入れる。 ○ワークシートに書かれた内容から、グループごとに全員で「だー｜るま｜さん｜が」と発声した後に、一人ずつオノマトペを「○○○ 」の形で答え、順に繋げていく。 ○グループごとに発表する。 ○発表されたオノマトペをもう一度全員で共有し、声に出して表現する。	◇児童と一緒に声を出したり、絵を真似て身体表現をしたりする。 ◇イメージしやすいようにだるまの絵入りのワークシートを用意する。 ◇拍の流れにのって、繋げていくようにする。 ・途中で止まってしまう児童には、手拍子をしたり、床にボールをついてその間隔に合うオノマトペを発するように促したりして、拍の流れを感じさせるようにする。 ◇発表を聞く態度も身につけるように促す。 ◆クラスを呼びかけとこたえの２つのグループに分けて、身体表現をする。(思・判・表)

（佐野仁美・高橋香佳・大瀧周子・山崎菜央）

5　お気に入りの場面を指人形劇で1年生に紹介しよう

第２学年　国語科・図画工作科

実践の概要

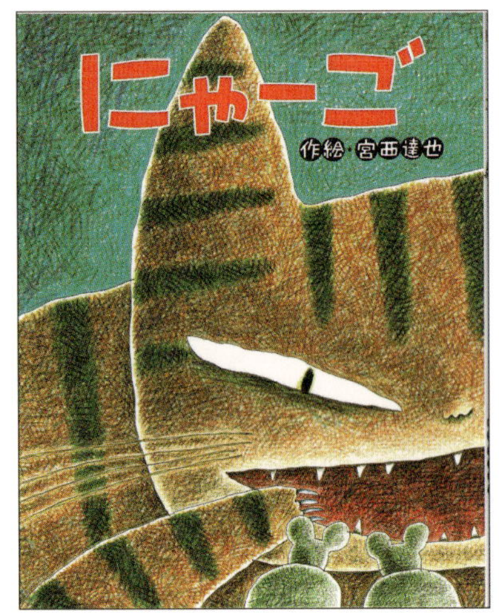

作・絵 / 宮西達也　すずき出版
1997

『にゃーご』

東京書籍　国語２年下　他
宮西達也作品

図画工作科と効果的に関連させる国語科「読むこと」の指導の試みです。本作品には、無邪気な子ネズミたちとの触れ合いを通したネコの心情の変容が描かれています。図画工作科で学んだ、色や形を工夫して指人形を作る学習を生かし、国語科では大好きな場面に着目して、登場人物の言動を豊かに想像します。図画工作科の学習経験を生かすことで、人物の表情や言動をより鮮明に想像できる学習になります

物語の読みと表現活動のポイント

低学年では、自分が着目した場面の様子を、登場人物の言動を手掛かりに想像して読むことをねらう。そこで本単元では「お気に入りの場面を指人形劇で１年生に紹介する」言語活動を行う。子供たちは宮西達也作品から一冊を選び、お気に入りの場面を見付けながら、人物の言動を想像し、好きな理由を考えていく。その際、図画工作科の「色や形を工夫して指人形を作る」学習経験を生かす。この学習では、紙や手袋など身近な材料を使って形や色を工夫して指人形を作る。図画工作科の学習との効果的な関連により、指導のねらいをよりよく実現することを目指すものである。

Point 1　言葉による見方・考え方を働かせ「お気に入りの場面」を選ぶ

本単元では物語の中のお気に入りの場面を選ぶことを重視する。国語科において「言葉による見方・考え方を働かせる」こととは、子供自身が自覚的に言葉に着目したり、言葉と言葉などの関係性を捉えたりすることである。物語の中の「ここがお気に入り」といった意識を重視することで、低学年の子供たちでも自覚的に言葉を捉えることが可能になる。またその場面が好きなわけを考えることは、言葉と言葉との関係性を考えることにもつながる。

・お気に入りの場面を選ぶ際、物語の全文を俯瞰できるようにする全文掲示を活用する。低学年では、物語全体からお気に入りを選ぶことができるように、どの場面が好きなのかを交流させると効果的。

Point 2　指人形で演じることで登場人物の言動を豊かに想像する

場面の様子を指人形劇で演じるためには、その場面における登場人物の言動をよくつかむことが必要になる。つまり、「C読むこと」のエの指導事項でねらう「登場人物の行動を具体的に想像すること」を子供たちが必然性をもって行うことを実現する言語活動として有効に機能する。大好きな作品のお気に入りの場面を演じることで、指導のねらいを確実に実現することができる。

・指人形は、図画工作科の学習経験を生かして、朝学習の時間に作成する。この指人形を使いながら、演じる場面を何度も読み返し、登場人物の言ったことやしたことを思い描くことが重要。

授業の構想と実際

1　単元の概要

●国語科

本単元では国語科第１学年及び第２学年〔思考力、判断力、表現力等〕「C　読むこと」エ及び〔知識及び技能〕(3)エの指導に重点を置き、読書に親しみ、場面の様子に着目して登場人物の言動を想像して読むことができるようにすることをねらう。そこでこれまで読んできた宮西達也作品から大好きな一冊を選ぶとともに、大好きな場面を選び、指人形劇で演じる言語活動を行う。

2　単元の指導目標

（1）これまでに読んできた宮西達也作品を読み返し、大好きな作品を選んだり、お気に入りの場面を見付けて紹介し合ったりするなどして読書に親しむことができるようにする。（知識及び技能）
（2）宮西達也作品を読み、物語全体からお気に入りの場面を選ぶとともに、人物の言動を手掛かりにそのわけを考えたり、言動を想像したりすることができるようにする。（思考力、判断力、表現力等）
（3）物語を読むことや大好きな場面を指人形で演じることに関心をもち、自分の好きなところやそのわけをはっきりさせようとすることができるようにする。（学びに向かう力、人間性等）

3　単元の評価規準

教科	知識・技能	思考・判断・表現	主体的に学習に取り組む態度
国語科	・物語を読み、大好きな作品を選んだり、お気に入りの場面を見付けて紹介し合ったりするなどして読書に親しんでいる。	・物語全体からお気に入りの場面を選ぶとともに、人物の言動を手掛かりにそのわけを考えたり、言動を想像したりしている。	・物語を読むことや大好きな場面を指人形で演じることに関心をもち、自分の好きなところやそのわけをはっきりさせようとしている。

4　単元の指導計画

単元指導計画	全11時間	国語科
	第一次 (2時間)	・宮西達也作品の読み聞かせを聞いたり指人形劇による物語の紹介を見たりして、好きな物語のお気に入りの場面を指人形劇で演じるための見通しと計画を立てる。 ・これまでに読んできた宮西達也作品から、大好きな一冊を選ぶ。
	第二次 (6時間)	・お気に入りの場面を指人形劇で演じることに向け、「にゃーご」のあらすじをつかみ、次時には選んだ作品のあらすじをつかむ。 ・「にゃーご」のお気に入りの場面を見付け、どんな場面かを交流し、次時には選んだ作品でも同様に読み進める。

全4時間	図画工作科
第一次 (1時間)	・身の回りの材料を用いて指人形を作って演じることに向け、学習の見通しを立てたり必要な材料を考えたりする。
第二次 (2時間)	・色や形から発想したり、どんな人物かを想像したりしながら指人形を作る。 ・色や形を生かして指人形のキャラクターを想像するとともに、指人形を動かしたり会話させたりしながら物語を想像し、指人形作りを楽しむ。

		・「にゃーご」の好きな場面の人物の言動を想像し、指人形で演じる（本時）とともに、次時は選んだ作品でも同様に読み進める。
	第三次 （3 時間）	・大好きな物語のお気に入りの場面を指人形で演じて紹介し合う。

第三次 （1 時間）	・指人形劇を鑑賞し合い、互いの表現のよさを伝え合ったり、の面白さを感じ合ったりする。

5　本時（国語科）の展開（第二次第5時）

（1）本時のねらい

・「にゃーご」について、好きな場面とそのわけを交流したり、指人形で演じたりして、人物の言動を豊かに想像することができる。（思考力、判断力、表現力等）

（2）本時の展開

分節	○児童の学習活動	◇指導者の支援　◆評価
Ⅰ導入	○本時のめあてを確認する。 ・大好きなところが決まったから、そのわけを考えて、指人形で演じたいな。	◇作品を演じることに向けて、自分がどのような場面が好きなのかをはっきりさせるために学ぶという目的を確認する。
	指人形で紹介することに向けて、お気に入りの場面の様子を紹介し合い、演じてみよう。	
Ⅱ展開	○お気に入りの場面とお気に入りのわけについて紹介し合う。 （1）同じ場面を選んだ友達と紹介し合う。 ・友達と同じところをえらんでたけど、お気に入りのわけがちがったよ。そんな風に考えるなんておもしろいなあ。 （2）違う場面を選んだ友達と紹介し合う。 ・○○くんのお気に入りのわけがよくわかったよ。ぼくとはちがうところだけど、そこもおもしろそうだなあ。 ・だからそこがお気に入りなんだね。○○ちゃんらしいなあ。 3　友達と紹介し合って気付いたことを発表し合う。 ・○○さんのわけから、ねこが～と思っている様子が伝わってきました。 ・○○さんのところもいいなあと思いました。なぜなら…。	◇教科書とワークシートを二人の間に置くことで考えたことをお互いに共有しやすくする。 ◇全文掲示を活用して、同じ場面を選んだ友達を見付けて対話できるようにすることで、自分が選んだ場面について想像しやすくする。 ◇選んだわけとしてオノマトペにも目を向けるよう助言する。 ◇異なる場面を選んだ友達と対話することで、自分が気付かなかった場面の様子に気付かせたり、一人一人の読みの面白さを感じさせたりしながら、物語の様々な場面について想像を広げて読めるようにする。 ◇話型をいくつか提示して発表の手立てとする。 ◇友達との相違点や共通点を見出すことで、場面の様子について様々な視点から想像を広げて読めるようにする。 ◇様々なお気に入りのわけに気付くことで、読みの多様性を味わえるようにする。
Ⅲまとめ	○指人形で表現する。 ○今日の学習を振り返る。	・紹介し合って気付いたことや想像を広げて読んだことを生かして、指人形で表現させる。 ◆好きな場面とそのわけを交流したり、指人形で演じたりして、人物の言動を豊かに想像している。 （思・判・表） （ワークシートの書き込みを元に評価する。）

6　授業の実際

(1) 物語全体から大好きな場面を選ぶための工夫

低学年の子供たちの中には、物語の中の好きな場面を見付けられなかったり、部分にのみ反応してしまい、物語の展開全体を押さえられなかったりする子供が見られる場合がある。そこで、作品全体を俯瞰できる全文掲示を活用し、大好きなところを見付けて印を付けていく。大好きなところは一人一人異なることから、この印は、作品全体に広がって付けられることが多い。この印を見渡すことで、誰がどのような場面に着目しているのかが視覚的にもわかるようになっている。

写真１　全文掲示を活用して好きな場面を見付ける

(2) 互いの読みを交流するための工夫

大好きなところを示す印に書いた名前を手掛かりにすることで、何を知りたくて誰と交流するのかを明確にしたペア交流が可能になる。本時では、同じ場面を選んだ子供同士で交流することで、どんな場面を選んだのかを明確にして交流することができた。次に異なる場面を選んだ子供同士で交流することによって、自分と違うところに着目した子供の読みにも気付くことができるようになった。また本文を声に出して読んだり、会話を声に出して演じたりすることで、オノマトペの面白さに気付いていった。

写真２　全文掲示を活用した交流

(3) 本に手を伸ばす子供を育てる

子供たちは、「にゃーご」で学んだことを生かして、選んだ物語を演じた。先行する図画工作科の学習で指人形を作って遊んだ学習経験があるため、子供たちは抵抗なく指人形劇に取り組むことができた。また単元の導入前から学級文庫に宮西達也作品をそろえ、読み聞かせなどにより紹介してきたことで、どの子供も朝の学習の時間や休み時間に自ら本を手に取って読む姿が見られた。そして単元の導入の時点では、大好きな作品を見付けているとともに、好きなわけなども一人一人がはっきりととらえられるようになっていた。絵本の良さを存分に味わうことのできる学習となった。

写真３　お気に入りの本を選んで好きな場面を演じる

（水戸部修治・嶋希）

6　民話の面白さを絵と音読で紹介しよう

第３学年　国語科・音楽科

実践の概要

作／李錦玉　絵／朴民宜　岩崎書店　1981

『さんねん峠』

光村図書　国語３年上　他
民話

音楽科と効果的に関連させる国語科の指導の試みです。本作品は言い伝えを信じて怖がるおじいさんをとんちで救う少年の物語です。国語科では場面の移り変わりとともに描かれるオノマトペや歌の面白さを味わいます。これを生かして音楽科では、物語を音楽劇にして発信します。国語科の学習を踏まえ、リズムの特徴を生かして歌う音楽の学習と、音楽劇にすることを見通して物語の展開を味わう国語科の学習が期待できます。

物語の読みと表現活動のポイント

第３学年の物語文では、登場人物の気持ちの変化などについて、場面の移り変わりと結び付けて想像することを学び、読書に親しめるようにする。このためには、物語の面白さを感じながら、その面白さが場面の移り変わりや人物の気持ちの変化などから来ることを実感できるようにすることが大切である。国語科だけを視野に入れるとつい場面ごとに切り分けて読み取らせることになりがちだが、音楽劇にするという見通しをもつことで、場面の移り変わりや気持ちの変化を、複数の場面の叙述を結び付けて具体的に想像しやすくなる。

Point 1　物語の面白さを味わわせる

本事例では、「民話のとびら」で自分が選んだ民話の面白いと思ったところを友達に紹介する言語活動を行う。言葉を自覚的に捉える「言葉による見方・考え方」を働かせるため、面白いと感じた理由を明確にする際、場面の移り変わりや登場人物の気持ちの変化、歌のリズムやオノマトペの面白さに着目できるようにする。

・物語の好きなわけや面白いと感じた理由をはっきりさせる学習は、本単元だけではなく様々な単元で意識させていく。このことで、作品のよさを味わう観点が広がっていく。

Point 2　場面の移り変わりや人物の気持ちの変化に着目できるようにする

「民話のとびら」には、面白さを説明するため、二つの場面の移り変わりを示す箇所を位置付ける。（6（3）参照）これは、本単元でねらう「C読むこと」のエに示す、「登場人物の気持ちの変化」について「場面の移り変わりと結び付けて具体的に想像」することを確実に実現するための工夫である。

・どの子供も民話を選んで紹介できるよう、単元の導入前から学級文庫に民話コーナーを特設しておく。朝学習の時間などを生かして読み進め、好きな作品を選べるようにしておくと効果的。

授業の構想と実際

1　単元の概要

●国語科

本単元では国語科第３学年及び第４学年〔思考力、判断力、表現力等〕「C　読むこと」のエ及び〔知識及び技能〕(3) エの指導に重点を置き、読書に親しみ、登場人物の気持ちの変化や性格に着目し面白さを味わって読むことができるようにすることをねらう。そこで「三年とうげ」（教科書の教材名の表記による。以下同じ）と並行して読んでいる民話からお気に入りの一冊を選ぶとともに、「民話のとびら」に場面の移り変わりや登場人物の気持ちの変化などをまとめ、作品の面白さを紹介する言語活動を行う。

2　単元の指導目標

(1) リズムを生かした表現に着目し、語句を増やしたり、物語全体における言葉の響きを味わって音読したりすることができる。（知識及び技能）
(2) 民話の面白さを紹介するために、場面の移り変わりや気持ちの変化をとらえながら想像して読むことができる。（思考力、判断力、表現力等）
(3) 民話の面白さを見つけながら、進んで読書しようとしている。（学びに向かう力、人間性等）

3　単元の評価規準

教科	知識・技能	思考・判断・表現	主体的に学習に取り組む態度
国語	・民話独特の言い回しやオノマトペなどに着目し、語句を増やしている。 ・物語全体における言葉の響きを味わって音読している。	・民話の面白さを紹介するために、登場人物の気持ちの変化に着目するなどして、複数の場面の叙述を結び付けながら、面白い場面とそのわけを明らかにしている。	・民話や昔話の面白さを紹介するために本を繰り返し読むなどして、改めて味わったり、新たな面白さに気付いたりしながら読もうとしている。

4　単元の指導計画

単元指導計画	全５時間	音楽科
	第一次 （２時間）	・単元「せんりつのとくちょうを生かして歌おう」＜歌と音読で伝えよう＞ ・「三年とうげ」の範唱を聞き、音楽劇にして２年生に発表するというめあてをもつ。
	第二次 （１時間）	・リズムや旋律の特徴に着目して、どのように歌ったらいいかを考えて、グループや全体で練習する。 ・国語の学習を生かして、表現を工夫する。
	第三次 （２時間）	・音読を入れながら、歌「三年とうげ」を２年生に聞いてもらう。

全７時間	国語科
第一次 （１時間）	・単元前から数多くの民話に親しむ。 ・教師の民話の紹介を聞き、「民話のとびら」で民話の面白いところを紹介するというめあてを設定し、学習計画を立てる。
第二次 （４時間）	・民話を紹介するために、教材文「三年とうげ」を読み、面白いと思うところの絵と文を選び、叙述を基に理由を考える。（本時） ・前時の学習を生かして、自分が選んだ民話の面白いところを選び、叙述を基に理由を考える。
第三次 （２時間）	・「民話のとびら」で、自分が選んだ民話の面白いと思ったところを友達に紹介する。

5　本時（国語科）の展開（第二次第２時）

(1) 本時のねらい

「三年とうげ」で、面白いと思う場面と、その前か後の場面の絵を選び、場面の移り変わりや気持ちの変化をとらえて、面白いと思う理由を考えることができる。(思考力・判断力・表現力等)

(2) 本時の展開

分節	○児童の学習活動	◇指導者の支援　◆評価
Ⅰ導入	○本時のめあてを確認する。	◇教師作成の「民話のとびら」を提示し、学習活動の順番やポイントを確認する。
	「三年とうげ」を紹介するための２枚の絵を選び、理由を考えよう。	
	○２枚の絵を選ぶ。 ・わたしは、おじいさんが三年とうげで自分から転ぶところの絵を選びました。もう一枚の絵は、おじいさんが病気になったところの絵です。 ・ぼくは、ながめのよい三年とうげの絵を選びました。もう一枚の絵は、おじいさんが転んでしまったところの絵です。 ○２枚の絵の間の移り変わりを考える。	◇まず、教材文「三年とうげ」の挿絵から、一番面白いと思ったところを選び、全文掲示に自分の名前を貼る。 ◇次に、「前はこうだったのに…」「後でこうなるから…」「それがきっかけで…」などの比較で理由を考え、２枚目の絵を選び、全文掲示に自分の名前を貼る。
Ⅱ展開	自分はどうしてこの２枚の絵を選んだのか、友達に話したり、聞き合ったりしましょう。	
Ⅲまとめ	○自分が選んだ２枚の絵とそのわけを二人組で伝え合う。 A: 三年とうげの言い伝えの歌が、この絵のところは恐ろしい感じがするけれど、後の方では楽しい感じの歌に変わるのが面白いと思いました。 B: 私は、病気になったおじいさんが、三年とうげに行って「ころりん、ころりん、すってんころりん」とわざと転ぶところが面白いです。 C: ぼくは、トルトリの知恵がすごいと思いました。トルトリがおじいさんに言ったことがきっかけで、おじいさんの病気が治ったからです。	◇教材文の全文掲示に記入されている名前を見ながら、考えを聞きたい人のところに行って交流するように伝える。 ◇選んだところを声に出して読み、教科書の挿絵を相手に見せながら、面白いと思った理由を伝えられるようにする。 ◇面白いところを音読して伝えるようにする。
	○「民話のとびら」のカードに、面白いと思ったところを書き抜き、その理由を書く。 ・私は、三年とうげでおじいさんが転ぶところが面白いです。その時に聞こえてきた歌が、前の歌と違って楽しい歌だからです。 ○本時の学習を振り返る。	◆面白いと思った場面とその理由をカードに書いている。(思・判・表) (民話のとびらカード) ◇次時への見通しをもつことで民話のとびらによる「おはなしかい」に向け、意欲をもつことができるようにする。

6　授業の実際

（1）世界の民話に親しむ

本単元の学習に先立って、市の読書活動推進員と連携し、世界の民話・昔話のブックトークを行った。その後、教室内に「世界の民話・昔話コーナー」を設けた。世界地図と共に絵本の題名を記入した名簿を貼り、どこの国のどの本を読んだかが分かるようにした。子供たちは、意欲的に絵本を手に取って読書に取り組んでいた。早い段階から、お気に入りの民話・昔話を選ぶことができた。

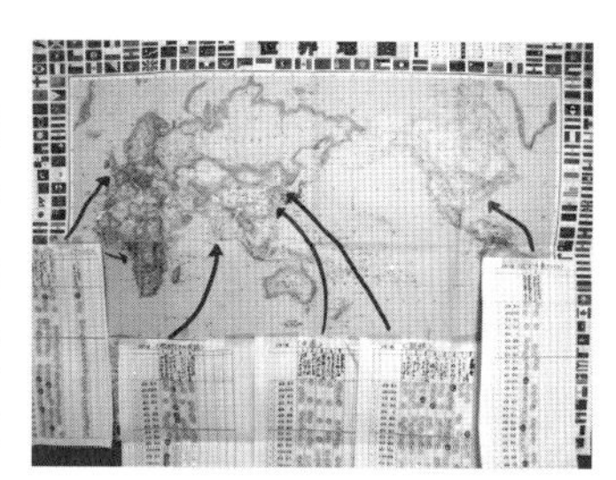

写真１「世界の民話・昔話コーナー」

（2）場面ごと区切らず、全体を読んでいく

場面の移り変わりや気持ちの変化をとらえるには、場面を区切って詳しく読んでいくよりも、お話全体の流れで考えることが必要である。そこで、教材文を一枚にまとめた全文シートを用意した。子供たちは、教材文「三年とうげ」全体を読み、面白いと思った叙述や挿絵に印を付けたり、移り変わりを矢印で結び付けたりして読んでいた。

写真２　交流の様子

（3）「民話のとびら」の構成

紹介カードは「民話のとびら」と名付け、下記の図のように４枚構成にした。本時では、お気に入りの理由を説明するために、その場面の前か後の絵を付け加えて移り変わりを表すことにした。その際、「前はこうだったのに…」「後でこうなるから…」「それがきっかけで」「本当は」などの比較を具体的に示したことで、考えやすくなった。また、２種類のモデルパターンを提示したので、一人一人の思考に合うものを選ぶことができた。

＜Ａ：お気に入りの場面にどのように変化したか＞

4枚目	3枚目	2枚目	1枚目
理由	お気に入りの場面の絵と文 ←	前の場面の絵	題名 登場人物

＜Ａ：お気に入りの場面からどのように変化したか＞

4枚目	3枚目	2枚目	1枚目
理由	後の場面の絵	← お気に入りの場面の絵と文	題名 登場人物

（4）自分が選んだ民話を紹介する活動

2年生に、自分が選んだ民話や昔話を「民話のとびら」を使って紹介した。子供たちは、面白いと思う理由を再度確認し、選んだ場面の音読練習を進んで行っていた。伝える相手がいることで、意欲が高まり、読む速さや声の強弱を工夫して発表することができた。２年生が、熱心に耳を傾け、感想や質問を述べてくれたので、子供たちはとても満足していた。

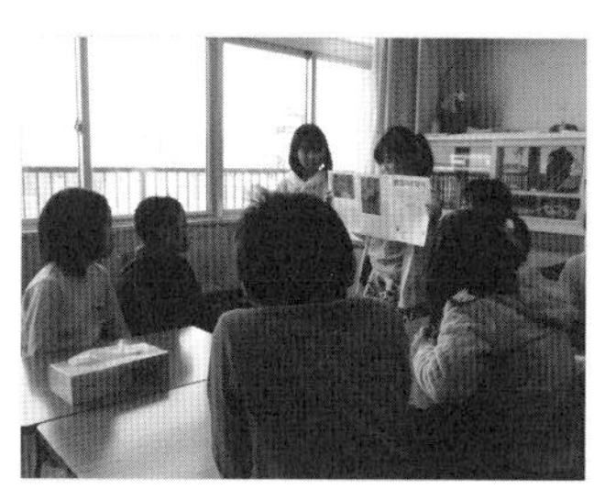

写真３　民話の紹介

（水戸部修治・村山智栄美）

7　形や色のイメージを使って 頑張った自分を表そう

第３学年　図画工作科・国語科

実践の概要

「モチモチの木」

教育出版・東京書籍・光村図書3年下

作 / 斎藤隆介　絵 / 滝平二郎
岩崎書店　1971

子供たちが物語の情景や主人公の心の変化を捉えるために、オノマトペの表現をきっかけにして理解を深めていこうとする試みです。「モチモチの木」は、教科書では3年生の後半に位置づけられている物語です。子供たちにとって、怖がりだった「豆太」がじさまの危機に際して、勇気を振り絞り弱さを克服し成長を見せる姿を、共感的に理解し応援できる物語ではないでしょうか。また絵本の滝平二郎の絵は、夜空に輝くモチモチの木の情景が美しく、斎藤隆介の物語と共鳴し合います。言葉と映像のイメージが子供たちの心に染み渡る作品と言うことができるでしょう。

物語の読みと表現活動のポイント

「モチモチの木」は、とても多くの人に愛され読み継がれてきた名作の絵本である。お話と絵とが美しく響き合うこの作品を、図画工作の授業として展開していくことを考えると、その情景を表したり登場人物の様子を説明したりするために、子供自身が感じた「オノマトペ」を活用することが有効であると考える。豆太が、木に「ぷんぷん」怒って見せたり、「そわそわ」「モジモジ」したり、夜空に輝くモチモチの木が「ゆらゆら」「きらきら」輝く姿など、お話の理解を深め、情景をイメージするために効果的である。

Point 1　物語の理解のために、情景や心情をオノマトペで置きかえてみる

子供たちにとって物語の情景をイメージする際、個々の経験の差が大きく影響する。

じさまと豆太の二人だけで住む山の中の家、山々の情景やその中にすっくと立つ「モチモチの木」など、それぞれの子供が思い描くイメージは、滝平二郎の絵から離れることは難しいと考えられる。そこで物語を読む際、情景や心情をオノマトペとして置きかえ、子供同士の話し合いやイメージの交流から、世界観を深めていくきっかけとしたい。

- 制作では、直径 30 ㎝の「円形の画用紙」を用意する。
- パスで描画しながら、背景には、にじみ・ぼかしの技法を活用し、はじき絵の表現を用いる。

Point 2　描く紙や描画技法によって、イメージの深まることを意識させていく

国語科での「読むこと」の学習の後、自分自身が「この1年間で、がんばったこと」や「楽しかったこと」「成長を感じられたこと」などを振り返らせ、主人公の豆太に共感し、物語を読むことから、自分自身をお話に投影するという経験を持たせたい。そのため表現材料としての用紙は直径30㎝の円形のものを用意し、それに自分自身のがんばったことを描かせる。また、にじみ・ぼかしの技法も活用し、「自分たちにとってのモチモチの木とは？」を考えさせていく。

- 児童自身が探し出した、「オノマトペ」の表現を絵画的な表現と重ねあわせ、キラキラ・ドキドキ等の言葉と、形や色のイメージの共通性を考えさせていく。

授業の構想と実際

1　題材の概要

●図画工作科

本題材は指導事項A(1)イ、B(1)アに重点を置いている。物語（絵本）を基にした造形活動の学習では、物語を説明するための表現に留まるのではなく、そこを基点として子供たちが自分のイメージや想いを形や色を使って、表現していくことが出来るようになることが重要である。この題材は主人公の豆太の「がんばり」を「自分は？」という視点に置き換え、共感的理解を深めようと取り組んだ課題である。

2　題材の指導目標

(1)「にじみ·ぼかし」やパスを使った「はじき絵」の技法を理解し、効果的に活用することができる。(知識及び技能)

(2) お話の「豆太のがんばり」を参考にして、自分自身が「がんばったこと」を思い出し、それらを絵にまとめることができる。(思考力、判断力、表現力等)

(3) 物語のお話を共感的に理解するとともに「モチモチの木」の映像的な美しさの世界を想像し、自らの経験と重ね合わせて楽しむことができる。(学びに向かう力、人間性等)

3　題材の評価規準

教科	知識・技能	思考・判断・表現	主体的に学習に取り組む態度
図画工作	·「にじみ・ぼかし」やパスを使った「はじき絵」の技法を理解し、意識的に活用している。	・物語の登場人物の心情を共感的に理解し、それを自分に置きかえながら、イメージを膨らませている。	・物語を読む際の参考とする「オノマトペ」をヒントにして、映像的な表現の工夫を行い、自らの経験と重ね合わせて楽しく表現しようとしている。

4　題材の指導計画

題材指導計画	全５時間	図画工作科
	第一次（１時間）	·「モチモチの木」に描かれた情景や登場人物の気持ちを、オノマトペで表現し、その言葉の表現と絵画的な表現の重なりについて考える。
	第二次（１時間）	·オノマトペで表現された言葉と、にじみ・ぼかしやはじき絵の技法で表されるイメージの関連を「ためし」ながら考える。
	第三次（２時間）	·自分自身がこの１年間で「がんばったこと」を思い出し、表現を工夫しながら作品として表していく。(本時)

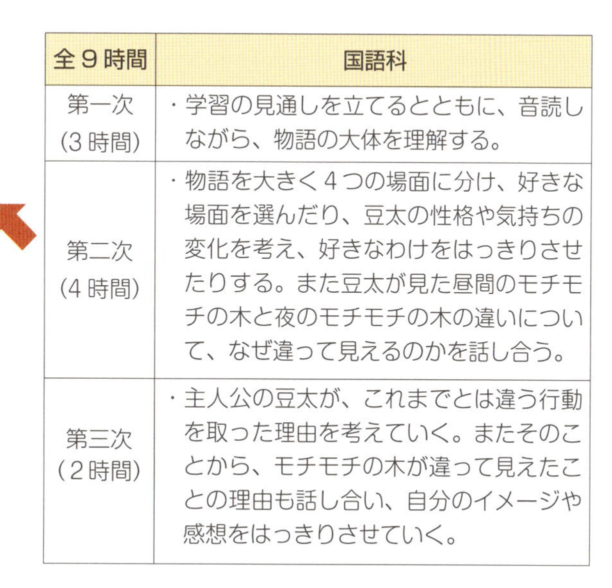

全９時間	国語科
第一次（３時間）	・学習の見通しを立てるとともに、音読しながら、物語の大体を理解する。
第二次（４時間）	・物語を大きく４つの場面に分け、好きな場面を選んだり、豆太の性格や気持ちの変化を考え、好きなわけをはっきりさせたりする。また豆太が見た昼間のモチモチの木と夜のモチモチの木の違いについて、なぜ違って見えるのかを話し合う。
第三次（２時間）	・主人公の豆太が、これまでとは違う行動を取った理由を考えていく。またそのことから、モチモチの木が違って見えたことの理由も話し合い、自分のイメージや感想をはっきりさせていく。

	第四次 （1時間）	・できた作品を、校舎内の枯れ木に展示し友だちと鑑賞し合う。自分自身の作品だけでなく、友達の作品や全体についての感想も持つ。

5　本時（図画工作科）の展開（第二次第1時）

（1）本時のねらい

・「擬音語」や「擬態語」の表現と、「にじみ絵」や「はじき絵」の効果による形や色との関連を考え、自分自身のイメージを表すために効果的に活用することができる。（知識及び技能）

・「モチモチの木」の主人公に共鳴し、自分が「一年間の活動で、がんばったこと」を思い出し、そのイメージを形や色の効果を意識して構想し、美しく表現することができる。（思・判・表）

（2）本時の展開

分節	○児童の学習活動	◇指導者の支援　◆評価
Ⅰ導入	○前時の学習を振り返る。 ・モチモチの木のお話を、オノマトペを使って説明した言葉（「プンプン」「ドキドキ」「ワクワク」などの擬音語擬態語）を振り返る。 ・お話のイメージを膨らませる。	◇自分たちがオノマトペを組み合わせて広げた「モチモチの木」の世界を確認しながら整理し、豆太の「がんばり」を意識させる。 ◆オノマトペを用いたお話を視覚的・感覚的にイメージしている。（思考力・判断力・表現力等） ・発言やプリントに記入できているか。
Ⅱ展開	豆太のように、この一年で自分が頑張ったり楽しかったりしたことを絵にしてみよう。	
	○どんなことを描いてみたいか、発表する。 ①学校での行事の取り組み（運動会や遠足等）。 ②継続的に頑張ったこと（読書や縄跳び）。 ③友達との関係で楽しかったこと（話や遊び）。 ④なかなか思い出せない児童もいる。	◇学校での出来事や学級での取り組みなど、いくつかの場面を想定し、児童の発想を促す。 〔補助的支援〕 ④のような傾向の児童に対しては、担任としての視点で捉えたその児童の成果を、語りかけてもよい。物語から情景を表す言葉の表現を取り出し、そのイメージを形や色に置き換えて説明させる。
	それらの頑張りを、オノマトペで表すとどんな言葉で説明できますか。	
	○自分のその時の気持ちを振り返り、その気持ちを「オノマトペ」の言葉のイメージに置き換える。 ・状況や出来事の説明で終わるもの。 ・自分の気持ちを出来事に乗せて説明できる。	◇自分の気持ちを含めて説明できることを重視する。 〔補助的支援〕 状況の説明に終わりがちなものに対しては、その状況を整理し、その時の気持ちや他の人との関わりの様子などに目を向けさせ、広い視点で考えさせる。
	オノマトペで表された言葉の、形や色のイメージを使って、頑張った自分を表してみましょう。	
	・形やその状況を絵にすることに苦労する児童・楽しみながら、その状況や出来事を描く児童・にじみ絵やはじき絵の技法に興味が向きその表現を楽しむ児童。	◇表現をまとめることに苦労している児童に対しては、高い木につるして鑑賞し合うために「自分の想いが現れることが大切である」ことを伝える。

Ⅱ展開	・キラキラワクワクなどを記号的に表す児童。 ＊絵が上手かどうかを意識するのではなく、想いを絵に込めることを大切にする。	◇技法的には、にじみ絵もはじき絵も、絵の具に混ぜる水の量がポイントであることを指導する。 ＊大きな木につるすことを前提として、大胆でのびのびとした表現になるよう支援する。
Ⅲまとめ	みんなの作品を見合って、それぞれのがんばりを発表しましょう。 ○黒板にそれぞれの作品を貼ってみる。 ・自分の「がんばったわたし」を、紹介してどのようなこと（テーマ）を表したのか発表する。 ・作品として、楽しみながら描けたことや、表現として工夫したことなどを発表する。	◆黒板に並んだ児童の作品を見て、意図や効果のポイントを整理しながら、授業を纏めていく。 ①擬音語や擬態語と技法を用いた形や色の関連を活用した作品になっている。（知・技） ②自分の努力や勇気を肯定的に捉え、自信や自尊感情へとつなげられている。（思・判・表）

6 授業の実際

この課題は、直接的に「モチモチの木」を絵に表すような、いわゆる『お話の絵』にあてはまるものではない。お話をもとに、主人公の気持ちと自分自身の経験を重ね合わせることにより、より深く、共感的理解を図ることを意識させる取り組みであった。そのため国語科・学級活動・図画工作科のそれぞれの視点で学習の目標を持ち、子供たちに働きかけていった。また幼児期から慣れ親しんでいる「にじみ絵」や「はじき絵」の技法を提示し、モチモチの木の絵本に見られる木に灯る幻灯のような効果を意図した。

写真１ 「わたしのモチモチの木」を見合う

（1）表したいイメージを求め合う

3年生の子供たちは、自分も含めて「人物」を描くことに、やや困難さを感じているような「どうしたら○○しているように描けるの～」等々の発言もあった。そんなとき、お互いにポーズを取り合ったり、自分の描いている絵に対しての助言（アドバイス）を求めたりしながら、積極的に表したいイメージを探求し合う姿がそこここで見ることができた。

写真２ 「水泳を頑張ったわたし」水の表現を工夫した作品

（2）個性的表現を広げていく

テーマを決めていく中で自分の「がんばり」や「楽しかったこと」を選び、絵としてまとめきれない子供もいた。しかし、それらの経験を『オノマトペ』で表現し合う中で、「ゆらゆら・キラキラ揺れるプールの水は…」等の発言をきっかけに形や色に置きかえられる子供の姿を見ることができた。そして、このような活動を組み込んだことで、具体的な場面を説明的に表すだけではなく、そのときの気持ちやイメージを表現することに楽しみや興味を持つことができていたことも重要であった。

写真３ ハケで画面をしめらせて、にじみの技法を使って表現

（足立 彰）

④ 五感を通して物語のイメージを膨らませせる

1　手触りを楽しもう

実践の概要

作・絵／川上越子　架空社　1995

『どろんこあそび』

登場する野菜たち、皆どろんこ遊びが大好きです。「ばちゃぶちゃ」「べちゃべちょ」「どぼーん」と皆で泥だらけ。雨が「ぽとり」「ぽつり」「ぽっつん」そして「ざぁ」「ざぁ」「ざぁ」と降り出し、きれいになるまでの野菜の楽しいどろんこあそびの世界があたたかく描かれています。野菜たちの遊び方にも、その野菜の特徴がさりげなく描かれ、オノマトペによって様々な状況をつくりだしています。どろんこになって遊んでいる野菜たちのイメージを膨らませて、泥や土粘土の感触を楽しんで活動しましょう！

遊びが広がる表現活動のポイント

子供たちが普段のどろんこ遊びで体験する、水の冷たさや泥の面白さを「ばちゃぶちゃ」「べちゃべちょ」「ぽつり」「ぽっつん」「ざぁ」などのリズミカルな言葉のかけ合いをしながら、泥（土粘土）のもつ感触を味わうことにより、表現を楽しみます。

言葉のかけ合いの面白さを感じ身体全体で表現する

リズミカルな言葉のかけ合いや泥に飛び込む音や雨の音など、野菜が楽しそうに遊んでいる姿を想像し、身体全体で表現できるように、提示する言葉を工夫しましょう。

例）野菜たちの「いいな　いいな　いいな」の間の取り方や、「どぼーん」「わあっ　すごい」「ひえええええ」などの強弱を、子供たちが全身を使って表現できる工夫を心がけます。

・言葉の抑揚や、野菜が跳ね返ったりする様子を、手や身体を使って感じられるような言葉のやりとりを考える。

泥の触感を確かめながら、土粘土を使った活動へ

土は子供たちに様々な状態に変化することを楽しませながら、泥や土への興味や関心を高めます。粉状態の土粘土に水を加えてドロドロになる発見と粘土の手触りを味わうとともに、粘土を固めて棒状にすることにより、クレヨンのような線描きができることを知り、土粘土へのさらなる興味を膨らませます。（本書p.171）

・陶芸用の土には、白、黄、赤のように黒い画用紙に描くことで、絵の具を使ったような絵を描くことができる。
・初めは、２色くらいでやるとよい。

4歳児を対象にした実践

表現　2－（4）（5）／言葉　2－（8）／人間関係　2－（5）（12）

1 実践のねらい

・土粘土（陶芸用粘土）の感触を楽しみながら、絵を描くことを楽しむ。

2 実践の流れ

・土粘土の感触を味わう。
・粘土で絵が描ける楽しさを味わう。

3 実践事例

時間	環境構成	○幼児の表現活動	◇教師の援助
10：10	・部屋全体にブルーシートを敷き、黒のロール紙を半分広げておく。	○ブルーシートの上に集まって座る。 ・教師と一緒に手遊び「○○はどこだ？」を楽しむ。	◇絵本を楽しむ。 ・絵本を読む前の導入として「○○はどこだ？」をやり、幼児の注意を保育者に向ける。
		○絵本『どろんこあそび』の読み聞かせを聞く。 ・泥や土へのイメージや興味を膨らませる。	・絵本『どろんこあそび』の読み聞かせを行う。 ・泥や土への興味や関心を高め、土は色々な状態に変化することを伝える。
		○教師の言葉かけに様々な反応を示す。 ・教師が粘土に触れている姿をみて、粘土に興味を持つ。	◇粉状態の土粘土を見せ、これは何かを幼児たちに聞く。 ・粉状態の土粘土に水を入れるとダマができ、さらに水を増やしていくとドロドロとした粘土になることを見せることで、粘土への興味を膨らませる。
		○グループごとに分かれて座る。	◇粉状態の粘土を入れた容器と水の入ったボトルを配布する。
	・黒のロール紙を全て広げる。	○粉状態の土粘土に自分で水を入れて手で混ぜ、粘土が少しずつ固まる様子や感触を楽しむ。 **キ**「気持ち悪い」「気持ちいい」「ドロドロ〜」ヌルヌル」「つぶつぶがある」など様々な土粘土の感触に気付く。	・土粘土の変化を楽しむ様子を見守る。 ・水の量が少ない幼児に水を足し、ドロドロの状態の粘土にする。 ・嫌がる幼児には無理強いをせず、粉状態の土粘土の感触を楽しんでもらう。 ◇「この粘土で絵を描く」ということを伝え、幼児たちの反応を見ながら今から行う活動への期待を膨らませる。

	・ロール紙を片付け、水の入ったバケツ、雑巾を用意する。	○作ったドロドロの状態の粘土を持って、ロール紙の周りに集まる。 ○ドロドロの状態の土粘土を手に取り、画用紙の上でこねたり伸ばしたりして楽しむ。 デ　腕全体を使って大胆に描く幼児や、土粘土の感触に驚く幼児がいる。また、「ぐちゃぐちゃ」「ドロドロ」など、声に発しながら描く幼児がいる。	◇ドロドロの状態の土粘土を、画用紙の上で手を使って絵を描いたり模様を作ったりして遊ぶことを伝える。 ・幼児たちが画用紙の上に表現している姿を見守る。  
		○描き終わった幼児から手を洗いに行く。 ・「ドロドロになった。ざぁーざぁーざぁー」と感触を楽しみながら、どろどろの野菜になって手を洗う幼児がいる。	◇一通り遊べたら、手を洗いに行くよう声かけをする。 
10：50	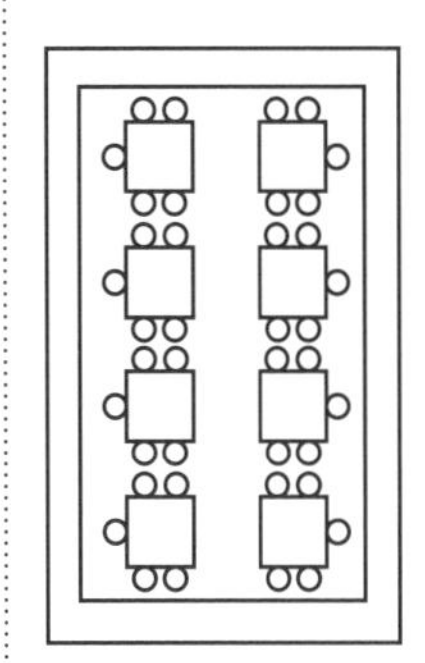	○教師の説明を聞き、粘土と筆を使って絵を描くことへ興味を持つ。 キ　色の違いに気付いたり、粘土を使って絵が描けることに驚く幼児がいる。 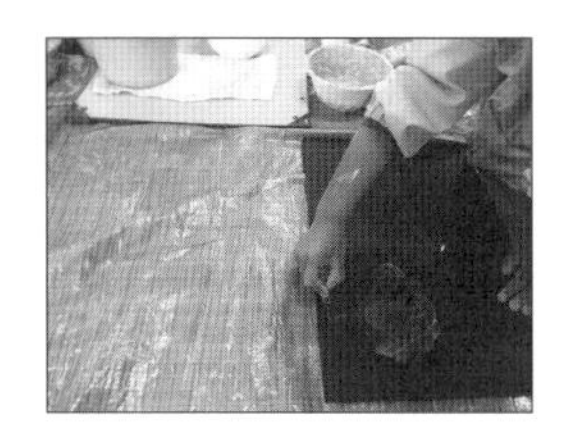 ○グループごとに座る。	◇次は小さな黒い画用紙に筆や絵の具状の土粘土、チョーク型の土粘土で絵を描くことを伝える。 ・作った粘土と色の違う２色（赤、薄茶）の絵の具状にした土粘土を使うことを伝える。  ・固形の粘土も見せ、状態の変化への関心を高める。 ◇あらかじめ絵の具のような状態にしてある土粘土、チョーク型の土粘土、画用紙、筆を配布する。

		○自分の画用紙に好きな絵を描く。	○幼児たちが絵を描いている姿を見守る。
11：30	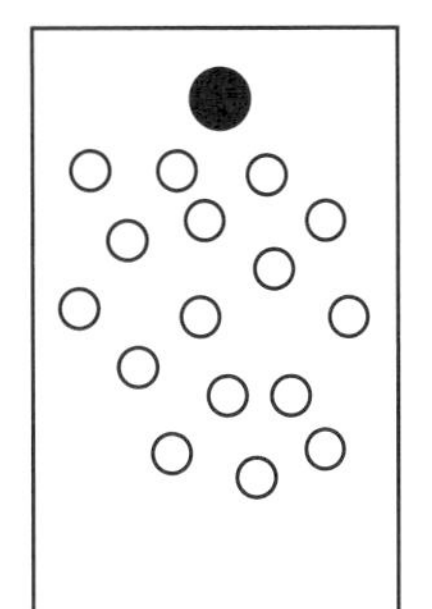	 	 
		○描き終わった幼児から乾燥棚に持っていき、片付ける。 ・筆と手を洗い、足が汚れている子は濡れ雑巾で拭く。 ・ブルーシートを雑巾で拭いて掃除する。	○終わった幼児から乾燥棚に置くことを伝え、片づけをするように促す。 
		○教師の周りに集まり、活動を通して楽しかったことや発見したことを言い合う。 	○もう一度教師の周りに集まるよう伝え、活動を通しての発見や楽しかったことを聞いて、またやりたいという気持ちへ繋げることで活動を終了する。 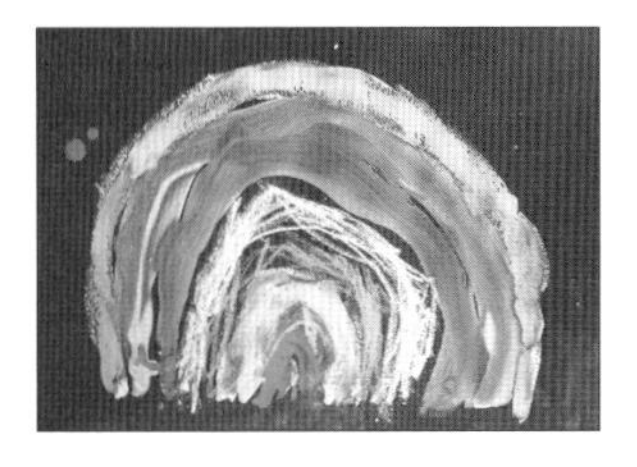

4　その後の姿

自分で活動していく中で、発見したことなど色々な思いや感覚を教師に身体全体で表現したり、言葉で伝えようとする姿が増えました。

泥遊びなどに対する関心が高まり、汚れても気にせず、外遊びなどに積極的に関わっていこうとする姿が見られるようになりました。

（矢野真・小林未沙）

2　木の香りを感じよう

実践の概要

作 / 武鹿悦子　絵 / 末崎茂樹
ひかりのくに　2007

『くすのきだんちは10かいだて』

大きな“くすのき”団地には、地下１階から地上10階建てに様々な生き物の住人が住んでいますが、7階と8階は空き室になっています。ある日、７階に引っ越してきたかけすに卵が生まれると、その卵をねらったへびが最後の空き室に引っ越したいと部屋を見に来ます。管理人“もぐらのもぐ”の機転の早さと、住人の連携プレーによって…。

仲の良い団地の住人の心のつながりと、くすのきだんちの木の良い香りが読み手の心を温かくします。

遊びが広がる表現活動のポイント

大きなクスノキなどの自然素材に対する関心や観察力を通して、気付いたことを言葉や嗅覚でイメージしながら、「木育」の要素として大切な「もの（自然）との関わり」「人との関わり」を育みます。芳香が強いクスノキの削り屑を使い、香りによるリラックス効果や木の肌触りを触覚により確認し、住人をイメージした活動を考えます。

実際のクスノキを見てその木屑等に触ることにより、イメージを膨らませる

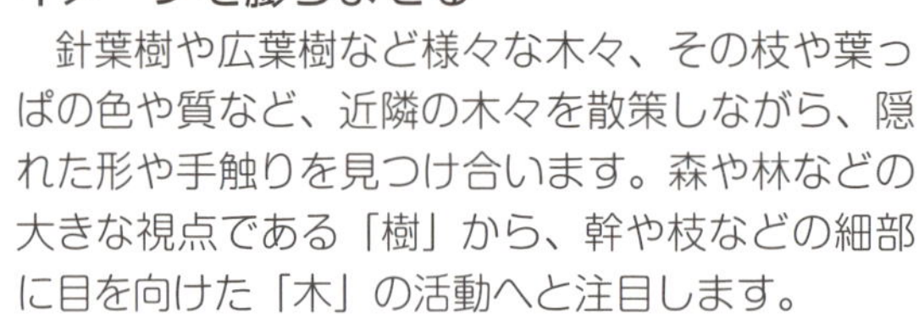

針葉樹や広葉樹など様々な木々、その枝や葉っぱの色や質など、近隣の木々を散策しながら、隠れた形や手触りを見つけ合います。森や林などの大きな視点である「樹」から、幹や枝などの細部に目を向けた「木」の活動へと注目します。

- 実際の木とくすのきだんちの大きさを感じる。
- 「どんな住人が住んでいるかな」など、自然に触れる。

嗅覚や触覚を使いながらイメージして楽しむ

木片や木屑などを手で触れ、香りを確かめることによって、嗅覚や触覚など五感を刺激する楽しさを味わいます。クスノキだけでなく、ヒノキやスギなどの香りの違いを楽しむ活動が入ると、より木に対するイメージが膨らみます。

- 単純に木の香りを体験するのと、絵本を読んだのちの木の香りに対する子供たちの変化などにも注意する。
- 「くさい！」→「だんちのいい匂いがする！」

絵本には出てこない、動物や虫などの住人を新たに考えることで、オリジナルのくすのきだんちをイメージするなどして、展開していきましょう。

5歳児を対象にした実践

表現　2－（1）（3）（5）／環境　2－（1）（4）／人間関係 2－（5）（8）

1　実践のねらい

(1)　クスノキの香りや感触を感じる。
(2)　香りや感触をもとに、自分のイメージを膨らませて作ることを楽しむ。

2　実践の流れ

・絵本と「モグからの手紙」によって作りたい気持ちを膨らませる。
・クスノキの木端や木くずを実際に触り、香りを確かめることによりイメージする。
・クスノキの木くずの入った袋からイメージをした動物を表現する。
・自分の決めた 8 階の住人に近づけるために、服などの装飾をする。

3　実践事例

時間	環境構成	○幼児の表現活動	◇教師の援助
10：10	●＝教師 ○＝子供 □＝机	○絵本『くすのきだんちは 10 かいだて』を見る。 ・椅子の下にお道具箱を置き、保育者の近くに集まり座る。 ・散歩で見たクスノキについて思い出す。 ・絵本と教師の話からクスノキに対して興味を持つ。	◇絵本『くすのきだんちは 10 かいだて』の読み聞かせを行う。 ・幼児たちは絵本が見やすく、教師は全員の顔が見える位置に立つ。 ・絵本を読む前の導入として、お散歩時に見たクスノキの話をする。 ・クスノキへの興味や関心を高められるよう、散歩時に実際にクスノキを見た話をする。クスノキの端材を出しておき、香りが広がるようにしておく。
		○「もぐからの手紙」を聞く ・一階から順に住人の動物を言う。	◇教師が用意した「もぐからの手紙」を読む。 ・一階から順に誰が住んでいたかを聞いていき、各階の動物の説明をしている絵本のページを同時に開く。
		○どんな動物に住んでもらいたいか、イメージする。	◇もぐが困っているから 8 階に住む動物を作ってほしいと尋ねて気持ちが向くようにする。
		○クスノキの木片や木くずを見て、大きなクスノキと同じものであることを理解し、クスノキの家を想像する。	◇クスノキの木片や木くずを見せ、視覚的にクスノキを理解できるようにして、動物が住む家を想像しやすくする。

10：25	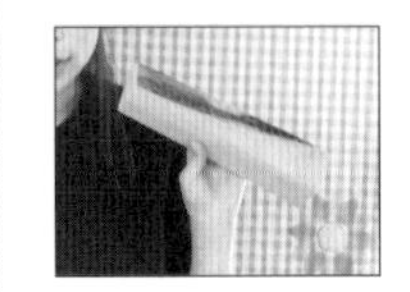 	○保育者の話を聞く。  作る動物の想像を膨らませる。 ○自分の席に座る。 **キ**　クスノキの木くずを触って香りや感触に気付く。 ・「臭い」「いい匂い」「薬みたいな匂い」「触ると気持ちいい」と様々な反応をみせる。 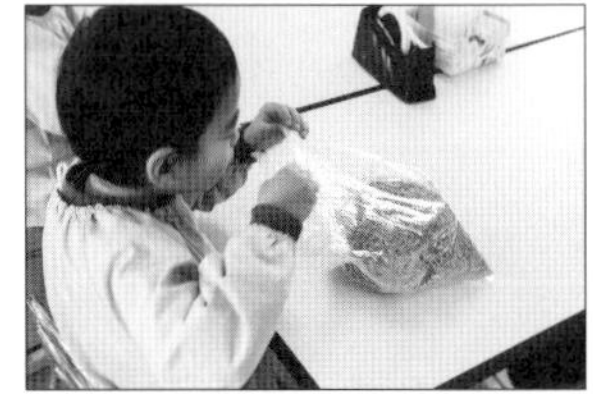  ・木くずと触れ合いながら、どんな動物が、クスノキが好きかを考えて膨らませていく。 ○木くずの入った袋、画用紙、目のシール、紙コップを受け取り、制作を始める。 ・画用紙の色を選び、取りに行く。 **デ**　想像していたものの形を具体化し、テーブルなどを使うことができる。	・絵本の最後のページを見せながら話すことでわかりやすくする。 ○クスノキの木くずが入った袋を顔にして使うことを伝え、動物の作り方を説明する。 ・耳、口、手の形を描いて切り、木くずの入った袋に耳、目、鼻、口を両面テープで貼る。 ・顔と紙コップを貼りつけ、体を作る。手を貼り、紙コップに服の模様を描く。 ○グループごとに木くずが入った袋を配布する。 ・「どんな匂い？感触？」と尋ねてくすのきとの触れ合いを感じられる言葉かけをする。   ・木に触れ合うことができるようにして、視覚的、嗅覚的にもわかりやすくする。 ・木くずを実際に触り、匂うことで、動物のイメージと結び付け考えやすくする。 ◇材料を配布し、制作を始めるよう声を掛ける。 ・様々な動物が作れるよう、耳の画用紙の色を何色か用意する。 ◇幼児たちが具体的に話を聞いて作ることに対しての意欲を引き出す。 ・形の描き方やテープの使い方を助言したり、援助する。

	・画用紙 （耳、鼻、口、手） ・目のシール ・木くずの入った袋 ・紙コップ ・両面テープ ・セロハンテープ ・ガムテープ	・作りたい動物は想像がついているのに思い通りにつくれない幼児がいる。 テ　目や鼻などを決めながら、想像した動物を具体化できる。  ○完成したら教師に伝え、舞台に作った住人を並べに行く。 ・使った鉛筆、はさみ、マーカーを自分のお道具箱に片づける。	・横で順に助言して作れるようにする。   ◇完成した幼児から並べて置き、片付けをするように伝える。 ・きれいに片づけることが気持ちいいことだということを伝えて喜んで行えるようにする。
11：00	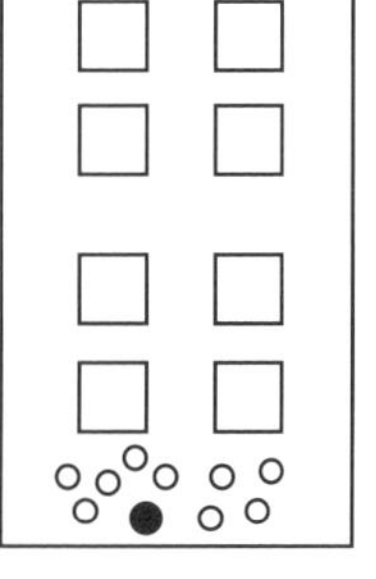 舞台	・並べて置いた住人の前に集まる。 ○教師の話を聞き、友達が作った作品を鑑賞して楽しむ。 	・全員終えたら、集まって座るよう声を掛ける。 ◇どんな動物にしたのかを尋ね、それぞれの作品を認める言葉かけをする。 

4　その後の姿

・木の香りに対する色々な思いや感覚を教師に言葉で伝えようとする姿が増えました。また、新しい材料や道具に触れるとき、手触りだけでなく匂いや香りに注目する様子も見られました。
・香りや手触りなど、友達同士で確認し合う姿が多く見られるようになるほか、散歩などのときに、木を見つけると葉っぱや枝・幹など、様々な部分に興味を示すようになりました。

（矢野真・小林未沙）

3　音さがしに出かけよう

実践の概要

作 / わたりむつこ　絵 / でくねいく
のら書店　2010

『もりのおとぶくろ』

けがをしたおばあちゃんを森の音で元気にするために、4匹の子うさぎのきょうだいは森に出かけます。

「風のおと」「はっぱのおと」「水のおと」「とりのうた」、きょうだいは森の音を見つけますが、どのようにしておばあちゃんに届けたらよいかわかりません。疲れて、一晩森の中で眠りこんでしまいます。

明け方ちかく、不思議な音に目を覚ましたきょうだいが出会ったのは丘の上の大きなブナの木でした。森で何百年も生きているその木は、音をためておく「おとぶくろ」を持っていたのです。

遊びが広がる表現活動のポイント

子供たちが子うさぎさんになり切れるように、グループで音カードを入れた「おとぶくろ」をもって園庭に音を集めに行きましょう。「風のおと」「はっぱのおと」「水のおと」「とりのうた」以外に園庭にはどのような音が聞こえているのでしょう。見つけた音を音カードに描いて、「おとぶくろ」に集めます。

Point 1

音聴きに慣れておく　実践事例 1 －（1）

音さがしが初めてのクラスでは、事前に教室の中で目を閉じて音を聴く「音聴き遊び」に親しんでおきます。

自分がみつけた音を言葉で伝え合ったり、カードにコンテパステルなどを使って描いてみましょう。

・一辺 10 ㎝の正方形のカードを、白い画用紙を切って作っておく。一人３枚程度。

Point 2

園庭のどこでどんな音がしているのかに気付く　実践事例 1 －（2）

園庭のどこでどんな音を見付けましたか？　それは自然の音？　それとも人が作り出した音ですか？ 音を四角いカードに描いて「おとぶくろ」に集めます。グループに一つ「おとぶくろ」を用意してわたしましょう。

・園庭マップ（模造紙大）を教室の壁に貼っておく。
・どこでどんな音を見つけたのか、園庭マップに集めた音カードを貼り、共有する。

5歳児を対象にした実践

表現　2－（1）・（4）／環境　2－（4）／人間関係　2－（7）

1　実践のねらい

（1）生活の中や自然の中にある音に気付き、面白さや美しさを味わう。
（2）グループでみつけた音を言葉や絵で伝え合い、クラスで共有する楽しさを体験する。

2　実践の流れ

・1週間ほど前から、教室のなかで目を閉じて音聴き遊びに親しみます。
・聴いた音を色や形のイメージと結び付けて、音が見えるようにカードに描いてみましょう。
・音探しの実践の数日前から前日にかけて、絵本を読む中で園庭での音探しに期待をもたせましょう。

3　実践事例（1）－1

時間	環境構成	○幼児の表現活動	◇教師の援助
11：00	・教師とともに輪になって座る。 P 教師	 ○「音聴き遊び」の話を聞く ・教師の周りに集まる。 ・静かにお話を聞く。 ・目を閉じて聞こえてくる音に耳を傾ける。 ○聴こえた音を言葉で伝え合う。 ・「お隣の組の声が聴こえた」などと伝える。	◇落ち着いて話が聞けるように声を掛ける。 ◇音聴き遊びの説明をする。 ・「目を閉じて（約30秒）周りの音に耳を澄ませてみましょう。どんな音が聴こえるかな。後で教えてね」 ・「さあ、目を開けて聴こえた音をみんなに教えてくれるかな」 ◇幼児の気付きや、つぶやきに共感し、受け止める。 ・聴こえた音の色や形の感じを問いかける。「お隣の組の声はどんな色かな。みんなも自分が聴いた音の色や形を感じてカードに描いてみましょう」「明るい色？暗い色？」「大きい音？小さな音？」「涼しい感じ？暖かい感じ？」等、情動に働きかけて想像できる言葉をかける。
11：10		○聴こえた音を色や形に描く。 ・感じた色を使って聴こえた音を絵に表す。	◇聴こえた音をカードに色や形で描いて表すことを伝え、四角いカードとコンテパステルを配布する。 ・「今度は絵に描くから、もう一度目を閉じて静かに聴いてみましょう」

		カ　友達の表現を見て感じたことや思ったことを話し合う。	・「目を開けて描きましょう」戸惑っている幼児には、まずどんな色が合っているのか声をかける。 ◇友達の表現を見て感じたことや思ったことが話し合えるように、言葉をかける。
		・手を挙げて何の音をどのように感じたのか発表する。 ・友達の描いた音を見合う。 ・自分なりの気付きや発見を言葉にする。 	・「描いた音をみんなに見せて、お話してくれる人はいますか」 ・安心して自分の思いを表し、友達や教師とのやり取りを楽しみ、気付きを共有できるようにする。
	・全紙の大きさの黒い画用紙壁面に貼っておく。	○自由な時間に自分や友達の表現を見て楽しむ。	◇空いた時間に、幼児から何の音を描いたのかを聞き取ってカードに記し、教室の壁面に貼ってある黒い画用紙に貼り付ける。

実践事例（1）－2

時間	環境構成	○幼児の表現活動	◇教師の援助
11：00	・遊戯室の園庭に近い片隅に集まって座る。 ・ぶなじいを作って壁面に貼っておく。 おとぶくろが洞に入ったぶなじい	○「音聴き遊び」の話を聞く ・教師の近くに集まる。 ・静かにお話を聞く。 ・前回の部屋での音聴き遊びの絵を見ながら思い出したり、今聴こえる音を聴こうとしたりする。	◇落ち着いて話が聞けるように声を掛ける。 ◇前回の活動の音カードの絵を見せたりどんな音が聴こえたか振り返ったりして、園庭での活動を楽しみにできるようにする。 ◇「もりのおとぶくろ」の絵本に出てきたうさぎの話をする。“ぶなじい”のほらから袋を出して渡し、興味をもって音に耳を傾けたり音を集めたりできるようにする。

11：10	・ぶなじいのおとぶくろをグループに１枚ずつ渡す ・バインダーとカードを一人３枚ずつ配布する。	○靴を履きかえ園庭に出る。	◇園庭での音聴き遊びの説明をする。 ・「目を閉じて周りの音に耳を澄ませてみてね。どんな音が聴こえるかな。ふくろに集めて後で教えてね」 ＊暑くなることが予想されるので、必ず帽子をかぶり、描く際は日陰で活動するように声をかける。
		テ　聴こえた音を感じた色や形に描く。 ・教師に聴こえた音や描いた音を言葉で伝える。 ・グループの友達の表現を見たり聞いたりする。	◇それぞれのグループに教師が入り、幼児の気付きやつぶやきに共感し、受け止め、紙に書き留めておく。 ・聴こえた音の色や形の感じを問いかける。
	・園庭マップを壁面に貼っておく。	・描いた音のカードをグループの音ぶくろに集める。	
11：40	・遊戯室に集まって座る。  皆の前でどこで見つけた音なのか、どのように感じたのか、お話をする	カ　友達の表現を見て感じたことや思ったことを話し合う。 ・何の音をどのように感じたのか発表する。 ・友達の描いた音を見合う。 ・自分なりの気付きや発見を言葉にする。 ○自由な時間に自分や友達の表現を見て楽しむ。	◇友達の絵を見て感じたことや思ったことが話し合えるように、言葉をかける。 ・安心して自分の思いを表し、友達や教師とのやり取りを楽しみ、気付きを共有できるようにする。 ◇空いた時間に、友達の表現を見て面白さを感じたり、音聴きに興味を持って、いつでも描いたりできるように教室に掲示し、コンテや紙を置いておく。

4　その後の姿

発見したことなど色々な思いや感覚を教師に言葉で伝えようとする姿が増えました。音を通して感じたことを言葉にしたり絵に表したが、教師に受け止めてもらったり、皆の前で伝えて共感したりした経験により、自分の感じたことを安心して出したり、自分なりに表現したりする姿につながりました。

また、チャボの卵に耳をあてて音を聞こうとしたり、チョウやカブトムシの幼虫などの音（声）を聞こうとしたり、音を通して何かに関わっていこうとする姿も見られるようになりました。

<幼児が描いた音カード>

写真１　ヘリコプターの音

写真２　しまくん（飼育しているチャボの雄）のかわいいこえ

（山野てるひ・村山里奈）

4　音から広がる情景を描こう

実践の概要

作・絵／いりやまさとし　講談社　2009

『おやすみなさいの おと』

もりの奥にあらいぐまの５人兄弟が住んでいました。

ねんねの時間になっても、兄弟は外から聞こえてくる音が気になって眠ることができません。「ぽとり ぽとり」というのは野ネズミさんの家のドングリが落ちる音。「がたがた ごとごと」は、くまの親子が木を伐りだして運ぶ音。音の正体が分かると安心して一番うえのお兄ちゃんから順番に眠りはじめます。とうとう最後まで眠ることのできない一番下のおちびちゃんは、窓の外から「ほとほと ほとほと」という音を聞きますが、小さくて外を見ることができません。お母さんに抱っこされて見たその音とは…。

遊びが広がる表現活動のポイント

初めて読み聞かせをする日に、最後の場面を見せずに子供自身が想像して絵に表わすようにします。

絵本に表されているオノマトペを、指導者自身が味わいながらイメージして読みましょう。次の場面を子供たちが期待をもって想像するように声をかけ、やり取りしながら読み聞かせを進めていきます。最後の「ほとほと」という小さな音から、絵本を見ないで場面を絵に表してみましょう。

音に気付く体験を重ねておく

日常の生活の中で、風の音や雨の音、身近な事象の音に子供が気付くように言葉をかけたり話をしたりしましょう。

・「音さがしにでかけよう」（本書 p.112）などの身近な音を楽しむ表現の繰り返しの体験が、イメージを豊かにする。

色画用紙に描く

夜の情景をイメージしやすいように、落ち着いた色や暗い色を何色か用意しておき、子供が選ぶようにしましょう。

・落ち着いた色とは…ふじ、紫、こげ茶、くちば、オリーブ、ラベンダー、灰色など。
・暗い色とは…　あいいろ、紺、ぐんじょう、くらい灰色。

5歳児を対象にした実践

表現2－（1）（4）／人間関係2－（6）／環境2－（4）／言葉2－（9）

1 実践のねらい

(1) 生活の中や自然の中にある音に気付き、面白さや美しさを味わう。
(2) お話しの中に表されている音からイメージを膨らませ言葉や絵で伝え合い、クラスで共有する楽しさを体験する。

2 準備物

・八つ切り色画用紙（4、5色)、柔らかなパステル、画板

3 実践事例

時間	環境構成	○幼児の表現活動	◇教師の援助
11：00	・どの幼児も絵本が見える位置に座っているか確認する。 （P　教師　幼児）	○絵本「おやすみなさいのおと」を見る。 ・教師の近くに集まる。 ・夜や冬の森の情景を想像しながら絵本の世界を楽しむ。 ・とても落ち着いて静かに聞いている。	◇落ち着いて絵本を見ることのできる雰囲気をつくる。 ◇絵本の温かい雰囲気を大切に、優しく語りかけるように読み、絵本の世界に入り込めるようにする。また、夜の静けさや冬の森の情景を想像できるように間を大切にする。 ・場面に合わせてゆっくり頁をめくったり間をもったりして、話の展開に期待をもてるようにする。
		○何の音か想像する。 ・自分の考えたことや思いを話す。 ・友達の思いを聞いたり共感したりする。	◇絵本の中の様々なオノマトペを、一つずつ教師自身がイメージしながら言葉の響きを大事に読み、その響きから想像が膨らむようにする。
	・絵本のもつ柔らかく温かい雰囲気を出せるようにパステルを用意する。色画用紙は、夜や森、冬の情景をイメージしやすいように、落ち着いた色や暗い色を用意する。	・絵本に出てくるオノマトペをつぶやいたり体で表現したりする。	・次の場面を期待をもって想像できるように声をかけ、やりとりしながら読んでいく。 ・それぞれのつぶやきや気付き、思いを受けとめ共感し、安心して思いを出せる雰囲気をつくる。
		・「くるまのおと」「ふみきり！」などと言う。 ・「シーソーであそんでる！」 ・「かぜ」「おばけのおと」 ・「はっぱの笛のおと」	・「がたがた　ごとごとと　いうおとがきこえてきました」 ・「ぎーこ、ぎーこ」 ・「ひゅ～っ　ひゅ～っというおとがきこえてきました」

	・保育室後ろの壁面を空けておき、描いた作品をすぐに貼って飾れるようにしておく。	**キ**　最後の場面に想像を膨らませる。 ・「ゆきっ！」「ゆきとあめ」 ・「あめのおとはぽっぽっぽや」 ・「なにか（動物）があるいている！」 ・「お隣のミーアキャットのうちの電気が消えるおと」 ・「サンタが歩いてる」 ・「ゆきが地面におちる（地面に当たる）おと」 ・「星のおと」 ・「お母さんが外を歩いてる（あらいぐまの爪のおと）」	◇最後の「ほとほと」という小さな音に想像が膨らむようにつぶやいたり、一緒に想像したりする。 ・「やがて、そとから、ほとほと　ほとほと という　ちいさな ちいさな　おとが きこえてきました。」
11:15		**デ**　想像したことを絵に描く。・夜の色画用紙を選んでパステルで描き始める（写真１） ・自分なりに描いたり友達の言葉を聞いて想像を膨らませて描いたりする。（写真 2） ・教師や友達に自分の思いを伝えながら描く。 ・描いた絵を教師に見せ、話をしたり、貼ってもらったりする。	◇それぞれ自分なりに表現している姿を認め、安心して思い思いに描けるようにする。 ◇戸惑っている幼児には、安心できるように声をかけ、外には何が見えるのか一緒に考え想像する。
11:40	・皆の絵が見える位置に座っているか確認する。	**カ**　皆で集まり、絵を見ながら話をする。（写真３、４） ・自分の想像したことを話す。 ・友達の絵を見たり話を聞いたりして、共感したり良さや面白さを感じたりする。 ○絵本の最後の場面を見る。	◇一人一人が皆に自分の思いを話せる機会をつくる。 ・共通した部分をひろって共感できるようにしたり、それぞれの工夫や自分なりの表現を紹介したりして、皆で認め合えるようにする。 ◇最後に絵本の最後のページを皆で見て共有したり、冬の夜の森の雰囲気や余韻を味わったりする。

4　保育の実際

オノマトペの音から次頁に展開する場面を想像することに集中して、静かにお話しに聞き入る姿が見られました。また夜の情景にふさわしい色の画用紙を自分の思いに照らしながら、よく考えて選んでいる様子も伺えました。

5月から身近な生活の中の音聴き遊びを楽しんだり、音に耳を傾け、感じる体験を積んできて、あまり迷うことなく描いているようでした。

「ほとほと」という音から「静かな雪」を想像した幼児が多く、「ほしのおと」や「おとなりのお家の電気がきえるおと」「動物やサンタが歩く足音」などもあり、子供たちの想像力の豊かさに大人の目が開かれたように思います。

写真１　自分の思いの夜の色の画用紙を選んで描き始める

写真２　お互いの場面を見合いながら想像が膨らむ

写真３　壁に貼ってもらった絵を見合い、友達に説明する

写真４　皆の前に出て自分の場面のお話をする

写真５　あらいぐまのお母さんが歩いてる爪のおと

写真６　ほしのおと

写真７　おとなりのうちの電気を消すおと

（山野てるひ・村山里奈）

5　お話の大すきなところを紹介しよう

第 1 学年　国語科・図画工作科

実践の概要

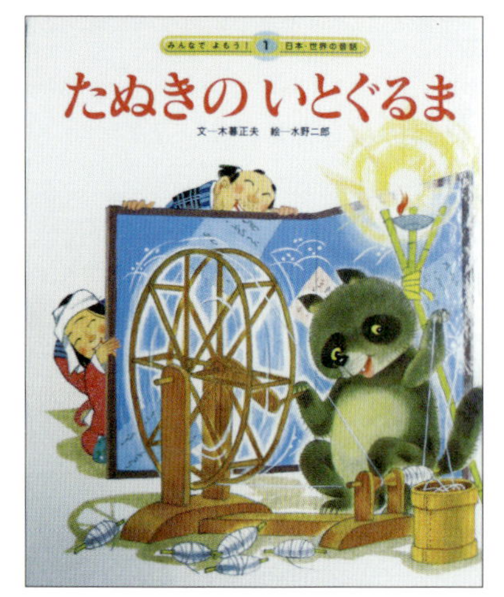

作 / 小暮正夫　絵 / 水野二郎
チャイルド本社　1994

『たぬきのいとぐるま』 光村図書・国語 1 年下　昔話絵本

図画工作科と効果的に関連させる国語科「読むこと」の指導の試みです。本作品には、木こりの夫婦といたずら好きでかわいいたぬきの子供との心温まる交流が描かれています。図画工作科で学んだ、表したい場面の描き方を工夫する学習を生かし、国語科では昔話の大好きな場面の人物の行動を具体的に想像します。図画工作科の学習経験を生かすことで、場面の様子や人物の行動をありありと想像できる学習になります。

物語の読みと表現活動のポイント

読書体験が豊富な子供は、物語の展開を見通して大好きな場面を選んだり、人物の行動を捉えたりすることができる。どの子供にもこうした読みができるように、本単元ではお気に入りの物語の好きなところを紹介する言語活動を行う。その際、図画工作科の「表したい場面の描き方を工夫する」学習を生かす。この学習では、表したい様子をはっきり捉え、人や動物などの動きを想起し、のびのびと描いたり、表現する楽しさを味わったりする。これは、物語の中の好きな場面に着目したり、読んで想像する楽しさを味わったりすることに深くつながる。

お話全体から大好きな場面を選んで紹介する

本事例では、お気に入りの昔話を「大好き！昔話ボックス」にまとめて紹介する。このボックスには、好きな場面の絵を飾るとともに、登場人物のペープサートを入れ、その場面で人物がどのようなことを言ったりしたりしたかを演じられるようにしている。これは、本単元でねらう「C読むこと」の「エ　場面の様子に着目して、登場人物の行動を具体的に想像すること」を確実に実現するための工夫である。そのため絵やペープサートについては、図画工作科の学習経験を生かし、朝自習の時間を活用するなどして作成させる。

・好きな理由を書き出す際、「〇〇と言ったところが優しいから好き」「◇◇しているところがかわいらしいから好き」など、好きなわけの説明の仕方について数多く例示し、子供たちが使えるようにする。

人物の言動を手掛かりに、好きなわけをはっきりさせる

エの指導事項を実現するために、ボックスには好きなところとそのわけも書くようにする。その際、好きな場面の登場人物の言動を手掛かりに理由をはっきりできるようにする。

・子供たちがお気に入りの昔話を選べるようにするために、単元の導入前から、学級文庫に昔話をたくさん準備し、自由に手にとって読むことができるようにする。また、意図的に読み聞かせを行う。

授業の構想と実際

1　単元の概要

●国語科

本単元では国語科第1学年及び第2学年〔思考力、判断力、表現力等〕「C　読むこと」のエの及び〔知識及び技能〕(3) エの指導に重点を置き、読書に親しみ、場面の様子に着目して読むことができるようにすることをねらう。そこでいろいろな昔話を読み、お気に入りの作品を選ぶとともに、「大好き！昔話ボックス」にその内容などをまとめて紹介する言語活動を行う。

2　単元の指導目標

(1) 昔話をたくさん読み、好きな作品を見付けるなどして読書に親しむことができるようにする。(知識及び技能)

(2) 昔話を読み、場面の様子に着目し、登場人物の言動を手掛かりに好きなわけなどについて具体的に想像することができるようにする。(思考力、判断力、表現力等)

(3) 昔話を読むことや好きなところを紹介することに関心をもち、自分の好きなところやそのわけをはっきりさせて紹介しようとする。(学びに向かう力、人間性等)

3　単元の評価規準

教科	知識・技能	思考・判断・表現	主体的に学習に取り組む態度
国語	・昔話をたくさん読み、好きな作品を見付けるなどして読書に親しんでいる。	・昔話を読み、大好きな場面を見付けるとともに、登場人物の言動を手掛かりに好きなわけをはっきりさせている。	・昔話を読むことや好きなところを紹介することに関心をもち、自分の好きなところやそのわけをはっきりさせて紹介しようとしている。

4　単元の指導計画

単元指導計画	全10時間	国語科
	第一次 (2時間)	・単元前から数多くの昔話に親しむ。 ・教師の昔話の紹介を聞き、「大好き！昔話ボックス」で昔話を紹介するための見通しと計画を立てる。
	第二次 (6時間)	・お気に入りの昔話の紹介に向けて、教材文「たぬきの糸車」のお話の大体をつかみ、次時にはそれを生かして選んだ昔話の大体をつかむ。 ・「たぬきの糸車」の好きなところを書き抜き、選んだ昔話でも好きなところを見付ける。 ・「たぬきの糸車」の好きなわけを見付け、選んだ昔話でもわけをはっきりさせる。(本時)
	第三次 (2時間)	・「大好き！昔話ボックス」にまとめ、大好きな昔話を紹介し合う。

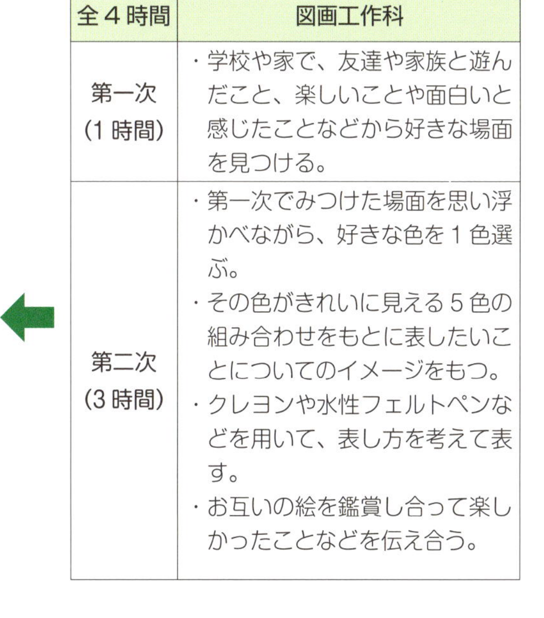

全4時間	図画工作科
第一次 (1時間)	・学校や家で、友達や家族と遊んだこと、楽しいことや面白いと感じたことなどから好きな場面を見つける。
第二次 (3時間)	・第一次でみつけた場面を思い浮かべながら、好きな色を1色選ぶ。 ・その色がきれいに見える5色の組み合わせをもとに表したいことについてのイメージをもつ。 ・クレヨンや水性フェルトペンなどを用いて、表し方を考えて表す。 ・お互いの絵を鑑賞し合って楽しかったことなどを伝え合う。

5　本時（国語科）の展開（第二次第６時）

（1）本時のねらい

・だれが何をしたのか考えながらお気に入りの昔話の本を読み、心に残った好きなところとその理由を考えることができる。（思考力・判断力・表現力等）

（2）本時の展開（8 ／ 10 時間）

分節	○児童の学習活動	◇指導者の支援　◆評価
Ⅰ導入	○本時のめあてを確認する。	◇「たぬきの糸車」でどのように好きな理由を書いたか確認できるようにする。
	「お気に入りのむかしばなし」のおはなしの、すきなわけを、おはなししょうかいカードにまとめよう。	
Ⅱ展開	○誰が何をしているところが好きなのかを確認する。 ・お気に入りの本は「うらしまたろう」です。好きなところは、太郎が亀を助けるところです。 ・わたしのお気に入りの本は「かさじぞう」です。好きなところはお地蔵さんがおじいさんのお家に来るところです。 ○お話の好きなところで、自分がどう感じたかを考える。	◇「大すき！おはなしボックス」から「しょうかいカード」を出して、お気に入りの昔話の好きなところを確認できるようにする。
	自分は選んだ本のどこがどうして好きなのか、友達に話したり、聞き合ったりしましょう。	
	○お話の好きなところとそのわけを二人組で伝え合う。 A: 選んだ本はなんですか。 B:『かさじぞう』です。 A: お話のどこが好きですか。 B: おじいさんが、かさをおじぞうさんにかけてあげたところです。	◇「たぬきの糸車」で好きなところを見つけた学習を思い出し、好きなところとそのわけが話せるように、話型のモデルを側面に残しておく。 ◇どの昔話を読んでいるか、ブックリストで確認できるようにし、意図をもって聞きたい相手が選べるようにする。
Ⅲまとめ	A: どうして好きなのですか。 B: おじいさんのやさしさがわかるからです。 ○「おはなし人物カード」の紹介カード側に、好きところとそのわけを書く。 ・私は、力太郎が化け物を倒したところが好きです。力太郎はとても強くてかっこいいからです。 ○本時の学習を振り返る。	◇本を相手に見せながら、好きなところや人物を伝えられるようにする。 ◇「だれが」「なにをしたからか」「かんそう」を分けて板書し、自分のカードに書くためのヒントとなるようにする。 ◆自分の選んだ昔話の好きな場面と好きな理由をカードに書いている。（思・判・表） （おはなしょうかいカードを基に評価） ◇次時への見通しをもつことで、「おはなしかい」に向け、意欲をもつことができるようにする。

6　授業の実際

(1) ねらいの実現を図る「大すき！おはなしボックス」

写真１　「大好き！
おはなしボックス

本事例では、大好きなところやそのわけを書きまとめたり、登場人物をペープサート（棒の先に付けた紙人形）で演じたりした。これは、単元のねらいである「エ　場面の様子に着目して、登場人物の行動を具体的に想像すること。」をよりよく実現するためのものである。子供たちは、選んだ昔話の大好きなところを探すために、自ら場面に着目して読むこととともに、人形劇を演じることで、人物の行動や会話描写を捉えて想像を広げながら読むことができた。

(2) 子供たちを昔話の世界にいざなう「昔話コーナー」

写真２　昔話コーナー

本単元の学習では、学習に先立って学級に「昔話コーナー」を設置した。国語科の時間のみならず、朝読書の時間なども活用して昔話を読む時間を確保していったところ、休み時間などに自ら本に手を伸ばすなど、読書に親しむ姿も多くみられるようになった。これまであまり昔話に触れる機会の少なかった子供たちも、色々な昔話を読み、「お話紹介カード」に好きなところやそのわけ、あらすじなどを書き溜めていくことで、自分のお気に入りの昔話を見付けることができた。また、読むことが苦手な子供でも挿絵とともにストーリーが展開していく絵本を読んでいくことで、物語の全体を捉えて読むことに徐々に慣れていくことができた。

(3) 想像を広げて読むための言語表現の指導

写真３　感想を述べる
ための指導

子供たちは、好きなわけを述べる際に、好きな場面の言動をそのまま挙げてしまうだけになる場合がある。（「〇〇が◇◇したところが好きです。わけは、◇◇しているからです。」など）そこで、自分が感じた好きなわけを言葉で適切に表現できるように、具体的な例を挙げて子供を支援した。具体的には、「誰が」、「何をした、（何を言った）」ということに加えて感想の言葉を加えられるようにした。このことによって、自分が見付けた好きな場面の理由を明確に述べることができるようになった。

(4) 読むことにおける交流活動の充実

写真４　交流活動

読んだことを交流する学習活動は、読む楽しさを実感したり、子供の読みを広げたりする上で非常に有効である。本単元では読んだことが相手に確実に伝わるよう、ペアで読んで面白かったところやその理由を説明し合う学習活動を繰り返し取り入れた。その際、本文を開いて相手に見せ、説明したい叙述を指さして説明するなど、交流の際の姿を具体的に指導した。この学習活動は、国語科のみならず各教科等における交流の活動においても有効に機能し、相手にわかるように自分の考えを説明しようとする子供が多くなった。

（水戸部修治・清水一希）

6　音を表す言葉の世界を広げよう

第５学年　音楽科・国語科

実践の概要

あさになったので
まどをあけますよ
荒井良二

作・絵／荒井良二　偕成社　2011

『あさになったのでまどをあけますよ』

あたらしい朝を迎えるために窓を開ける私たち。山の中の小さな村に住む子供、人や車でにぎわう都会に住む子供、青い海と空の境目に島が見える街に住む子供…。それぞれの場所の風景やどちらからともなく聞こえてくる音に日常の幸せを感じる、そんな絵本です。各場面が「あさになったのでまどをあけますよ」というフレーズで始まり、色鮮やかに描かれた情景が次々に展開されていきます。

物語の読みと表現活動のポイント

子供に絵本を読み聞かせると、絵本に書かれた文字を目で追い、そこから何らかの話の筋を見出そうと考えを巡らせる。しかし、ここでは、文字や言葉に頼りすぎずに、それぞれの場面で聞こえてきそうな音を思い描いて、各自が自由に情景を発想する。そのようにして絵本に表されている情景とそこから聞こえてくる「音」に五感を働かせることで、自分だけのイメージの世界を膨らませることができる。

Point 1　絵本の世界の「音」に興味を持ち、オノマトペで表す

絵本に描かれている場面やできごと、人や物（「朝、窓をあける子供」や「走り去るトラック」「遠吠えをしている犬」）などに気付き、その場面から聞こえてきそうな「音」を想像する。そして、絵本の世界に自分がいるようなイメージで、感じた音や気配を的確に言葉やオノマトペで表現してみる。

・絵本の絵に描かれている場面や出来事、人や物などに気付き、想像の世界へ結び付けて、場面から聞こえてきそうな音をオノマトペで表す。

Point 2　自分のいる場所や状況によって、聞こえてくる「音」が違うことに気付かせる

身の周りにある様々な「音」に意識が向くよう、「音日記」を付けるなど工夫をしてみる。そうすることで、日常の生活の中に様々な音やリズムがあることを発見できる。

また、3年生の国語科で学習した３つの「雪」の詩（国語三下あおぞら、光村図書）をもう一度音読するなどして、言葉の繰り返しによる効果や音声の特徴をさらに深く学ぶことができる。

・事前学習として、「音日記」をつくり「音」に対する自分の感覚に気付くようにする。
・様々な音に囲まれていることを意識させる。

授業の構想と実際

1　題材の概要

●音楽科

本題材は歌唱活動（歌唱；指導事項ウ）と音楽づくりの活動（音楽づくり；指導事項ア）を中心に扱う。歌唱活動は、子供たちの感じたことを「声に出したい」「伝えたい」という主体的な意欲が何より大切である。何をどのように感じたのかを自分自身で明らかにして、それを音や音楽に的確に置き換えていく行為だと言える。そこでこの題材では、絵から抱いた自身の音の感覚を意識的に実際の音と重ね合わせて声やオノマトペで表現することがねらいである。

2　題材の指導目標

(1)《ゆき》（「音楽のおくりもの５」教育出版）の１拍遅れの進行の面白さや歌詞の言葉の繰り返しをどのように表現するか工夫しながら、この曲の２部合唱ができるようにする。（知識及び技能）
(2) 絵本の場面と身の周りの音を重ね合わせて、自分の感じた音や感覚に対して的確に言葉やオノマトペを使って表現することができる。（思考力、判断力、表現力等）
(3) 身の周りにあふれる多くの音に興味を持ち、絵本のイメージの世界と意識的に重ね合わせることで、自分の想像の世界を深めようとする。（学びに向かう力、人間性等）

3　題材の評価基準

教科	知識・技能	思考・判断・表現	主体的に学習に取り組む態度
音楽科	これまでの学習を通して、「音」「言葉」「場面」の繰り返しから生まれるリズムの面白さに気付くことができる。	絵本の場面から聞こえてきそうな音を、身の回りの音と重ね合わせながら、具体的イメージを持って言葉（オノマトペ）で表現できる。	身の周りにあふれる多くの音に興味を持ち、絵本のイメージの世界と重ね合わせて、自分なりの想像の世界を深めようとしている。

4　題材の指導計画

題材指導計画	全３時間	音楽科
	第一次 （1時間）	・絵本の各場面でどのような音が聞こえてきそうか想像しながら読み聞かせを聞く。 ・想像した音をオノマトペで表す。 ・自分たちで考えたオノマトペを発音や発声の仕方を工夫しながら発表する。 ※自分の周りにどんな音があるかを調べて、言葉（オノマトペ）で表す「音日記」を次時までに作成しておくように指示する。
	第二次 （1時間）	・「音日記」に出てきたお気に入りのオノマトペを声に出して発表し、その音のした場所や時間、印象などについて話し合う。 ・《ゆき》の２部合唱をするために、それぞれのパートの旋律を歌えるようにする。

⬅

全３時間	国語科
第一次 （1時間）	・既習の詩（草の新平「ゆき」を含む）の中からオノマトペを用いている詩を選び、互いに読み合い、お気に入り詩集にまとめるというめあてを設定する。
第二次 （1時間）	・様々な詩を音読したり、古典の世界を描いた絵巻物などの絵を見て、言葉や情景描写からオノマトペを使って聴こえてくる音を発表したりしながら、言葉の響きやリズムに親しみ、詩集に載せる詩を選ぶ。

	第三次 (1 時間)	・《ゆき》を 2 部合唱し、途中から 1 拍遅れで進行する 2 部合唱の面白さを味わう。 ・歌詞の「しんしんしん」などの言葉（オノマトペ）の繰り返しをどのように表現するか歌い方を工夫する。

第三次 (1 時間)	選んだ詩や好きな理由などについて詩集にまとめ、詩を読み合ったり紹介し合ったりする。

5　本時の展開（第一次）

（1）本時のねらい

・絵本の場面が表すイメージの世界の中で、どのような音が聞こえてきそうか想像し、それにふさわしいオノマトペを考える。（知・技）

・自分たちで考えたオノマトペを、発音や発声の仕方を工夫しながら発表する。（思・判・表）

（2）本時の展開

分節	○児童の学習活動	◇指導者の支援　◆評価
Ⅰ導入	絵本を通してどんな音が浮かぶか考えてみましょう。	
	○教師の読み聞かせを聞く。 ・次のようなことを想像したり考えながら、読み聞かせを聞く。 ①主人公（自分）がどこの窓をあけているか ②主人公（自分）はどのような環境にいるか 「都会」「田舎」「森の中」など ③音はどこから聞こえてくるか 「すぐ近く」「遠く」「海の向こう」など	◇『あさになったのでまどをあけますよ』の絵本の読み聞かせをする。 ・主人公（自分）がどこの窓をあけているか、どのような環境にいるか、音はどこから聞こえてくるかなどを想像したり考えながら、読み聞かせを聞くように伝える。
Ⅱ展開	絵本の場面から聞こえてきそうな音を思い浮かべ言葉（オノマトペ）で表現しよう。	
	○グループに分かれて、自分たちが印象に残った場面を思い浮かべ、同時に思い浮かんだ周辺の音をオノマトペに置きかえて表現する。 ・自分が工夫した音の言葉（オノマトペ）がその場面にふさわしいか、またその場面の印象をどう変えるかなどを説明したり、話し合ったりする。	◇どうしてその場面でその音が聞こえてくるのかを発問する。 ◇各グループで活発な話し合いが行われているかを巡視する。 ◆場面にふさわしいオノマトペを考える。（知・技）

<table>
<tr><td rowspan="2">Ⅲまとめ</td><td colspan="2">グループごとに音を表した言葉（オノマトペ）を発表し、工夫した点について話し合いましょう。</td></tr>
<tr><td>○グループごとに自分たちの考えたオノマトペや、工夫した点を発表する。
・その場面にふさわしい発音や発声の仕方を工夫する。
・グループ同士で聞き合い、同じ場面から聞こえくる音やそれを表す言葉（オノマトペ）を比較したりする。</td><td>◇各グループで話し合った音の言葉（オノマトペ）を発表するように伝える。

◆浮かんだ音を言葉に置き換えて表現できる。（思・判・表）</td></tr>
</table>

6　授業の実際

音楽科の「音づくりの活動」に示されている「色々な音の響きやその組み合わせを楽しみ、様々な発想をもって即興的に表現すること」（音楽づくり；指導事項ア）を、音を表す言葉を工夫して表現する活動内容へと展開させた。このように音楽科と国語科を関連させて学ぶことにより、児童らは音や言葉の表す世界の広さに対する関心を深めたようである。

写真１　場面を見ながら友達の表現を聴く様子

「ちゅんちゅん」という鳥のさえずりに対して、「本当に、ちゅんちゅんって鳴いてるんかな、ちーちって聞こえるよ」、「ちーちとも聞こえないよ、それきっとすずめだよね、この場面にはきっとすずめはいないよ」などと話し合い、最後のグループ発表では、児童Ａ「ちゅんちゅん」、児童Ｂ「ぴ～ひょろろろろ」、児童Ｃ「ちっちっちっちっ」など異なる音とリズムを同時に重ねる工夫が見られた。

写真２　絵本の場面に描かれたものから、音の想像を広げる様子

児童Ｄがこの場面にある大きな鏡に気が付き、鏡に映り込むものを児童Ｅへ説明すると、「アッほんまや、きっとこの後ろにキッチンがあって朝ごはんそこで作ってるんだ」、児童Ｆ「だったらトントントンって音がもっと遠くで聞こえないといけないんじゃない？」などとオノマトペの聞こえ方を考えて表現の工夫をしていた。

（ガハプカ奈美・山崎菜央）

7　切り紙（○△□）でお話のイメージを表そう

第５学年　図画工作科・国語科

実践の概要

作・絵／椋 鳩十　絵／網中いづる
岩崎書店　2012

『大造じいさんと雁』　光村図書　国語５年他4社

国語科における読みを軸にして図画工作科と効果的に関連させる指導の試みですが、一般的な『お話の絵』を表すというわけではありません。本作品はガンの頭領残雪と狩人の大造じいさんとの間に闘いのドラマが繰り広げられます。国語科では情景描写や登場人物の相互関係に着目して読む学習が大切であると考えますが、図画工作科の学習では、その読みを活かすことで、感じた形や色やその組み合わせのイメージを大切にして、表現を工夫する学習が可能になります。また国語科でも造形によって表わされた子供たちの作品と関連させることで、一層心象的なイメージや登場人物の心の動きに着目した読みができるでしょう。

物語の読みと表現活動のポイント

『お話の絵』を扱うとき、児童は作品の深い解釈を基に形や色の感覚的な特徴を結び付けて表すよりも、場面説明的な挿絵や漠然とした印象を描くことが多い。しかし、優れた文学作品ほど情景や心情表現が音楽的であったり、映像的であったりする。国語科の学習では作品の全体像をとらえていく中で自分の心に響く描写やその特徴を明らかにしていく。こうした学習を図画工作科の学習に生かすことで、造形的なイメージへ自覚的な変換がしやすくなる。造形表現の過程で解釈の更なる深まりも期待できる。

Point 1　自身に強い印象を与えた具体的な情景や動きの文章表現に着目する

言語を介してイメージを広げたり深められるようにする。「東の空が真っ赤に燃えて、朝が来ました」「あかつきの光が、小屋の中にすがすがしく流れこんできました」「らんまんとさいたスモモの花が、その羽にふれて、雪のように清らかに、はらはらと散りました」や「さっと大きなかげが空を横切りました」、「ぱっぱっ羽が、白い花弁のようにすんだ空にとびちりました」等々の情景や動きの表現にふれ、言語と映像イメージの相互効果に着目させる。

・制作の条件として「まるさんかくのかたちをもとにして」とする。
・形や色の対比や組み合わせによって生まれる表現効果に注目させる。

Point 2　『形や色に覚える感覚』には共通するものがあることを意識化させる

今回の学習では、材料としての色紙を、学級全体で同じ、ものを用いている。これは集団で形や色の印象を比較したり検討したりするという学習が行いやすくするためである。 形や色から人が共通して受け取る感覚や認識に着目し、全体の場で意識化していく。それらを意図的に活用すれば自らのイメージを他者にも伝え、共感し合うことができることに気付かせる。

・児童自身がとらえる物語の主題を、より意図的に表現しようとする態度を育てるが期待できる。

授業の構想と実際

1　題材の概要

●図画工作科

本題材は指導事項A(1)イ、B(1)アに重点を置いている。造形表現は、子供たちの「描きたい」「やってみたい」という主体的な意欲が原動力になって、活動がスタートする。始めに自分なりのイメージをしっかりとつかみ、「こんな風に表したい」と意識できていることが大切である。この題材は言葉を用いたイメージの世界と、見て、触れるイメージの世界を意識的に重ね合わせることができる。

2　題材の指導目標

(1) まる・さんかく・しかくの形をもとにして、貼り合わせてできる形や色の組み合わせによって生まれる表現効果に着目できるようにする。(知識及び技能)
(2) 物語の記述から自分が表したいイメージを見付け、形や色、構成の美しさを感じながらどのように主題を表わすかについて考えることができるようにする。(思考力、判断力、表現力等)
(3) 物語のすぐれた表現に関心をもち、自分たちの作品の表現の意図や特徴、表し方の変化などについて感じ取ったり考えたりして、自分の見方や感じ方を深めようとする。(学びに向かう力、人間性等)

3　題材の評価規準

教科	知識・技能	思考・判断・表現	主体的に学習に取り組む態度
図画工作	・切り取った形を貼り合せてできる形や色の組み合わせによって生まれる表現効果に着目している。	・物語の主題に対する自分なりのイメージを発想の論拠を持って形や色を活用している。	・物語のすぐれた表現に関心をもち、自分たちの作品の表現の意図や特徴、表し方の変化などについて感じ取ったり考えたりして、自分の見方や感じ方を深めようとしている。

4　題材の指導計画

題材指導計画	全5時間	図画工作科
	第一次(1時間)	・「大造じいさんとガン」のお話で自身のイメージに強く働きかけた記述に着目し、表したいイメージを、造形(切り紙表現)に置き換えて、構想を練る。
	第二次(1時間)	・形や色の持つ共通の感覚やイメージをお互いに認識し合い、それらの表現効果を意図的に活用しながら、物語のイメージを構成していく。(本時)
	第三次(2時間)	・物語をもとに自分が想像するそのイメージを、形や色のもつ表現の効果を活用し工夫しながら表していく。
	第四次(1時間)	・できた作品を、友達と鑑賞し合う。(物語の時系列順に、作品を並べてみる) ・形や色から受ける印象を話し合う。

全8時間	国語科
第一次(1時間)	・椋鳩十作品からお気に入りの作品を選び推薦文にまとめるというめあてを設定する。
第二次(4時間)	・選んだ作品の推薦文を書くことに向けて、「大造じいさんとガン」を読み、人物の相互関係の変化や場面の描写に着目して、優れた叙述とその推薦理由を明確にする。椋鳩十作品を並行読書し、推薦する作品を選ぶ。
第三次(3時間)	・「大造じいさんとガン」で学んだことを生かして、人物の相互関係の変化や場面の描写に着目して、優れた叙述とその推薦理由を明確にして推薦文にまとめ、発表し合う。

5　本時（図画工作科）の展開（第二次第１時）

（1）本時のねらい

・形や色の印象を話し合う中で、それらを用いた「表現の効果」や「活用していく方向性」（思考力・判断力・表現力）や「技法」を具体的に意識することができる。（知識及び技能）

・物語の主題や自分が表わそうとするイメージを、造形要素（形や色、構図）を意識し、工夫しながら創作することができる。（思考力・判断力・表現力）

（2）本時の展開

分節	○児童の学習活動	◇指導者の支援　◆評価
Ⅰ導入	○前時の学習を振り返る。 ・どのような「季節」「時間」「気温」「音」などの雰囲気を意識したのか？また登場人物や自分自身の気持ちを想起する。 ・自分自身のイメージと自分の作品の比較をする。	◇自分なりの印象（体験や身体感覚）を、本時の授業では大事にすることを確認。 ◇「大造じいさんとガン」のどのような場面のイメージを表現しようとしていたのかを、整理できるようにする。
Ⅱ展開	いくつかの形や色を例に、そこからどんなイメージが浮かぶのか考えてみましょう。	
	①暖色・寒色などの印象。 ②優しい・強いなどの感情的な印象。 ③長い短い等の時間的な印象 ④はっきりしている・ぼやけている等の見た目の印象。 ⑤派手・地味等の性格的な印象。 ○形や色によって、他の人との共通イメージがあることを理解する。	◇提示物は①「色の違い」②「形の違い」③「切断面の違い」等を例に挙げる。 ◇提示物を基に、そこから「時間」「空間」「気持ち（感じ）」「温度」等々を読み取ろうとする姿勢を持たせる。 ＊基本的には、どのような印象を持ったとしても、「間違い」ではない。 〔補助的支援〕 ◇物語から情景を表す言葉の表現を取り出し、そのイメージを形や色に置き換えて説明させる。
	自分が印象に残っている「物語の一場面」を切り紙で表現しましょう。	
	○物語の登場人物・鳥等の具体的なものの再現に向かおうとする傾向。 ○物語の空間・場面を説明的に表現しようとする傾向。 ○物語の時間的な流れや雰囲気、自分の印象を表そうとする傾向。	◆形や色について、自分自身が感じたり、見る側が受け止めるたりするイメージを意識し、創意工夫しながら、物語の印象的な場面を構成している。（思・判・表） ・季節や時間帯をとらえている。 ・登場人物の気持ちをとらえている。 ・「穏やかな」「緊迫した」等の場面の様子を意識させ、造形的な要素と関連付けて考えることができる。

<table>
<tr><td rowspan="3">Ⅲまとめ</td><td colspan="2">それぞれが作っている作品を見合って、その工夫をお互い学びましょう。</td></tr>
<tr><td>①登場人物（鳥）の「残雪」の体と感じられる鋭い三角形を斜め上一直線に伸ばし、上部に黒い色を用いることで、勇敢さが表現されている。</td><td>◇それぞれの作品を机に並べ、観点を持って表現としての工夫や効果を学び合うようにする。</td></tr>
<tr><td>②緊迫した印象（イメージ）を全体の赤い色で表し暗い紫で引き締めている。</td><td>◇生き物の動きや感情、情景的な表現に対して　工夫が見られているかを重点に置きたい。</td></tr>
</table>

6　授業の実際

図画工作の授業では、国語の授業の中で「大造じいさんとガン」の読み取りによって、その場面ごとの情景イメージや大造じいさんの心の変化や「残雪」の生き様を「どのように捉えているのか？」を交流し合うところから始め、形や色のイメージへと展開していった。

写真１　○△□型の切り紙でお話を表す

（１）自分自身の感覚を生かした表現

小学校の図画工作の授業では、お話の絵は、比較的多く観られる題材である。本授業では「大造じいさんとガン」の物語の中の心象変化が見られるいくつかの場面を取り上げ、そこからイメージできる形や色、また登場人物や読者としての自分自身の感覚（鑑賞イメージ）を重ね合わせながら、構成を練り上げていった。そこでは、表したいイメージをどのように表現するのかという試行錯誤する姿が多く見られた。

また『紙片を繰り返し置きかえる行為』の中から対話的活動が生まれ、それにより形や色を効果的に活用しようとする姿も多く見られた。

写真２　動きや印象の表現を意識した子供の作品

（２）一人一人の個性を生かした表現

高学年（中等部６年生）になると、低学年のように造形遊び的な活動の中から偶発的に現れる形や色に興味を示す段階から、より意図的な「試し」による「創意工夫」「試行錯誤」を行うことによって、より作品の自分なりの解釈やイメージが整理されたり深められたりする様子が見られた。その中で、物語の場面を説明的（具体的）に表現しようとする傾向の児童と、言葉や場面の印象を抽象的（イメージ）に表現しようとする児童の傾向が見られた点が興味深かった。

写真３　情景の描写を意識した子供の作品

（足立 彰）

⑤ 様々な表現法を試みる

1 「とん とん とん」の音と動きで表そう

3歳

実践の概要

作 / 間所ひさこ　絵 / とりごえまり
フレーベル館　2010

『とん とん とん』

「とんとんとん」って音がする。りすちゃんが窓から外をのぞいてみると…。さてさて、何の音だったのでしょうか。

おさるのだいくさんが「とんとんとん」、うさぎのおかあさんも「とんとんとん」、くまのおじさんも「とんとんとん」。

みんな何をしているのかな？

イメージを膨らませて、色々な「とんとんとん」の音と動きで表してみましょう。

遊びが広がる表現活動のポイント

この絵本では、同じ「とんとんとん」というオノマトペが、「金づちを打つ」「扉をノックする」「にんじんを切る」「肩をたたく」「階段を下りる」など、場面によって様々な動きを伴って表されています。子供たちとリズミカルに言葉のかけ合いをしながら、多様な動きと合わせた「とんとんとん」の表現を楽しみましょう。

遊びがひろがるポイント

Point 1

言葉のかけ合いの面白さを感じる

リズミカルな言葉のかけ合いの面白さや、「次は何をする音かな？」と想像する楽しさを味わえるように、言葉の提言の仕方を工夫しましょう。

・「たくはいびんです」「とんとんとん」「まつりのたいこ」「とんとんとん」など、拍の流れが感じられるような言葉のやりとりを考える。

Point 2

動きの違いをイメージして楽しむ

同じたたく動作でも、「扉をたたく」「太鼓をたたく」では、動きの大きさや腕の動かし方が異なりますね。包丁で切ったり、まりをついたり、階段を下りたり、子供たちが動きの違いを感じられるように、提示する動作の順序を工夫しましょう。

・どのような動作の種類があるのかを子供たちと確認してから始める。
・初めは３種類くらいでやってみて、慣れてきたら増やす。

3歳児を対象にした実践

表現　2－（2）（5）（6）　／言葉　2－（4）

1　実践のねらい

（1）リズムを感じながら言葉のやりとりを楽しむ。
（2）「とんとんとん」とオノマトペを声に出しながら、先生や友達と一緒に体を動かす楽しさを味わう。

2　実践の流れ

・集団で楽しめるように、絵本を拡大して紙芝居に仕立てておく。
・「とんとんとん」というオノマトペで表される動きは多様であることに気付けるように、話をする。
・最初は動きの異なる「金づちを打つ」「階段を下りる」「太鼓をたたく」の動作ができるようにする。
・慣れてきたら、言葉のかけ合いや、肩たたき、まりつきなども加えて色々な動きをスムーズに表現できるようにしておく。

3　実践事例

時間	環境構成	○幼児の表現活動	◇教師の援助
9：30	・紙芝居を用意する。	○教師のそばに集まる。	◇皆で遊ぶということを楽しみにして集まることができるよう、声をかける。
	P ●＝教師 ○＝子供 P＝ピアノ	○初めての紙芝居を、興味をもって見ようとする。 ○『とんとんとん』の紙芝居を見る。	◇初めての紙芝居を、期待をもって見ることができるように声をかける。 ◇興味をもちにくい幼児には名前を呼んで、「なにをしているのかな？」「楽しそうだし見てみようか」と声をかけたりしながら、紙芝居を読む。
		キ　紙芝居の中の「とんとんとん」に合わせて口ずさんだり、自分で手や足を動かしたり、友達に肩たたきなどをしたりする。	◇　動きに合わせて「とんとんとん」の言い方やリズムを変えたり、動きをしながら読んだりして、紙芝居を見ながら言葉の音やリズムを感じられるようにする。 ・紙芝居を見ながら「とんとんとん」と一緒に言ったり、動きをしている幼児と顔を合わせたり、声をかけたりして認め、一人一人が自分なりに楽しみながら見られるようにする。
9：35	・教師のいすを片付ける。		

		○立ち上がって広がり、紙芝居に出てくる動きで、「とんとんとんとんってなんのおと？」のかけ合い遊びをする。 ・おさるのだいくさん ・かいだんおりよう ・たいこをたたこう などと教師の提示する動きを表現して楽しむ。 	◇教師も一緒にかけ合いの言葉を言い、幼児が安心して遊びに参加できるようにする。 ・「とんとんとんってなんのおと？」のところや、教師が動きを提示するところでは、拍の流れが感じられるように体や頭を揺らしながら言葉を唱え、幼児たちが言葉のリズムを体でも感じることができるようにする。 ・教師が答えるところでは、紙芝居のその動きのページを見せて、言葉と動きが繋がるようにする。
		デ　教師と共に「とんとんとんってなんのおと？」と言ったり、「とんとんとん」のところだけを一緒に言ったり聞いたりして楽しむ。 ・「とんとんとん」のところでは、教師や友達を真似して動いたり、自分なりの動きをして何度も楽しむ。	◇「とんとんとん」のところは、繰り返して何度も動きを楽しもうとする幼児の姿をとらえ、「とんとんとん　とんとんとん」などリズムを感じながら繰り返し楽しめるように一緒に遊ぶ。 ・自分なりに表現することを楽しむ姿を認め、音のリズムを感じながら、体を動かして遊ぶことの楽しさを感じられるようにする。
9：38	・紙芝居を片付ける。 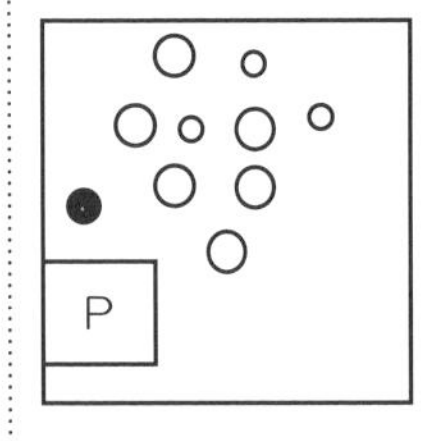 	○絵本以外の動きも取り入れて、「とんとんとんってなんのおと？」のかけ合い遊びをする。 ・たくはいびんです ・おおきなたいこ ・たまねぎきります ・たまごをわるよ ・ともだちよぼう　など ○喜んで参加する幼児や、様子をうかがいながら参加する幼児、周りで見ている幼児など様々な幼児がいる。	◇紙芝居を置いて、教師も一緒に体を動かして遊び、幼児が遊びを楽しく感じたり、教師の真似をして体を動かして遊んだりできるようにする。 ・以前に何度かみんなで遊んだことのある動きで遊ぶことで、言葉と動きが繋がり、「とんとんとん」のリズムを感じて遊ぶことに楽しさを感じられるようにする。

		カ　教師の言葉を聞いて自分なりに考えて動いたり、教師や友達の動きを真似て「とんとんとん」の動きをする。 ○自分がやりたい「とんとんとん」の動きを教師にリクエストする。	・「次はなんのおとかな？」という期待が持てるように声をかけたり、やりたい動きを楽しめるようにリクエストにこたえたりしながら、幼児が楽しんで参加できるようにする。
9：43		○集まって教師と話をする。 ・自分が見つけた「とんとんとん」の音や動きについて教師に話す。	◇最後にもう一度集まって座り、子供の表現や遊ぶ姿を受けとめたり認めたりして、「楽しかったな」「またしたいな」と感じられるようにする。 ・他にもたくさんの「とんとんとん」があることを伝え、「見つけたら教えてね」と声をかけることで、生活の中でも「とんとんとん」などの音やリズムを感じることに繋がっていくようにする。

4　実践全体の流れの中で見られた子供たちの姿

子供たちは以下のように、少しずつリズミカルな言葉のやりとりに慣れていき、自分なりの表現で遊べるようになっていきます。焦らず、じっくりと子供たちの表現の変化をとらえてみましょう。

■はじめて絵本を読んだ日の様子（実践日の４日前）

・Ａ児は太鼓のページを見て、「とんとんとん」と言いながら太鼓をたたくように大きく動いた。「大きい音出たね」と言うと、後ろにいたＢ児は、力強く片手でたたくような動きをして見せた。
・Ｃ児はトイレのドアをノックして、「これもとんとんとんやなあ」と言う。近くで見ていたＤ児やＥ児は、トイレの色々なところを「とんとんとん」とノックして回った。

■初めて「とんとんとんってなんのおと？」のかけ合い遊びをしたときの様子（実践日の３日前）

・教師と一緒に「とんとんとんってなんのおと？」と言ったのは２人のみで、他の子供たちは聞いて楽しんでいた。また、教師の見せる絵本を見ながら動いたり、教師の真似をしたりしていた。
・「とんとんとん」という言葉のリズムと、体の動きを合わせようとしている子供も数人いたが、体の動きと「とんとんとん」のリズムがうまく合わない子供が多かった。

■絵本を読まずに、かけ合い遊びを楽しんだ時の様子（実践日の前日）

・「友達呼ぼう」や「卵をわろう」等新しい動きを取り入れると、自分なりに動いたり、教師や友達を真似しながら動いていた。「つま先ならそう」や「頭をたたいて」などの発想も生まれてきた。

（岡林典子・今村香菜）

2　言葉に合わせた動きで遊ぼう

実践の概要

作 / じゅてん　絵 / オオノヨシヒロ
PHP 研究所　2003

『しりとリズム』

この絵本は「たらことチキンのことばあそび」という副題が示されています。そして、「しりとり　たいこだ　ずんどこ　どどんぱ　どうぶつ　かいぶつ　でておいデ」「デんぐり　ころりん　つるの　ワルツは　つんつるリ」「リズムで　はずむ　ハムスター　とことこ　ととト」…のように、リズミカルな言葉を用いた少し長めのフレーズで、しりとりが続きます。

トライアングルやギター、ルンバやフラダンスといった音楽や楽器、ダンスを題材にした楽しい絵から動きを感じることができるでしょう。

遊びが広がる表現活動のポイント

動物たちがワルツやルンバ、サンバ、フラダンスなど様々な国のダンスを楽しんでいる様子が描かれ、最後の頁は「ダンスは　すんだよ　ししまいで　おしまイ」と日本の獅子舞で終っています。日頃からDVDやCDを視聴しながら踊る経験があると、子供たちはさらにイメージを膨らませることができるでしょう。

それぞれの絵の世界を楽しむ　実践事例（1）

前もって絵本を読み聞かせ、子供たちがどの絵に興味を持っているのかを把握しておきましょう。各頁には大きさの異なる様々な姿のたらこさんとチキンさんが載っています。小さな姿をしていても、子供たちはすぐに見つけてしまいます。たらこさんやチキンさんを手がかりにして、子供たちを絵の世界に導いていくこともできるでしょう。

・気に入った頁を開いて、子供の目線の高さの台の上に絵本を置くと動きやすい。

しりとりで言葉遊びをして表現を広げる　実践事例（2）

子供にとってしりとりはお馴染みの遊びです。単語だけのしりとりも楽しいですが、ここではしりとりの頭の文字で考えた言葉から連想した言葉を繋げて、どんどん表現を広げていきます。

・言葉を繋げやすいように、リズムにのって読んだり、擬音語を面白く発音したりする。
・発表の時は足で拍子を取ると呼吸を合わせやすい。

4歳児を対象にした実践

表現　2－（4）（8）／人間関係　2－（7）（8）／言葉　2－（7）（8）

1　実践のねらい

『しりとリズム』の言葉や絵からイメージを広げて友達と一緒に体を動かす楽しさを味わう。

2　実践の流れ

・1週間ほど前から『しりとリズム』を2～3回読み聞かせて、子供たちが絵を理解している状態にしておく。
・先生の言葉とともに発声したり、絵の仕草が自然に出てくるように読み込む。

3　実践事例　（1）

時間	環境構成	○幼児の表現活動	◇教師の援助
10：00	・絵本を読み聞かせた後にすぐに身体表現ができるように、充分な場所を確保しておく。 楽器 教師 幼児	○絵本を見る。 ・教師の周りに集まる。 ・静かに話を聞く。 ・教師が読むテンポに合わせて、一緒に言葉を口ずさむ。 ・絵を見て手を動かしたり、リズムを感じて踊り出したりする。	◇落ち着いて話が聞けるように声をかけ、期待が膨らむ雰囲気を作る。 ◇言葉の持つリズムを感じることができるように、強弱やテンポの変化をつけて読む。 ・同じ頁を2～3回繰り返して、特徴的なリズムを取り上げて唱える。 ・絵本を見て感じた幼児の気付きや、つぶやきに共感し、受け止めていく。
	・マンボウのページを開いて絵本を立てかける。	○絵本の中のマンボウの場面で遊ぶ。 ・絵の中で描かれている姿を見て、マンボウになったり、踊ったりして、自由に身体表現する。	◇「ママさん　まんぼう　ダンスは　マンボ！」と調子よく声をかけ、リズムにのって身体表現できるように促す。 ・ピアノでマンボのリズムのフレーズを弾き、全員でマンボウになって楽しめるようにする。 ・自分で考えた動きをしている幼児を認め、他の幼児たちの表現の工夫に気付かせる。

 10：20	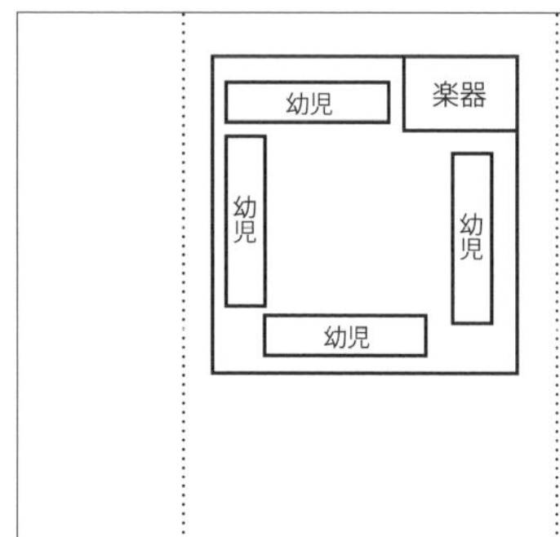	**キ**　グループごとに表現し、その他の幼児たちは友達の表現を見る。 ・ママさんマンボウの他にも、赤ちゃんマンボウや怪獣マンボウのような表現が現れる。 **デ**　友達の考えたマンボウになってみる。	◇自分なりの表現をしている幼児に共感し、皆の前で発表する楽しさが感じられるようにする。 ◇表現する幼児の気持ちに合わせて、テンポを変えたり、強弱をつけたり、音の高さを変えたりしてピアノを弾く。 ◇友達の表現の特徴に気付くように声をかける。 ・一緒に表現できない幼児の気持ちを受け止め、周りの幼児たちは足踏みをするように促してその表現を支える。 ◇楽しかったマンボウの表現をもとに、次回は違うページの表現に広がるように期待を持たせる。

5歳児を対象にした実践

実践事例　（2）

時間	環境構成	○幼児の表現活動	◇教師の援助
10：30	教師 幼児　楽器 ○４～５人のグループに分かれて座る。	○絵本『しりとリズム』のお話を静かに聞く。 ・絵の中のたらこさんやチキンさんを見つけたり、登場人物の動きを真似たりする。 **キ**　頁の最後の言葉から自分なりにしりとりの続きの単語を想像する。 ○しりとり遊びをする。 ・「い」のつく言葉を考える。 ・言葉の続きを皆で考え、繋げてフレーズにする。 ・考えた言葉を身体で表現する。 ・友達の考えた動きを一緒にしてみる。 **カ**　グループに分かれて、しりとりの言葉や表現を考える。	◇幼児に心地よいテンポで言葉のリズムを感じられるように読む。 ・場面に合わせて間をあけ、話の展開に期待したり、幼児のつぶやきが生まれたりするのを待つ。 ・最後の音を少し強調して、幼児からしりとりの言葉を引き出す。 ・絵本を見て感じた幼児の気付きや、つぶやきに共感し、受け止める。 ◇最後の「ダンスは　すんだよ　ししまいで　おしまイ」の頁からしりとりを展開するように促す。 ・幼児の発言を拾い、そこから次の言葉を繋げるように導く。 ・擬音語をつけたり、自分なりの表現をしている幼児を取り上げ、全員で真似る。 ◇幼児を4～5人のグループに分け、しりとりの続きのフレーズを考えるように促す。

	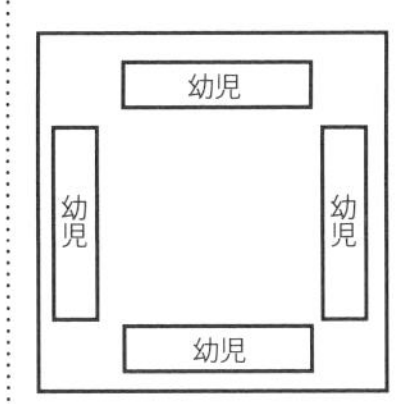	・グループごとに「い」から始まるしりとりのフレーズを考える。 ・友達の考えた言葉の続きをつけてみる。 	・新たな言葉から始めてもよいし、しりとりの最初の言葉は先程と同じように「い」から始めて、違う言葉を繋いでいってもよいことを話す。 ・後でグループごとに発表することを伝えておく。 ・自分なりの表現をしている幼児を認める。 ・グループ間を回って話し合いの様子を見守る。 ・幼児だけで言葉が思いつかないグループには、初めの言葉を問いかけ、一緒に考える。
	○友達の動きが見える位置に座る。	**デ**　グループで絵本の続きのフレーズを発表する。 ・できたグループはしりとりをさらに発展させる。 ・すぐに言葉が出ないグループにはクラス全員で協力して一緒に考える。	◇友達の発表を集中して見るように促す。 ・面白い表現や工夫が感じられた箇所を伝える。 ・できたグループはしりとりをさらに発展させるよう伝える。 ・すぐに言葉が出てこないグループにはきっかけの言葉を提案して援助する。
11：00		**キ**　それぞれのグループで自分たちの表現ができていたことを確認し、様々な表現のよさを認め合う。	◇同じ言葉で始めても、異なる言葉の表現に繋がっていくことに気付かせる。

4　4歳児から5歳児への発達と表現の広がり

まだ言葉が充分でない4歳児にとって、その場ですぐに言葉を繋ぐのは難しいかもしれません。まずは言葉の面白さを感じて絵の世界に入り込んで遊んでみましょう。その過程でママさんマンボウだけでなく、様々なマンボウが出現すると面白いですね。身近な人物やいつも遊んでいるものになりきって身体表現する経験が今後の表現のもととなるでしょう。子供の心に寄り添い、豊かな表現を引き出すのが保育者の役割です。

5歳児になると語彙も増え、少し長いフレーズの言葉遊びができるようになります。そこでも、擬音語は言葉の特徴を表現するのに楽しく有効に用いることができます。

（佐野仁美・坂井康子・安達多佳子・古塚聡子・宇野晴菜）

3　おすもうさんに なりきろう

実践の概要

作 / かがくい ひろし　講談社　2008

『はっきよい畑場所』

ながね富士、さつま波、きゅう竜、すい海、たまね錦、だいこの嵐、にんじ若、なすび里。大相撲畑場所の千秋楽。「はっきよ～い、のこった、のこった！」野菜たちのお相撲がはじまります…。取り組み中に玉ね錦の皮がむけてつるりん。きゅうりのイボイボがいたくて相撲にならなかったりとハプニングが続出。おもわずぷっと吹き出してしまうくらい楽しい絵本です。

遊びが広がる表現活動のポイント

お相撲は多くの子供たちに知られています。子供にとってお相撲は好きな遊びですね。ここでは、お相撲遊びを二例取り上げます。一例は、実際にお相撲で友達と対決、もう一例は、絵本の愉快な感じをそのままに、グループでなりたいもの（力士）を決めて、グループ対決のなり切り遊びをします。

お相撲について知っていることを話し合う

日常の生活の中で、お相撲をテレビで見たりして、どんな風だったか、塩をまくことや行司さんの様子などを話し合いましょう。

・お相撲を知らない場合は、イメージできるように写真などを使って工夫する。

小道具を用意する

特に年少の子供にとって、小道具は保育に熱中できるための必須アイテムです。軍配を持つだけで気持ちは行司さんになり切ることができます。

・塩に見立てた紙きれや行司の軍配を作って、お相撲の気分をだそう。

4歳児を対象にした実践

表現２－（1）（4）／人間関係２－（6）／環境２－（4）／言葉２－（9）

1　実践のねらい

（1）野菜たちの特徴を活かしたかけ声や気合いの言葉の面白さを感じ合う。
（2）自分も野菜や果物になって友達と一緒にかけ声や気合いの言葉を唱え、相撲を楽しむ。

2　実践の流れ

・絵本の言葉や動きを友達と一緒に口ずさみ、楽しむ。
・好きな野菜や果物になって、自分なりに身体で表現する。
・友達の表現の面白さに共感したり、友達と相撲をする楽しさを感じる。

3　実践事例

全時間 25分

時間	環境構成	○幼児の表現活動	◇教師の援助
10：30	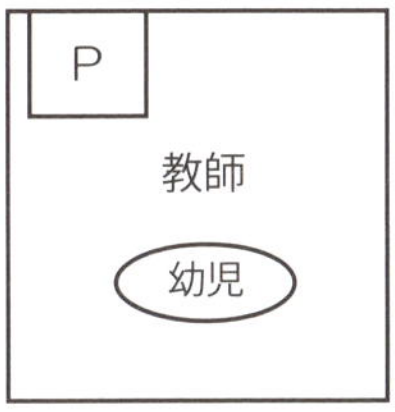	○絵本『はっきよい畑場所』を見る。 ・保育室の中央に集まる。 ・静かに話を聞く。 **キ**　感じたことをつぶやく。 ・一緒に言葉を口ずさむ。	◇リズミカルに楽しく、幼児に心地よい速さで読む。 ・どの幼児も絵本が見える位置に座っているか確認をする。 ・絵本を見て感じた幼児の気付きや、つぶやきに共感し、受け止める。 ・場面に合わせてゆっくり頁をめくったり、間をとったりして、話の展開に期待が持てるようにする。
10：35	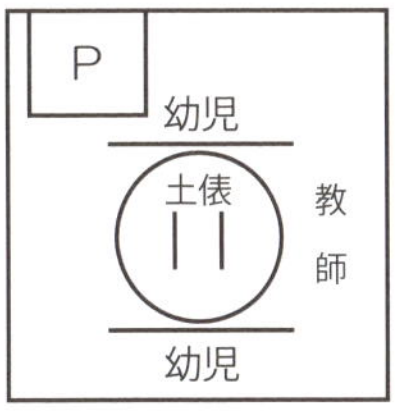 ・伸び伸びと体を十分に動かせるように場を広げる。 ・紙で作った塩を用意する。	○取り組み前の動きをオノマトペを唱えながらやってみる。 ・「ずん！」「ぱらぱら」 「そーれ、よいしょ！」 「見合って見合って～」	◇取り組み前の動きをオノマトペを唱えながらやってみることを伝える。 ◇動きを真似てみることで、流れがわかり、楽しさや面白さを共有できるようにする。 ◇動きの面白さやオノマトペを唱えながら表現する楽しさや気合いを入れる力強さを感じられるようにする。
10：40			・面白い表現や気持ちが込められている表現などを広め、より相撲の遊びを楽しく盛り上げる。

10：55		○2チーム に分かれ、チーム戦で相撲をする。 ・子供たちがなっている野菜の特徴から、かけ声の表現を考え合い、オノマトペを唱えながら体を動かすことを楽しむ。 **デ**　オノマトペを唱えながら取り組みの表現をする。 **カ**　それぞれに好きな野菜や果物になって順番に相撲をする。	◇2チームに分かれて取り組みをすることを伝える。 ・同じチームの友達を応援したり、勝った時には一緒に喜び、負けた時には一緒に悔しがったりしている幼児に共感していく。 ・取り組み前のかけ声や動きに、オノマトペの強弱をつけて楽しんでいる幼児の姿を受け止め、周りに広める。 ・自分なりに動きを工夫したり、一生懸命取り組んでいる姿を認める。 ○チーム戦の結果を発表する。 ◇オノマトペを唱えながら、楽しく遊べたことを喜び、次回への意欲に繋げる。

5歳児を対象にした実践

表現　2－（1）・（4）／環境　2－（8）／人間関係　2－（9）

1　実践のねらい

絵本のオノマトペの面白さを感じながら、リズムに合わせて体を動かしたり、友達と考えたことを表現したりする楽しさを味わう。

2　実践の流れ

・絵本の言葉や動きを友達と一緒に口ずさみ、楽しむ。
・好きな野菜や果物になって、自分なりに身体で表現する。
・言葉やリズムを感じて、体を揺らす。
・グループに分かれて野菜になって体を動かしたり、音を出したりする。
・友達の表現の面白さに共感したり、友達と相撲をする楽しさを感じる。
・お相撲のやりとりの続きを考えてやってみる。

3　実践事例

時間	環境構成	○幼児の表現活動	◇教師の援助
10：00	P 教師 幼児 ・互いの表情や動きが見えやすいように、椅子を後ろに少し下げて座る。	○絵本『はっきよい畑場所』を見る。 ・保育室の中央に集まる。 ・教師の言葉に合わせてかけ声を口ずさむ。	◇オノマトペのリズムの面白さを感じながら絵本を味わうことのできるように、リズミカルに読んだり、絵本を揺らしながら強弱をつけて読んだりする。 ・互いの表情や動きが見える場所に座れているかを確かめ、落ち着いて遊びを始められるようにする。
	・お相撲の表現が楽しめるように、十分な広さを確保する。	○野菜になって表現遊びをする。 デ　グループごとに野菜になってかけ合いをする。	◇友達と呼吸を合わせて押したり引いたり、拍をとったりしている幼児の思いを受け止めて、その楽しさに共感する。
		○　エルマーの登場人物になって、いろいろな相撲の表現遊びをする。	◇エルマー（生活発表会で『エルマーの冒険』の劇遊びを行った）の登場人物ならどんなお相撲をするのか、期待を膨らませられるように声をかける。
		カ　グループに分かれてエルマーの登場人物のお相撲の仕方を考える。 ・考えたリズムやオノマトペをやってみる。	◇幼児が考えたリズムやオノマトペを共に唱えながら、リズムや言葉の面白さを感じたり、友達の工夫していることに気付いたりしている幼児を認めていく。 ◇友達の考えた勝ち方・負け方の面白さを感じ、思ったことを伝えられるように見守り、全体で共有していく。
10：30		カ「すいかい」のように、勝負の行方のお話を考えてやってみる。 ・友達の表現を見て感じたことや気付いたことを伝え合う。	◇それぞれの良さや違いに気付くことのできるように、思いを引き出し見守っていく。 ◇次回の遊びに期待がもてるように話をする。

4　見立てとなり切り

見立て遊びやなり切り遊びにおいて、特に3、4歳児にとって小道具やかけ声は必須です。軍配を用意したり、床に丸を書くだけで取り組みの気分が高まり、クラス全員がお相撲に熱中していきます。

5歳児は小道具が無くても頭の中でイメージを広げ、前に遊んだことをもとに、どうやったら友達と楽しく遊べるかを考えることができるようになってきます。皆で共有できるキーワードの使用もいいですね。

（坂井康子・山本由佳梨・木徳友利恵）

4　おもちゃになりきって動きで表そう　4歳/5歳

実践の概要

『いちにちおもちゃ』

作 / ふくべ あきひろ　絵 / かわしま ななえ
PHP 研究所　2009

一日、いつも使っているおもちゃになってみたらどうなるかな？

いちにちくれよん。紙にこすりつけられて、いたたたた～。いちにちコマ。ぐるぐる目がまわってきもちわるい。いちにちぬりえ。ぐちゃぐちゃにぬられて、変な顔。けんだま、ピーヒャラぶえ、カスタネットに鉄道模型……。いろいろなおもちゃになってみるお話です。おもちゃってたいへんだなぁ。

楽しいオノマトペとおもちゃになりきった少年の驚きの絵に出会えます。頁をめくるたびに笑える愉快な絵本です。

遊びが広がる表現活動のポイント

あれこれ皆で違うおもちゃになってみて、どんなおもちゃか当てるのも楽しいですが、どのおもちゃになってみるか先生が決めておくと、子供同士でお互い見比べたりすることができ、保育が深められます。

ここでは「コマ」を選んで、「コマ」になりきって遊んでみます。

コマに親しむ　実践事例（1）

色々などんぐりを拾いに行ってどんぐりゴマを作ったり、友達とコマを回して遊んだり競争したりして、コマに親しみましょう。

・公園や遠足など、思い出に残るどんぐりひろいにでかける。

珍しいコマの動きを楽しむ　実践事例（2）

コマとコマが当たったり、ころがって行ったり、友達のコマがどのように回っているのか、コマの動きを見て楽しみましょう。

・どんぐりひろいの絵や、作ったコマが回っている絵を描いたり、コマに親しむ機会をつくる。

4歳児を対象にした実践

表現 2－（1）（4）（8）／人間関係 2－（7）／言葉 2－（9）

1 実践のねらい

絵本『いちにちおもちゃ』を読み、自分でおもちゃになって体を動かしたり、友達と表現したりする楽しさを味わう。

2 実践の流れ

・絵本のコミカルな表現やオノマトペを楽しむ。
・自分がコマになって体を動かしたり、オノマトペを唱えたりして楽しむ。
・友達と一緒に表現したり、友達の応援を受けながら表現する楽しさを感じる。

3 実践事例 （1）

時間	環境構成	○幼児の表現活動	◇教師の援助
9：30	P 教師 幼児	○絵本『いちにちおもちゃ』を見る。 ・教師の周りに集まる。 ・静かに話を聞く。 ・一緒に言葉を口ずさんだり笑ったりする。	◇落ち着いて話が聞けるように声をかけ、絵本を読む。 ・どの幼児も絵本が見える位置に座っているかを確認する。 ・コミカルな動きやその動きに合わせたオノマトペの面白さに共感していく。
	・伸び伸びと表現できるように椅子を後ろに下げて、場を広くしておく。	○絵本に出てきたおもちゃになって遊ぶ。 ・コマになって体を動かす。	◇全員でコマになって体を動かして表現し、絵本に出てきたコマと同じ動きをする楽しさや面白さに共感したり、自分で考えたコマの動きを試している幼児を認めたりする。 ・自分なりに工夫している幼児の表現を見合う機会をもち、友達の工夫に気付いたり認めたりできるようにする。
		デ 自分のなりたいおもちゃの表現をする。 ・友達の表現を見合う。 キ 感じたことを伝え合う。	・自分のなりたいおもちゃをみんなの前で表現する楽しさや、みんなに認められる嬉しさに共感する。また、周りの幼児とともに、表現する幼児の気持ちが盛り上がるように声をかけたり、オノマトペを唱えたりする。
10：00			◇楽しかった思いを受け止めながら、次回の遊びにも期待がもてるように話す。

5歳児を対象にした実践

表現　2－(1)(4)(8)／人間関係　2－(7)／言葉　2－(9)

1　実践のねらい

おもちゃの一日にイメージを広げながら、友達と表現する楽しさを味わう。

2　実践の流れ

・興味をもったおもちゃの一日を考えて、表現する。
・コマになって友達とイメージを膨らませながら、体で表現して遊ぶ。
・コマの回る音を考える。

3　実践事例（2）

時間	環境構成	○幼児の表現活動	◇教師の援助
11：00	P 教師 幼児	○絵本『一日おもちゃ』を見る。 ・保育室の中央に集まる。 ・友達の表情や動きが見えやすいように座る。 ・静かに話を聞く。	◇リズミカルに楽しく、幼児が心地よいと感じる声や速さで読む。 ・場面に合わせて間を空け、話の展開に期待が持てたり、幼児のつぶやきが生まれたりするのを待つ。
	・伸び伸びと表現できるように椅子を後ろに下げて、場を広くしておく。	キ　絵本の絵やお話の筋から想像したり感じたりしたことをつぶやく。 ・友達と一緒に言葉を口ずさむ。	◇絵本を見て感じた幼児の気付きや、つぶやきに共感し、受け止める。 ・自分なりに考えたり、感じたりしたことが伝えられるように笑顔で見守ったり、幼児の表現を引き出したりする。
11:10		○コマになって遊ぶ。 カ　自分の考えたコマになる。 ・友達の表現を見て真似る。 ・友達がどんなコマになっているか考えてみる。 カ　コマの回る音を考える。	◇幼児の興味をもったおもちゃの中から、身近なよく遊んでいるコマになることに誘いかける。 ◇よく回るコマやぶつかったコマなど、自分の考えたコマになって表現しようとしている幼児を認め、広める。 ・自分なりの表現を工夫しようとしている幼児を見逃さずに認めていく。 ◇友達の表現の面白さを受け止めて、真似て一緒に表現する楽しさが味わえるようにする。

			◇友達のコマの表現を見て、どんなコマになっているか、イメージしたり、回るときの音を考えたりできるように投げかける。
		カ　グループで表現する。 ・力を合わせてコマになろうとする。 ・タイミングを合わせて回る。	◇グループで考えた動きを一緒にしたり、よさに気付いたり、考えたりする楽しさが味わえるようにしていく。 ・友達とひとつの大きなコマになったり、それぞれが別々のコマになったり、グループで考えたコマになっている幼児を認めていく。 ・息を合わせられるように声をかけ合ったり、目と目で合図を合わせたりしようとしている意欲を認める。
11:30			◇楽しかった思いに共感し、次の意欲に繋げる。

4　「いちにち…」シリーズで遊ぼう

『いちにちおもちゃ』の絵本のほかに、『いちにちどうぶつ』『いちにちのりもの』『いちにちぶんぼうぐ』などがあります。どの絵本でも、絵をみただけで主人公の少年と一緒になって体を動かしたくなり、思わず声をあげてしまいます。

■『**いちにちどうぶつ**』では、かわいい動物になった主人公の少年が、頁をめくると「しらなかった～」とその動物の意外な生態にびっくりしている様子が描かれていて、絵の面白さに笑ってしまいます。ヒマワリの種を食べるリスの頬が大きく膨らむ様子、ムササビが 100 メートル以上も滑空する様子などの楽しい絵をみていると、動物になりきって動いてみたいと思える絵本です。

■『**いちにちのりもの**』では、主人公の少年がショベルカーになったり、ロープウェイになったり、乗り物がどんな仕事をしているのかを体験している様子が少し大げさで、あり得ないことばかりだけれど、きっと子供たちは乗り物になった自分をイメージできるだろうなと思えます。

■『**いちにちぶんぼうぐ**』には、メジャーや鉛筆削りなどの身近な文房具がでてきます。鉛筆削りになって腕をぐるぐるまわしたり、3 色ボールペンを友達同士 3 人で演じてみたりすることも面白いと思います。

（坂井康子・三ヶ尻桂子・古塚聡子）

5　応援合戦で言葉のかけ合いを楽しもう

5歳／小1

実践の概要

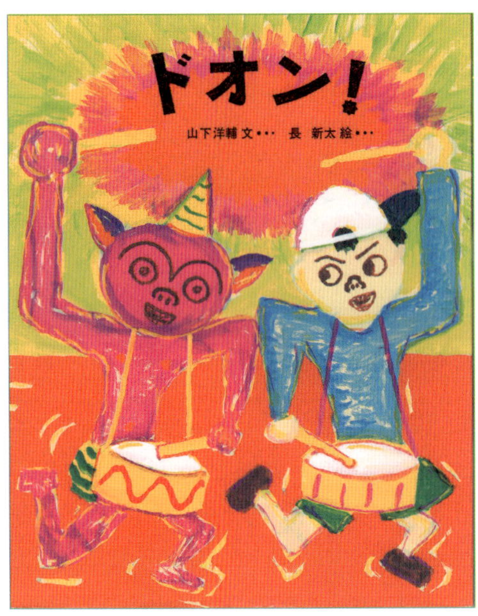

作／山下洋輔　絵／長 新太　福音館書店
1995

『ドオン!』

いたずらがひどくて家を追い出されたオニの子ドンと人間の子こうちゃん。たいこを持って出会った二人は「なんだよ、おまえ」「ドン！」「やったな」「ドンドコドンドン！」

そこへ、「こうちゃんになにをするの」とお父さんとお母さんが出てきて、「ドンドコドンドコ」「ドカシャバドカシャバ」。猫や犬、ニワトリや牛も応援にやって来て、「ニャンタカタン、ワントコトン、コンコココンココ、ドーンモウモウ」と大騒ぎ。ところが、突然皆の音が「ドオン！」と一つになると……、「ああ、おもしろかった！」と仲直りができました。

遊びがひろがる表現活動のポイント

子供たちが自分で作ったオリジナルうちわを持って楽しく応援合戦に臨めるように、持ちやすい少し小さいサイズの白無地のうちわを用意しましょう。自分で絵を描いたり、テープを貼ったりした応援グッズがあれば、気持ちが高まります。友達を応援する楽しさや、友達から応援してもらう嬉しさを味わい、クラスの絆を深めましょう。

応援に用いるオリジナルうちわを作る

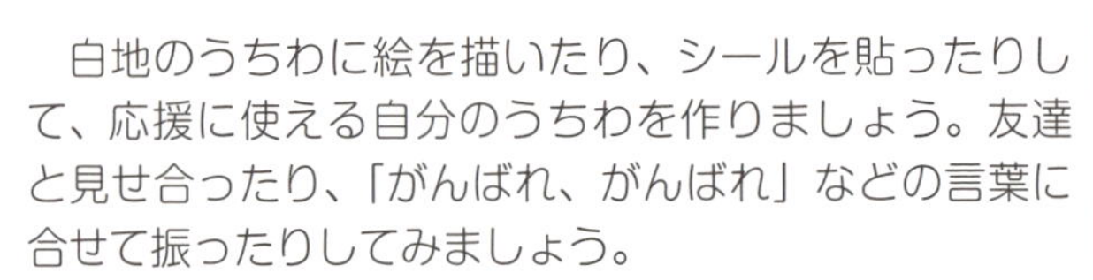

白地のうちわに絵を描いたり、シールを貼ったりして、応援に使える自分のうちわを作りましょう。友達と見せ合ったり、「がんばれ、がんばれ」などの言葉に合せて振ったりしてみましょう。

・白無地の子供用うちわを人数分用意しておく。（1 本６～70円くらいで、インターネットで購入できる）。

運動会のリレーやしっぽとりゲームなどで、友達を応援する

運動会が近い場合は、かけっこやリレーの練習時、日常の場面ではしっぽとり遊びなどをする時に、「がんばーれ、がんばーれ、○○ちゃん」「みんな・みんな・がんば・れっ」などリズムにのって声を合わせてみると、気持ちも一つになり、応援を楽しむことができるでしょう。

・運動会のリレーやかけっこの時、あるいは日常のしっぽ取りゲームの時など、皆で声を合わせて友達を応援する。

5歳児を対象にした実践

表現　2－（1）（4）　環境／2－（4）／人間関係　2－（7）

1　実践のねらい

（1）友達と応援の言葉や動きを考え合いながら、応援する楽しさや応援される嬉しさを味わう。
（2）言葉のリズムを感じながら体を動かすことを楽しむ。

2　実践の流れ

・１週間ほど前から絵本に親しみ、応援用のうちわを作る。
・しっぽとり遊びやリレー遊びをする中で、応援したりされたりする楽しさや嬉しさを感じる。
・クラスごとに考えた応援のかけ合いを楽しむ。
・グループで応援のリズムにのった言葉や動きを考える。
【準備】白無地の子供用うちわ人数分（１本６～70円くらいから）、ミラーーテープ、マジック、クレパス、色紙など。

3　実践事例　（1）

時間	環境構成	○幼児の表現活動	◇教師の援助
10：30	・互いのクラスの友達の表情や動きが見えやすいように、向かい合って座る。	○クラスで考えた応援をやってみる。 ・遊戯室にクラスごとに集まる。 力　考えた応援を見せ合う。 ・応援のかけ合いをする。	◇それぞれのクラスで考えた応援の違いや面白さに気付けるように、思ったことを引き出したり、他児に広めたりする。 ◇友達の考えたリズムや応援の面白さを感じられるように、幼児と共にかけ合いを楽しみ、共感していく。
	・大きく体を動かして取り組めるように、芝生広場に移動する。	○しっぽとりをする。 ・ 応援したり、応援を聞いてしっぽとりに挑戦したりする。 ・思ったことを出し合う。	◇しっぽとり遊びをするため、芝生広場に誘導する。 ・友達のことを進んで応援している幼児の気持ちを受け止め、クラスの幼児へ思いを繋いでいく。 ・友達を応援する楽しさや応援してもらう嬉しさを感じられるように、思ったことを出し合い、共感していく。
10：55	・チームの友達の顔を見て話し合えるように丸くなって座る。	○リレーの応援を考える。 ・リレーのチームごとに座る。 力　リズミカルな応援の言葉を考える。	◇リレーの応援を考えることを伝える。 ・友達と考えを出し合いながら、リズムに合った応援の言葉を考えている様子を見守ったり、そのグループの様子に合わせてヒントを出したりしていく。

		○みんなの前で発表する。 **テ**　全員で友達の考えた応援の言葉を声に出してみる。	◇考えた応援を友達と一緒に声を出し合いながら表現しようとしている意欲を認める。 ・他のグループが考えた応援を一緒に行い、友達のグループのよさに気付いたり、応援したりする楽しさが味わえるようにしていく。
		カ　リズミカルな応援の言葉に動きを付けて工夫する。	◇うちわを使って全身で応援している幼児を認め、他児への刺激とする。 ・それぞれのグループの動きの工夫を認め、広めていく。
		○タイミングを合わせて応援をする。	◇教師の合図をよく見ながら、うちわでリズムをとろうとしている幼児を認め、全員が息を合わせて応援する心地よさが味わえるようにしていく。
11：20		○それぞれのチームが考えた応援をつなげる。	◇考えた応援が、リレーやしっぽとりなどの場面で友達を応援しようという気持ちに繋がるようにする。 ◇応援の締めが合うように、絵本の最後の場面を思い起こすように声をかける。

写真１　相手クラスを応援する

写真２　子供たちが作った応援うちわ

写真３　グループで応援の言葉を考える

4　実践過程での子供たちの姿

応援のうちわを作った後、「がんばれ、がんばれ、すみれ組」「がんばれ、がんばれ、さくら組」などと言葉を考えて、友達と応援する姿が見られました。また、隣のクラスから応援の声が聞こえて来ると、「応援している！」と保育室から飛び出し、相手のクラスの声に続いて言葉をかけ合う姿も見られました。作ったうちわの顔が相手によく見えるように動かす子供たちの姿もとらえられました。

5　小学校への接続

幼稚園では応援合戦を楽しみ、拍にのって言葉をかけ合うことが出来ました。小学校では、絵本『ドオン！』を題材として、リズミカルな言葉のかけ合いを楽しむ「まねまね合戦ゲーム」を考案し、小学1年生の音楽科の授業において実践をしました。初めのうちは戸惑う姿も見られましたが、次第に要領を理解して、手を打ったり、ジャンプをしたり、自分なりの表現ができるようになりました。審判チームの「まねまね・がっせん・Aチー・ム●」の呼びかけの後には、「ソレ」「ハイ」などの合いの手が自然に入れられ、リズミカルな日本語を用いてタイミングよくかけ合う面白さを体験することが出来ました。

■実践の流れ

ねらい：即興的にリズミカルな言葉を繋げ、かけ合いの面白さを体験する	
○児童の学習活動	◇指導者の支援　◆評価
○『ドオン！』の絵本を見る。 ○絵本から取り出した数種類のオノマトペを声に出して動く。 ・教師の真似をして、動きをつけてテンポよくリズミカルな言葉を表現する。	◇絵本を読み、児童と一緒に声を合わせたりする。 ◇教師がオノマトペを声に出しながら動きを伴って表現する。 ・絵本から数種類の太鼓の音（オノマトペ）を取り出し、ホワイトボードに貼る。 ・オノマトペを声に出し、動きを伴って表現する。 ◇新しいオノマトペを使ったモデルを示す ・「カキーン・タッタカ・タッタカ・シュッ」など ◇オノマトペについて説明する ・「今のドンドコとか、雨がザアザア降るとか、ピョンと跳ぶのような言葉をオノマトペと言います」
○教師の提示する動作に相応しいオノマトペを考える。 ○クラス全員で「まねまね合戦ゲーム」を楽しむ。	◇跳ぶ、回るなどの動作を提示して、相応しいオノマトペを考えるよう、指示する。 ◇【まねまね合戦ゲーム】※1について説明をする。 ◆即興的に言葉をリズミカルに繋げて、かけ合いを行うことができている。

※1【まねまね合戦ゲーム】について

①7人ずつくらいでA・B・Cの3チームに分かれ、A、Bチームが対戦し、Cチームが審判をする。
②「まねまね・がっせん、Aチー・ム！」と審判チームがリズミカルに声を合わせる。
③Aチームの最初の児童が「トントコ・トントコ・ドコドコ・ドン！」など声と動作で表現し、Bチームが真似をする。これを7人続ける。
④AとBが対戦しCが審判をする。表現するチームはリズムにのって表現が続いているか、真似するチームは上手く真似できているか、等を評価の観点とする。A対B、A対C、B対Cと3回戦行う。
⑤判定は審判の拍手の大きさによって、教師が決める。
■クラスの人数が多い場合は、半分に分け、応援団を作る。

写真4　対戦する児童たち

（岡林典子・坂井康子・古塚聡子・木徳友利恵・山崎菜央）

6　いろいろな文字数の言葉で、拍やリズムを感じ取ろう

第 1 学年　音楽科・国語科・図画工作科

 実践の概要

文 / 寺村輝夫　絵 / 和歌山静子
デザイン／杉浦範茂　理論社　1979

『あいうえおうさま』

家来とケンカをしたり、落書きをして叱られたりと、やんちゃで愉快な王さまが次々と起こすできごとを「あ」から「ん」までの50音作文の形で紹介していく絵本です。50音の文字と様々な言葉を、軽快なリズムにのせて楽しみながら学べます。ついには、UFOを発見して写真を撮ったのに、皆ピンぼけだったなんて、私たちの周りにもいそうなおじさんですね。少し長い絵本ですが、最後まで王さまが何をやらかすのか、いつのまにかページをめくってしまいます。

 物語の読みと表現活動のポイント

子供たちは、初めて学校という場でひらがなを学ぶとき、言葉の韻律や発音、発声の面白さを感じるより、書くためのトレーニングと考えてしまう。しかし、本題材で取り上げる絵本は視覚的に楽しく、音読した時には、聴覚的なリズムも味わえる。そのため、子供たちは感じたことを声に出したり、絵に表したり、色に表したりすることができ、国語科だけでなく音楽科や図画工作科との間で内容を繋げることができる。

王さまやひらがなに親しめるようにする

『あいうえおうさま』の世界にスムーズに入り込めるように、『王さまシリーズ』（理論社）や『王様ABC』（理論社）などを事前に読み聞かせをしたり、学級の文庫に並べて紹介をしたりする。また、『あいうえおだよ』（角川春樹事務所）、『あいうえおん』（くもん出版）などの絵本を使って、ひらがなそのものの音やひらがなで構成される言葉の面白さに親しませる。

- 「ゲームに　まけて　けらいに　けちつけ　けんかになって　けがした　おうさま」など、子供たちが絵本の中の文章に軽快な調子やリズムを感じ取ることができるように読み聞かせる。
- 文章にどうして軽快な調子やリズムを感じるのか、文章の区切り方を調べたり、その言葉の文字数を数えたりして考える。

一つの教材で横断的学びを実現する

異なる教科の学びが繋がっていることを児童が実感できるように、『あいうえおうさま』の絵本を多角的な視点から取り上げ、その読み聞かせから国語科、図画工作科、音楽科へと繋げていく。それぞれの教科の中で、絵本に出てくる50音作文の文章や物語、絵の描写、言葉の調子やリズムなどを感じ、自分の表しやすいように工夫して表現する。

授業の構想と実際

1　題材の概要

●音楽科

本題材では、音楽の教科書『おんがくのおくりもの１』（教育出版）の中の《フルーツケーキ》や《どんなゆめ》といった歌を教材とした歌唱活動（歌唱；指導事項イ）と、言葉を拍やリズムに当てはめて様々なリズム・パターンをつくる活動（音楽づくり;指導事項ア）を中心に扱う。低学年の子供はリズム感覚を中心に発達する時期と言われており、手拍子によるリズム打ちや体を使って「感じる」経験を重ねることで音楽自体の構造を発見したり、他者と協働して行う音楽活動の楽しさを味わったりする。

この題材で取り上げる絵本や歌唱教材は、特に言葉のリズムを感じ取りながら読んだり歌ったりすることができる。活動の最後では、自分たちが選んだ言葉を４拍子の流れの中で唱え合いながら、その言葉のリズムや言葉の高低アクセントの面白さを味わうことをねらいとする。

2　題材の指導目標

(1) 歌唱教材《フルーツケーキ》や《どんなゆめ》を歌い、その中に出てくる「いちご」「ばなな」「さくらんぼ」や「おひさま」「ふゆのひ」などの言葉を拍やリズムに注目しながら表現する。（思考力、判断力、表現力等）

(2) ３文字や４文字、さらには５文字以上のひらがなを組み合わせて様々な言葉をつくり、それらを声に出して発音することで、リズムや高低アクセントの面白さを味わう。（学びに向かう力、人間性等）

3　題材の評価規準

教科	知識・技能	思考・判断・表現	主体的に学習に取り組む態度
音楽	・「ひらがな」を組み合わせてできた言葉の音節に基づく拍を感じようとしている。	・自分の考えた言葉のリズムと歌唱した教材のリズムの特徴をとらえようとしている。 ・歌唱するときに自分なりの思いや意図を持って歌おうとしている。	・身近にある言葉や歌のリズムに関心を持ち、自分なりの見方や感じ方を深めようとしている。

4　題材の指導計画

題材指導計画	全５時間	音楽科
	第一次 (2 時間)	・歌唱教材《フルーツケーキ》の範唱を聞いて歌えるようにする。 ・歌詞に出てくる「いちご」「ばなな」「さくらんぼ」の言葉を拍やリズムに注目し工夫して表現する。

⬅

全４時間	国語科
第一次 (2 時間)	・絵本『あいうえおうさま』を読み聞かせし、ワークシートでひらがなの復習をする。この際ひらがなの書き順や 50 音の並びも確認する。 ・2、3、４文字の言葉あつめをし、グループごとに発表し合う。

	第二次 （2時間）	・歌唱教材《どんなゆめ》を範唱を聞いて歌えるようにする。 ・歌詞に出てくる「おひさま」「ふゆのひ」の4音節の言葉を4拍子の流れの中でリズムカルに表現する。
	第三次 （1時間）	・《フルーツケーキ》や《どんなゆめ》に出てきたような3文字（音節）や4文字、さらには5文字以上の言葉を選んで、それらを声に出して唱えたり、『あいうえおうさま』の文章のようにつなげたりして、リズムや高低アクセントの面白さを味わう。

	・出てきた言葉は皆で共有できるように板書し、声に出して読む。
第二次 （2時間）	・集めた言葉を自由に使って想像したお話を作文し、発表する。

全2時間	図画工作科
第一次 （2時間）	・国語科の第二次で作文したお話の情景を色鉛筆でワークシートに描き、友達と鑑賞し合う。

5　本時の展開（第二次第1時）

（1）本時のねらい

・3文字（音節）や4文字、さらには5文字以上の言葉を集めて、それらを手拍子やリズム楽器を打ちながら拍に合わせて唱える。（知識及び技能）

・拍の流れを感じながら、自分たちの選んだ言葉のリズムや高低アクセントを感じ取ったり、表現の工夫をして唱えるなどの活動を通して、言葉の特徴や面白さを味わう。（思考力・判断力・表現力等）

（2）本時の展開

分節	○児童の学習活動	◇指導者の支援　◆評価
Ⅰ導入	○前時で取り上げた《フルーツケーキ》や《どんなゆめ》を歌う。 ・歌に出てきた「いちご」「さくらんぼ」「おひさま」などの言葉の拍やリズムを確認する。	◇各教材曲の3拍子や4拍子の流れにのって「いちご」「さくらんぼ」「おひさま」などの歌詞の箇所を手拍子やリズム楽器を打ちながら歌わせる。
Ⅱ展開	知ってるくだものの名前を例に、言葉のまねっこで遊びましょう。	
	○色々な文字数（音節数）の言葉を順に唱え、その言葉を全員で模倣する。 ・「いちご」、「ストロベリー」「みかん」、「オレンジ」、「メロン」、「パイナップル」、「バナナ」、「ぶどう」、「グレープ」「サクランボ」、「チェリー」、「パパイヤ」、「もも」、「ピーチ」など。 ・手拍子やリズム楽器で一定の拍や言葉のリズムを打ちながら「言葉のまねっこ遊び」をする。	◇あらかじめ2拍子、3拍子、4拍子のリズム譜を用意し、児童から出た言葉を書いて全員に見えるようにする。 ・2拍子；も・も　いち・ご ・3拍子；み・か・ん　サク・ラン・ボ ・4拍子；パ・パ・イ・ヤ　ぶ・ど・う・● ◆拍に合わせて唱えている。（知・技）
	自分が好きなくだものの名前を2つ使って4拍子を作ってみましょう。	
	○くだものの名前を2つ選んで、その言葉を4拍子の拍に合わせて唱える。	◇4文字（音節）にとらわれずに、好きなくだものの名前を選ぶよう指示する。

Ⅱ展開	・ワークシートの○印のところに、自分の好きな２つのくだものの名前をひらがなで入れて短い文章をつくる。	・ワークシートを配付し、くだものの名前を２つ組み合わせて書き入れるよう指示する。 ・１つの○に１文字（音節）を入れるだけでなく、２文字入れても良いし、伸ばしたり休みを入れてもよいことを伝える。 ・ワークシートの記入例（４拍子） く・だ・も・の／たべ・たい・な・●／ ○・○・○・○／おい・しそ・う・●／ ○・○・○・○／○・○・○・○／ いた・だき・ます・●／
Ⅲまとめ	自分が好きなくだものの名前を２つ使って４拍子を作ってみましょう。	
	○手拍子しながら言葉を唱え、４拍子の流れの中で工夫して表現する。 ・自分なりに抑揚（高低アクセント）をつけて、思いを込めて発表する。	◆同じ４拍子の流れの中に様々な言葉を入れると、全く違った印象や雰囲気になることに注目して、言葉の拍やリズムの面白さを味わっている。（思・判・表）

6　本時（音楽科）の展開

・音楽科の授業で、子供たちは様々な言葉を声に出して発音したり、手を打ったりすることを通して、その言葉のリズムや拍節を感じることができた。そして、それらの活動を繰り返すことで、さらに表現の工夫が見られた。

・今回の読み聞かせは、一連の学習の流れの中に溶け込んでいた。また、子供が絵本の中へ入り込めるように、モニター画面などの視聴覚環境が整っていた。そのような学習環境から、「国語科・図画工作科－音楽科」という題材（単元）のつながりの中で、子供たちが『あいうえおうさま』の絵本の世界を楽しむ時間となった。国語科でひらがなの書き方が苦手な子供もこの活動の中では意欲的に取り組んでいた。また、絵を描くのが苦手だという子供も一番楽しかったのは、「絵を描くことだった」と振り返っていた。

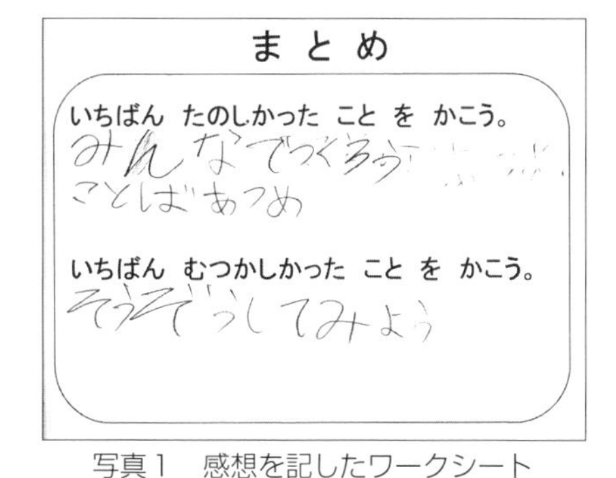
まとめ

いちばん　たのしかった　こと　を　かこう。

みんなでつくろう　ことばあつめ

いちばん　むつかしかった　こと　を　かこう。

そうぞうしてみよう

写真１　感想を記したワークシート

あんまり　ながめが　いいので　おうさま　に　あげる
え　を　かくことにしました。
ありには　どんな　もの　が　みえたかな？　そうぞう　して　かいてみよう。

写真２　絵を描いたワークシート

（ガハプカ奈美・矢追博美）

7　心に響いた一冊をブックカードで紹介しよう

第３学年　国語科・図画工作科

実践の概要

作 / 斎藤隆介　絵 / 滝平二郎
岩崎書店　1971

『モチモチの木』

光村図書　国語３年下　他
斎藤隆介作品

図画工作科と効果的に関連させる国語科「読むこと」の指導の試みです。本作品には、臆病だった豆太がじさまのために勇気を出して医者様を呼びに行く姿が描かれています。図画工作科で学んだ、色づくりや筆使いを工夫して描く学習を生かし、国語科では心に響いた場面の人物の性格や気持ちの変化を具体的に想像します。図画工作科の学習経験を生かすことで、人物の性格や気持ちの変化をより鮮明に想像できる学習になります。

物語の読みと表現活動のポイント

中学年では、登場人物の性格や気持ちの変化に着目して読むことをねらう。そこで本単元では「心に響いた一冊を『ブックカード』で紹介する」言語活動を行う。子供たちは斎藤隆介作品から一冊を選び、心に響く叙述を見付けながら、人物の性格や気持ちの変化を捉えていく。その際、図画工作科の「色づくりや筆使いを工夫して描く」学習を生かす。この学習では表したい対象の色や質感を感じながら、変化のある色づかいを楽しめるようにする。これは、人物の多面的に描かれた性格、気持ちの変化などを明確に捉えることにつながる。

Point 1　ねらいに応じた「ブックカード」の内容構成を考える

心に響いた作品を「ブックカード」で紹介する言語活動を位置付けた事例である。このカードは、①性格や気持ちの変化を基に登場人物を紹介し、②最も心に響いた叙述を引用し、③その叙述がなぜ心に響いたのかについて考えを書くという内容で構成する。これは、「C読むこと」の「エ　登場人物の気持ちの変化や性格、情景について、場面の移り変わりと結び付けて具体的に想像すること」を確実に実現するための工夫である。

・全文掲示は、複数場面の叙述を結び付けて読むために用いる。「人物の気持ちがここからこのように変わったから心に響いた。」などと説明する際に、複数の叙述を線や矢印で結んで用いると効果的。

Point 2　複数の場面や叙述を結び付けて性格を捉える

人物の多面的に描かれた性格や気持ちの変化を捉えるためには、複数の場面の叙述を関連付けて意味を見出していく必要がある。その際、どの児童も確実に場面を結び付けて読めるよう、教材全文を一覧できる掲示物（全文掲示）を用いる。

・読みを交流する際も全文シートを効果的に用いる。「同じ叙述に着目した友達と交流したい」「違う叙述を選んだ友達と交流して考えを広げたい」など、目的を明確にした交流が可能。

授業の構想と実際

1　単元の概要

●国語科

本単元では国語科第３学年及び第４学年〔思考力、判断力、表現力等〕「C　読むこと」のエ及び〔知識及び技能〕(3) エの指導に重点を置き、読書に親しみ、登場人物の気持ちの変化や性格に着目して読むことができるようにすることをねらう。そこで斎藤隆介作品から心に響く一冊を選ぶとともに、「ブックカード」に登場人物の性格や心に響く叙述とその理由などをまとめて紹介する言語活動を行う。

2　単元の指導目標

(1) 斎藤隆介作品を多読し、心に響く作品を見付けたり、交流して読書の幅を広げたりするなどして読書に親しむことができるようにする。(知識及び技能)
(2) 斎藤隆介作品を読み、複数の叙述を結び付けながら登場人物の気持ちの変化や性格を捉えるとともに、心に響く叙述とそのわけを考えることができるようにする。(思考力、判断力、表現力等)
(3) 斎藤隆介作品を読むことや心に響くところを紹介することに関心をもち、自分の好きなところやそのわけをはっきりさせて紹介しようとする。(学びに向かう力、人間性等)

3　単元の評価規準

教科	知識・技能	思考・判断・表現	主体的に学習に取り組む態度
国語	・斎藤隆介作品を多読し、心に響く作品を見付けたり、交流して読書の幅を広げたりするなどして読書に親しんでいる。	・斎藤隆介作品を読み、複数の叙述を結び付けながら登場人物の気持ちの変化や性格を捉えるとともに、心に響く叙述とそのわけを考えている。	・斎藤隆介作品を読むことや心に響くところを紹介することに関心をもち、自分の好きなところやそのわけをはっきりさせて紹介しようとしている。

4　単元の指導計画

単元指導計画

全 11 時間	国語科
第一次 (2 時間)	・斎藤隆介作品の読み聞かせを聞いたりブックカードのモデルを見たりして、ブックカードで斎藤隆介作品を紹介するための見通しと計画を立てる。 ・斎藤隆介作品から心に響いた一冊を選ぶ。
第二次 (6 時間)	・心に響く一冊の紹介に向け、「モチモチの木」のあらすじをつかみ、次時にはそれを生かして選んだ作品のあらすじをつかむ。 ・「モチモチの木」の人物の気持ちの変化を捉え、選んだ作品でも変化を捉える。 ・「モチモチの木」の心に響く叙述とそのわけを捉え、選んだ作品でも心に響く叙述とそのわけをはっきりさせる。(本時)
第三次 (3 時間)	・心に響く叙述などをブックカードにまとめ、作品について紹介し合う。

全４時間	図画工作科
第一次 (1 時間)	・木や草の色や質感、形などの特徴を感じて気に入った木や草を見付け、どこに注目して描きたいかを考えたり描いてみたりする。
第二次 (2 時間)	・水性絵の具で混色を工夫しながら、表し方を試したり、見付けたりして描くことを楽しむ。 ・枝や葉や茎の色、質感、形などに着目して受ける感じをはっきりさせ、色の変化を考えながら描く。
第三次 (1 時間)	・絵を鑑賞し合い、互いの表現のよさを伝え合ったり、表現の仕方の違いの面白さを感じ合ったりする。

5　本時（国語科）の展開（第二次第５時）

（1）本時のねらい

・「モチモチの木」について、叙述と叙述を結び付けながら読み、登場人物の気持ちの変化や性格などを基に、心に響いた理由を交流してはっきりさせることができる。（思考力・判断力・表現力等）

（2）本時の展開

分節	○児童の学習活動	◇指導者の支援　◆評価
Ⅰ導入	○本時のめあてを確認する。 ・心に響いたところは見付けられたけれど、なぜそこが自分の心に響いたのかはっきりさせたいな。	◇作品を紹介することに向けて、自分がなぜ心に響いたと感じたのか、理由をはっきりさせるために学ぶという目的を確認する。
	人物の人柄や気持ちの変化に注目して、心に響いたところについて交流し、その理由をはっきりさせよう	
Ⅱ展開	○心に響いたところとその理由について、自分の考えを書いてみる。 ・ここが一番心に響いた文だよ。 ・はじめは・・・だったけれど、ここで～～に変わった。これが心に響いた理由かな。 ○心に響く理由をはっきりさせる方法を確かめるために、グループで交流する。 ・友達は自分と違う結び付け方を見付けているな。 ○心に響く理由をはっきりさせるため、全文掲示を活用し、交流してみたい友達を見付けて交流する。 ・「豆太は泣き泣き走った。」が心に響くけれど、理由がはっきりしないな。同じところを選んだ友達と交流してみよう。	◇複数の叙述を結び付けて性格や気持ちの変化を捉えて、心に響く理由を明確にさせる。 ◇物語全体の叙述相互の関連を捉えやすくするため、「モチモチの木」全文を１枚に収めた「全文シート」を活用する。その際、結び付くと思われる複数の叙述を線や矢印で結び、視覚化させる。 ◇どの児童も心に響く叙述とその理由をはっきりさせることができるよう、グループでの交流を位置付け、複数の叙述を結び付けて解釈を発見するというイメージを共有させる。 ◇教室前方の黒板に掲示した全文の拡大コピー（全文掲示）を活用し、児童一人一人の目的を明確にして交流を進められるようにする。 ◇児童の状況に応じて、一人の児童の読みを取り上げ、交流相手をどのように見付ければよいのかを共通理解できるようにする。
Ⅲまとめ	・「豆太は泣き泣き走った。」を選んだのは同じだけれど、結び付ける文が違う友達もいるな。どう考えたのか聞いてみよう。 ○心に響いたところとその理由をまとめる。 ・臆病だった豆太が、勇気を出せたところだから「泣き泣き走った」が心に響いたよ。 ○次時の学習への見通しを立てる。 ・今日「モチモチの木」で学んだことを生かして選んだ本についてまとめればいいんだな。	◇図画工作科で、一人一人の表現の仕方の違いの面白さに気付いたことを想起させ、一人一人の解釈の仕方の違いの面白さを味わわせる。 ◆登場人物の気持ちの変化や多面的に描かれた性格などを複数の叙述を結び付けて捉え、心に響いた理由をはっきりさせている。（思・判・表） （全文シートの矢印や書き込みを元に評価する。） ◇次時への見通しをもつことで、選んだ作品の紹介に向け、意欲をもつことができるようにする。

6　授業の実際

(1) 交流の必要性を自覚するめあての設定の工夫

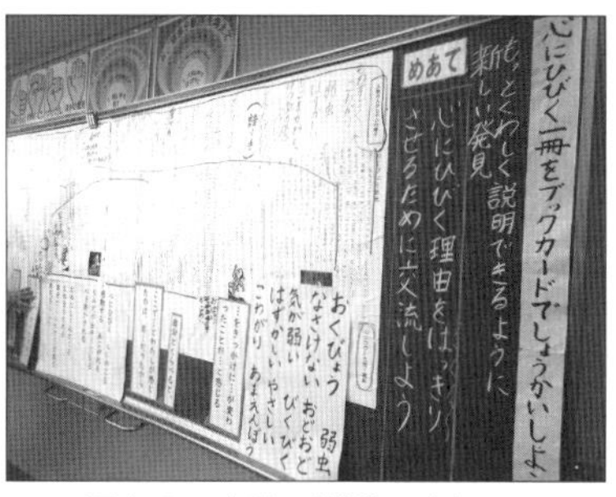

写真１　本時の学習のめあて

本時の学習では、めあてとして「心に響く理由をはっきりさせる」ことを設定した。このめあてが、単元全体のめあてである「心に響く一冊を『ブックカード』で紹介する」言語活動と密接に結び付くものとなることが重要である。このことによって、本時の学習で「心に響く理由をはっきりさせる」ことの目的が明確に自覚できるようになるからである。そこで学習のめあての提示の際には、単元を通しためあてと本時のめあてとをセットにして提示した。また本時に交流する目的が、「心に響く理由」を交流を通してよりはっきりさせることであることを明示し、交流の目的がどの児童にも理解できるようにした。

(2) 複数の叙述を結び付けて読むための全文掲示

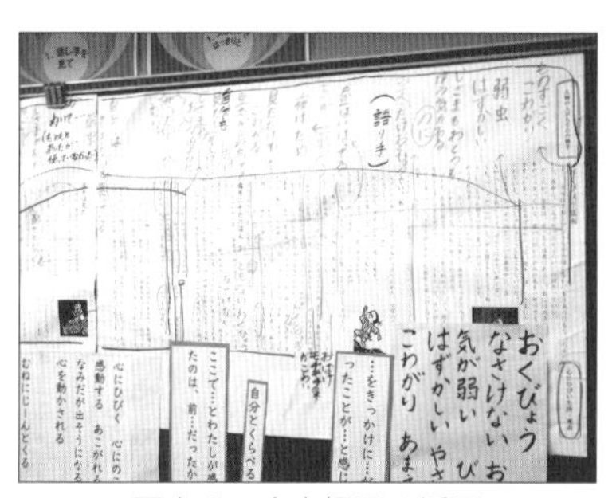

写真２　全文掲示の活用

本事例では、全文掲示を活用した。これはどの児童も、本単元のねらいとする、複数の叙述を結び付けて、登場人物の気持ちの変化や性格を捉えることができるようにするための指導の手立てである。登場人物の性格は、物語の展開全体を通して一貫して描かれる場合と多面的に描かれる場合とがある。いずれの場合も一つの叙述だけではなく、複数の叙述を結び付けることでより具体的に想像して読むことができる。本時の指導では、複数の叙述を結び付けて読むことを、線や矢印で結び付けて視覚化することによって、どの児童も理解できるようにした。

(3) 目的を明確にした交流の指導

写真３　互いの読みを交流

子供たちは、作品の紹介という単元のゴールを見通しながら、自分が見付けた心に響く叙述を紹介し合ったり、そのわけをグループやペアの友達と相談したりしながら明らかにしていくことができた。同じ叙述が心に響く児童どうしでも、叙述の結び付け方で解釈や感じ方の違いがあることが分かり、その面白さを味わうことができた。これは、本実践に先立って行った図画工作科の学習において、一人一人の表現の違いやそのよさを味わう学習経験が生きていたものと考える。さらに子供たちは、「モチモチの木」で身に付けた読む能力を発揮して、選んだ作品を読み込み、心に響く叙述とその理由を明確にして紹介することができた。

（水戸部修治・城綾子）

8　音楽と言葉の結び付きについて考えよう

第５学年　音楽科・国語科・社会科

実践の概要

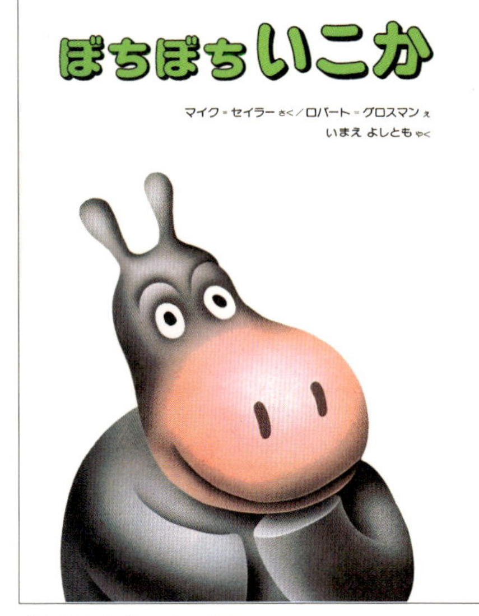

作／マイク・セイラー
画／ロバート・グロスマン
訳／今江祥智　偕成社　1980 年

『ぼちぼちいこか』

見るからにのんびりやのカバ君が、「消防士になれるやろか」「船乗りはどうやろか」などと将来の職業について考えています。色々と思い浮かぶのですが、どれも難しそうで、最後は「ま、ぼちぼちいこか」と一休み。その想像の世界がカバ君らしくて、かわいい絵本です。カバ君のセリフが関西弁なので余計にかわいらしさとのんびりした調子を味わえます。それでも、何となく私たちに「君らしくていいんだよ」とカバ君が語りかけているようで、読んだ後に勇気をもらえるお話です。

物語の読みと表現活動のポイント

関西弁で書かれた文章を教師が読み聞かせをすることで、児童は自分たちの普段の「話し言葉」の一つ一つに耳を傾け、言葉のリズムや抑揚を感じ取ることができる。そうした言葉のリズムや抑揚の面白さを味わうことから、音楽にもリズムや旋律の抑揚があることを発見し、さらなる学習へと展開させることができる。また、この絵本をきっかけに言葉には様々な「方言」があることに気付き、自分たちの方言に愛着を持って話すことに繋げることができる。

Point 1　無意識に話している言葉に「リズム」や「抑揚（高低）」があることに気付かせる

これまで学習してきた国語科の教材文を読み返したり、自分や友達が話している話し言葉（方言）に注目することで、言葉には色々な「リズム」や「抑揚」があることに気付き、自分の感じた印象や感覚を的確に言い表すことができる。

- カバ君の最初の台詞「ぼく、しょうぼうしに　なれるやろか」「なれへんかったわ」を共通語にして「ぼく、しょうぼうしに　なれるかな」「なれなかったな」というふうに読み聞かせる。
- 関西弁と共通語で、言葉の「抑揚」や「ニュアンス」、カバ君に対する気持ちや話の印象などがどう変わってくるか、子供たちに考えさせる。

Point 2　関西弁と共通語の「抑揚」の違いによって、話の印象などが変わってくることに注目させる

絵本を本文通り「関西弁」で読み聞かせた後に、今度は「共通語」で読んで聞かせる。そのことで、言葉の「抑揚」や「ニュアンス」が違って聞こえるだけでなく、絵本に登場するカバ君に対する気持ちや話の印象が変わってくることに気付かせる。

授業の構想と実際

1　題材の概要

●音楽科

本題材は、絵本『ぼちぼちいこか』の関西弁の「抑揚」や「ニュアンス」を味わうことから、第5学年の教科書『音楽のおくりもの5』（教育出版）に掲載されている沖縄民謡《谷茶前（たんちゃめ）》を教材とした歌唱活動（歌唱；指導事項イ）や、山田耕筰の作曲した《からたちの花》や《この道》の鑑賞活動（鑑賞；指導事項ウ）へとつなげ、言葉の面白さや音楽と言葉の結び付きについて考えることをねらいとしている。

関西弁で書かれた絵本『ぼちぼちいこか』を教材として取り上げ、言葉そのものの中に高低の変化やリズムなど音楽と共通する要素があることを学習する。

児童たちにその特徴がすぐわかる沖縄音階の歌《谷茶前》では、同じ日本語でも地域によってまったく違う言葉になることに着目して、どんな思いで歌えばよいか工夫した表現を目指す。また、《からたちの花》と《この道》を鑑賞した上で《赤とんぼ》を歌ってみて、旋律の動きと言葉の「抑揚（高低アクセント）」がどのような関係になっているか考えさせる。作曲者の山田耕筰は西洋の音楽と日本語の詩とをいかに結び付けるか考え続け、旋律の一音一音に言葉の一音節ずつをあてる「一音符一語主義」を主張した。

2　題材の指導目標

(1) 絵本『ぼちぼちいこか』を取り上げ、関西弁と共通語で言葉の「抑揚」や「ニュアンス」だけでなく、話し手に対する気持ちや話の印象が変わってくることを感じ取り、日本語の言葉の特徴に関心を持つとともに自分たちの地域の方言に愛着を持つ。（学びに向かう力、人間性等）

(2) 沖縄民謡《谷茶前》の歌詞の意味を理解し、沖縄音階の旋律の特徴を生かした表現を工夫して思いをもって歌うことができる。（思考力・判断力・表現力等）

(3) 北原白秋作詞・山田耕筰作曲の《からたちの花》と《この道》を鑑賞し、同じく「一音符一語主義」で書かれた「赤とんぼ」を歌うことで、山田耕筰がそれらの旋律の動きと言葉の高低アクセントをどのように結び付けたか理解する。（知識・技能）

3　題材の評価規準

教科	知識・技能	思考・判断・表現	主体的に学習に取り組む態度
音楽	詩の抑揚（高低アクセント）の特徴について考え、音楽の旋律の動きとどのような関係があるのかを理解する。	同じ日本語でも地域によってまったく異なる言葉になることに着目し、言葉の面白さを生かした歌唱の表現を工夫する。	日本の各地域の方言に関心を持ち、それぞれの特徴から様々な言葉に親しむとともに、自分の郷土の方言に愛着を持つ。

4　題材の指導計画

題材指導計画

全３時間	音楽科
第一次 （1 時間）	・絵本『ぼちぼちいこか』の読み聞かせを聞いて、その本文通り関西弁で読んだ時と共通語で読んだ時とで、言葉の「抑揚」や「ニュアンス」だけでなく登場人物に対する気持ちや話の印象が変わってくることを感じ取る。
第二次 （1 時間）	・沖縄民謡《谷茶前》を歌唱し、沖縄音階の特徴を理解する。 ・《谷茶前》の歌詞の意味を理解した上で、その内容や曲想を生かした表現の仕方を工夫し、思いを持って歌う。 ・北原白秋作詞・山田耕筰作曲による《この道》と《からたちの花》を、旋律の動きと言葉の「抑揚（高低アクセント）」に注目して鑑賞する。 ・同じ作曲家が三木露風の詩に作曲した《赤とんぼ》を歌い、旋律の一音一音に一音節ずつをあてていることを理解するとともに、そのアクセントが「あか（↘）」と下がっているのが、方言によるものであることを知る。
第三次 （1 時間）	・心に響く叙述などをブックカードにまとめ、作品について紹介し合う。

⬅

全３時間	国語科・社会科
第一次 （1 時間）	第５学年及び６学年の目標とされる「我が国の言語文化に親しんだり理解したりすることができるようにする」めあてを設定し、社会科とも関連付けながら様々な言語表現（方言）を学ぶ。
第二次 （1 時間）	第４学年社会科で学んだ（目標－１）自分たちの都道府県の地理的環境と人々の生活との連関を言葉を通して着目して、その特徴を言語化し、自分なりの考えを明確にしてまとめて発表し合う。
第三次 （1 時間）	我が国には多くの「方言」が残ることを理解し、時代による変化に興味を持ち、近代以降の文語調の文章と古文や漢文のリズムや響きの違いに親しむ。

5　本時（音楽科）の展開（第一次）

（1）本時のねらい

・普段無意識に話している「言葉」に注目し、言葉の一つ一つに抑揚（高低アクセント）があることを理解する。（知識・技能）
・絵本の読み聞かせを聞いて、関西弁と共通語で言葉の特徴にどのような違いが生じるか考えたり、話し合ったりする。（思考・判断・表現）
・方言の違いによって言葉の抑揚やニュアンス、話し手に対する気持ちや話の印象が変わってくることに気付き、自分の郷土の言葉に関心や愛着を持つ。（主体的に学習に取り組む態度）

（2）本時の展開

分節	○児童の学習活動	◇指導者の支援　◆評価
Ⅰ導入	絵本の読み聞かせを聞いて気付いたたことを話し合おう。	
	○関西弁で書かれていることに気付く。 ・絵本の台詞のいくつかを自分たちで読んでみて、それを共通語で言い換える。	◇『ぼちぼちいこか』を本文通り関西弁で読み聞かせる。

Ⅱ展開	○絵本の台詞のいくつかをワークシートに本文の通り関西弁で書き、それを共通語に直した時に言葉の抑揚（高低アクセント）がどのように違ってくるか話し合いながら確認する。 ○教師が絵本の本文を共通語で読むのを聞き、関西弁で読まれた時とどのような違いが感じ取れるか考える。	◇「ぼく、しょうぼうしになれるやろか」などの台詞を共通語に直すとどうなるか考えさせる。 ◇絵本の本文を共通語に直して読み聞かせをする。
	関西弁と共通語でどのような違いが感じられるか考えよう。	
	・先に書いたワークシートを確認しながら、関西弁の台詞と共通語の台詞を比較し、言葉の抑揚（高低アクセント）やニュアンスがどう違うかを考える。 ・２通りの読み方で、カバ君に対する気持ちや話の印象などがどのように変わってくるか考え、グループで話し合う。	◇日本語のアクセントは英語のように強弱ではなく高低であることを伝え、「雨」、「先生」など関西弁と共通語で抑揚（高低アクセント）が違ってくるなどと、考えるヒントを与える。 ◆話し手に対する気持ちや話の印象などの違いが生じるかを考えたり、話し合ったりしている。（思・判・表）
Ⅲまとめ	自分たちの話している方言について考えよう。	
	○自分の話す方言の中から面白い言葉や言い方を探す。 ・いくつかの言葉を選んで、その抑揚（高低アクセント）がどうなっているかグループで話し合う。	◆郷土の方言に関心や愛着を持って話し合っている。（態）

6　授業の実際

絵本の本文のままに関西弁で読むと、各場面で「そんなんむりや」、「やめときやぁ～」など心から楽しんで聞いてたが、共通語で読むと「なんかかわいそうやな」、「悲しくなってきたわぁ～」などとカバ君に対する気持ちや話の感じが変わってきたと発言する児童が多く見られた。

写真１　言葉の高低確認

言葉の高低を一語ずつ確認しながら記入する様子。「なんや共通語と自分の矢印は逆ばっかりやな」「言っているんと矢印と反対やで」など互いに言い合いながら協働活動ができていた。

写真２　方言についてグループで話し合う

９名ずつのグループを作ったが、その中でも違う地域から通う児童同士が小グループを組んだり、様々な工夫が見られた。

（ガハプカ奈美・山崎菜央）

9　宮沢賢治作品の魅力をもとに推薦カードを書こう

第６学年　国語科・図画工作科

実践の概要

作 / 宮沢賢治　画 / 小林敏也
好学社　2013

「やまなし」「イーハトーブの夢」　光村図書　国語６年

図画工作と効果的に関連させる国語科の指導の試みです。本作品は二枚の幻燈に映し出されたカニの親子の物語です。図画工作科で学んだ、心に残る場面を色彩を工夫して描く学習を生かし、国語科では作品の全体像を思い描き、その魅力を推薦します。図画工作科の学習を生かすことで情景や色彩の描写を基に想像を広げて読む学習が期待できます。また国語科で学んだ色彩などの語彙を生かすことは、図画工作科の学習の充実にもつながります。

物語の読みと表現活動のポイント

本単元では、宮沢賢治作品から選んだ物語について、その魅力を推薦する言語活動を行う。推薦するためには作品の魅力について、どのような描写がどのように優れているのかなど、叙述を基に推薦理由を明確にして読むことが必要となる。本単元では、情景描写や色彩描写がもつ効果を明らかにするため、同じ作品を取り上げた複数の絵本の挿絵を比較する。このことによって、描写から自分のイメージを広げたり、イメージに合った挿絵の本を選んで推薦理由を明らかにしたりすることが期待される。その際、本単元に先立って行う図画工作科の、心に残った場面の描き方を工夫する学習と関連させることで指導の効果を高める。

Point 1　作品の全体像を具体的に想像できるようにする

高学年では、「C　読むこと」の「エ　人物像や物語などの全体像を具体的に想像したり、表現の効果を考えたりすること」に重点を置く。物語を場面ごとに細かく読み取らせるだけではその全体像を具体的に想像することは難しい。そこで本単元では、作品全体を一覧できるシート（全文シート）を活用する。このことで、作品全体の叙述を関係付けたり総合したりしながら、人物像や全体像を想像できるようにする。

・宮沢賢治作品から推薦作品を選べるようにするために、単元の導入に先立ち、学級や学年の本棚に宮沢賢治作品をそろえておくようにする。朝の読書活動などと関連を図ると効果的。

Point 2　交流を通して推薦理由をより明確にできるようにする

作品に描かれた優れた叙述を推薦するためには、これまで身に付けてきた、登場人物の相互関係や気持ちの変化、性格、情景などの描写を捉える観点を生かしていくことが必要になる。どのような叙述に着目するかは一人一人異なるため、交流することで他者の読みに触れ、推薦理由をはっきりさせたり広げたりすることができる。

・作品の「魅力」とはどのようなものかを具体的に捉えられるようにする。子供たちがどのように捉えているのかを引き出すとよい。

授業の構想と実際

1　単元の概要

●国語科

第5学年及び第6学年〔思考力、判断力、表現力等〕「C　読むこと」のエ及びカに重点を置き、登場人物の相互関係の変化に着目して物語の全体像を想像するとともに、自分の心に響く叙述について考えたことをまとめ、共有することで考えを広げられるようにする。そのため、宮沢賢治作品を推薦する言語活動を行う。

2　単元の指導目標

（1）色彩や情景を描写する語句の量を増し、語彙を豊かにするとともに、語感を意識して作品を読み、想像を広げることができるようにする。（知識及び技能）

（2）登場人物の相互関係の変化に着目しながら物語の全体から感じられることを具体的に想像して読んだり、それらを共有することで考えを広げたりすることができるようにする。（思考力、判断力、表現力等）

（3）登場人物の相互関係に着目して物語を読むことに関心をもち、感じたことや考えたことを友達と伝え合おうとすることができるようにする。（学びに向かう力、人間性等）

3　単元の評価規準

教科	知識・技能	思考・判断・表現	主体的に学習に取り組む態度
国語	・色彩や情景を描写する語句の量を増し、語彙を豊かにするとともに、語感を意識して作品を読み、想像を広げている。	・作品を推薦するために、人物の相互関係の変化などに着目しながら物語の全体から感じられることを具体的に想像して読んでいる。 ・読んだ感想を共有することで考えを広げている。	・登場人物に着目して物語を読むことに関心をもち、感じたことや考えたことを友達と伝え合おうとしている。

4　単元の指導計画

単元指導計画	全９時間	国語科
	第一次 （2時間）	・宮沢賢治作品のブックトークを聞くことで、宮沢賢治の生き方や作品に対する興味や関心をもたせる。 ・宮沢賢治作品の魅力をもとに、おすすめの作品を推薦するための見通しと計画を立てる。
	第二次 （5時間）	・「やまなし」を読み、心に響いた叙述をもとに、作品の魅力について考える。（本時） ・やまなしで見付けた作品の魅力をもとに推薦文を書く。 ・自分が見付けた作品の魅力をもとに、おすすめしたい宮沢作品の推薦カードを書く。
	第三次 （2時間）	・絵本を見せながらおすすめの作品を推薦し合い、宮沢賢治作品の魅力について自分の考えをまとめる。

全６時間	図画工作科
第一次 （1時間）	・宮沢賢治の同じ物語の絵本を２、３作品読み比べて心に残った挿絵場面を一つ選ぶ。なぜ心に残ったのか、①色づかい、②線の使い方（画材）、③視点と構図から理由を考えてワークシートに記入する。
第二次 （5時間）	・好きな物語の心に残った場面を選び、表したい雰囲気が伝わるようにペンや鉛筆等の描画材を使って、構図を工夫して絵に表す。 ・心に残った場面の雰囲気が伝わるよう絵の具の色づかいや筆使いを工夫して表す。 ・作品を見せ合い、表現方法の工夫や絵から感じたり考えたりしたことを文章に表す。

5　本時（国語科）の展開（第二次第４時）

（1）本時のねらい

・「やまなし」を読み、心に響いた叙述をもとに、宮沢賢治作品の魅力について考えることができる。（思考力・判断力・表現力等）

（2）本時の展開

分節	○児童の学習活動	◇指導者の支援　◆評価
Ⅰ導入	○本時のめあてを確認する。	◇自分が見付けた魅力をもとに、おすすめの宮沢賢治作品を友達に推薦するという単元のめあてを示し、本時は、作品を推薦するための「魅力の見付け方」を学ぶ時間であることを確認する。
	「やまなし」を読み、心に響いた叙述をもとに、作品の魅力について考えよう。	
	○「やまなし」を読んで、自分の心に響いた叙述に線を引き、その理由を書く。	◇「やまなし」の本文を打ち直したシート（全文シート）を用意し、一人一人がシートに線を引いたり、理由を書いたりすることで、作品の魅力について考える手がかりとする。 ◇「やまなし」の絵本をグループに数冊ずつわたし、絵本の挿絵をもとに叙述を選んだり、自分が選んだ叙述が絵本ではどのように描かれているかを確かめたりしてよいことを伝える。
Ⅱ展開	○互いが見付けた心に響いた叙述とその理由を学級全体で発表し合う。	◇全文シートを拡大したものを用意し、心に響いた叙述に付箋紙をはらせることで、それぞれの考えが学級全体で共有できるようにする。 ◇付箋紙数の多い箇所から順に、その理由を聞き合う交流を行うことで、情景や登場人物のえがかれ方、作品の構成等、多様な視点から作品の魅力について考えることができるようにする。
Ⅲまとめ	○宮沢賢治作品「やまなし」の魅力について、自分の考えをまとめ、友達に伝える。	◇全体で交流したことをもとに、自分の言葉で「やまなし」の魅力についてまとめることで、次時には、各自が推薦したい宮沢賢治作品の魅力を自力で見付け、それをもとに推薦文を書くことができるようにする。 ◆心に響いた叙述をもとに、「やまなし」の魅力について自分の言葉で書いている。（推薦カードで評価する）。（思・判・表）
	○本時の学習を振り返る。	◇作品の魅力の見つけ方の学習をして、成長できたことや納得したこと、まだもやもやしていることを書く。

6　授業の実際

（1）友達と自分の読みを可視化する「全文掲示」

写真１　全文掲示

「やまなし」を読み、一番心に響いた叙述を選び、全文掲示に付箋紙をはる活動を行った。付箋紙の枚数により、友達と自分との読み方の違いや共通点に気付くことができた。また、選んだ理由を聞き合うことで、同じ叙述を選んでいても、解釈や理由付けに違いがあることや、一人では気付かなかった多様な解釈について学ぶことができた。更に全文掲示に、関連する叙述同士を線で結んだり、鉱石の名前や色を表す言葉を線で囲んだり、子供たちが見付けた読みの気付きを、マジックで書き込んでいくことで、可視化され、心に響いた叙述に対する解釈がより具体的になっていった。

（2）絵本の挿絵をもとに、心に響いた叙述を選んだり、確かめたりたりする

文章を読んだだけでは、心に響く叙述を見付けることが難しい子供もいることから、「やまなし」の絵本を数種類用意し、グループに２～３冊ずつわたし、絵本の挿絵をもとに叙述を選んだり、自分が選んだ叙述が絵本ではどのように描かれているかを確かめたりしてよいことを伝えた。また同じ場面でも、絵本によって、色彩や登場人物や情景の描かれ方が違うことから、数種類の絵本の挿絵を掲示し、比較できようにすることで、自分のイメージに合う絵本を見つけ、その挿絵を手がかりに、心に響く叙述を見付けることができるようにした。

写真２　絵本「やまなし」

写真３　挿絵を手がかりに読む

写真４　心に響く叙述を見付ける

（3）「やまなし」の魅力を伝える交流活動の充実

「やまなし」の魅力を自分なりにノートにまとめた後、見付けた魅力を友達に紹介する交流を行った。その際、考えをまとめたノートを見ないで自分の言葉で話すことを交流の条件としたところ、自分が見付けた作品の魅力を友達に伝えるために、手がかりとなる教科書や絵本の叙述、挿絵を差し示しながら、一番心に響いた叙述と選んだ理由を説明する姿が多く見られた。また、「最初は、～を選んだけれど、○○さんの考えを聞いて、～に変わった。」などと、自分の考えが変わった子供、「やまなし」で見付けた作品の魅力をもとに、並行読書で読んでいる他の宮沢賢治作品の中からも魅力を探そうとする子供の姿が見られた。

写真５　『やまなし』の魅力を交流

写真６　互いの読みを交流

（水戸部修治・増川秀一）

■　子供の感性を育む表現活動 Q&A

Q.1　絵本を読むときに声の表現をどのように工夫したらいいかわかりません。

A. 絵本の文字をよく見ると、文字の大きさを変えていたり、縦や横や斜めに書かれていたり、波のようになっていたりしていますね。また文字の太さや色、字体も様々です。こうした文字の特徴からイメージして、言葉の抑揚やリズム、強弱、高さなどの韻律（プロソディー）を想像して絵本を読んでみましょう。対照的な声質を出せるようになるといいですね。また、特殊拍（のばす拍：長音［ー］、はねる拍：撥音［ん］、つまる拍：促音［っ］など）を工夫すると豊かな表現が可能になります。絵本の中には特殊拍を含むオノマトペが多いので、特徴を生かしてリズミカルに読んでみましょう。お話を読み込んで楽しみながら表現してみましょう。（本書 p.169　Q3,Q4 の「オノマトペ」についての内容を参照）

【例 1】（絵本『いちにちおもちゃ』p.14 より）

「**ぐぎぎぎぎ おもたいよ～**　　つみきってたいへんだなぁ」

重いつみきに耐えている様子が「ぐぎぎぎぎ」というオノマトペで表されています。字体も字の大きさも変えていますね。文字にあった声を考えてみましょう。

【例2】（絵本『きょうはマラカスのひ』p.16-17 より）

「チャッ　チャッ　…　チャッ　チャッ　…　チャッ　チャッ　…　チャッ　チャッ　…」

ここでは、マラカスを振る音が登場人物のパーマさんが屈んでいくほどに、小さく書かれています。文字に合わせてオノマトペを表現してみましょう。

Q.2　子供たちがリズムにのって表現しやすい言葉（日本語）の特徴とはどのようなものでしょうか？

A. 日本語では2音ずつのまとまりが 1 拍を感じさせる場合を拍として用います。例えば、「安全第一」という言葉は、リズミカルに発話されると、「あん・ぜん・だい・いち」と2音ずつのまとまりによって、4拍に感じられますね。また、「よいしょ」というかけ声は、「よい・しょ」「よい・しょ」と2拍に感じられ、子供たちが力を合わせて物を運ぶ時、足の動きと言葉のリズムが合わさったリズミカルな表現となります。

このような日本語のリズムの特徴を知って、絵本にみられる様々な言葉をリズミカルに唱えると、子供たちとの言葉のやりとりが楽しめ、言葉遊びに発展させることができますね。さらに体の動きを伴うと、躍動感をもって楽しく遊べます。

【例 1】本書 p.60「間を感じて「どすこ～い」と声を合わせてみよう」の実践参照

「ちょん・まげ・とん・だ」「どこ・とん・だ？・●」のやりとりでは、2 音ずつの言葉のまとまりから 4 拍の流れが生じ、リズミカルな応答唱が成立します。

【例 2】本書 p.148「応援合戦で言葉のかけ合いを楽しもう」の実践参照

「まね・まね・がっ・せん・A・チー・ム・●」「ドカ・シャバ・ドカ・シャバ・ドカ・ドカ・ドカ・●」のかけ合いでは、2 音ずつのまとまりから 8 拍の流れが生じ、やりとりが成立しています。

<参考文献>・坂野信彦『七五調の謎をとく－日本語リズム原論』大修館書店　1996

Q.3 オノマトペとはどのようなものでしょうか？　また保育でオノマトペを用いる利点を教えて下さい。

A. オノマトペは、フランス語のonomatopée　からきている言語で、日本語では「擬音語」「擬態語」などと呼ばれており、音や様態、身体の感覚、感情などを複合的に表現することができます。日本語では風の音を表す言葉にも、「そよそよ」「ぴゅうぴゅう」「ひゅうひゅう」「びゅうびゅう」などのオノマトペがあります。ここからは身体に打ちつける風の強さや感じ方の違いまでわかるでしょう。これらのニュアンスの違いを言葉で表そうとすると、大変まわりくどい言い方になってしまいますが、オノマトペでは端的に表現することができます。子供たちはオノマトペに馴染むうちに、その差異を感じ取っていきます。

また、オノマトペは繰り返しが多く、リズムが単純でおよそ2拍子で表現できることから、音楽的活動や身体表現とも結びつきやすい性質を持っています。絵本では多くのオノマトペが見られ、本書にもオノマトペを用いた実践を掲載しています（本書p.64「マラカスのリズムを楽しもう」の実践参照）。例えば、「チャッ、チャッ、チャパー」というような様々なオノマトペを遊びの中で身体の動きとともに唱えることで、生き生きとしたリズムの世界が広がります。音の高低や強弱、音色などの概念的な事項も、オノマトペとともに身体表現を体験することで無理なく理解することができるようになるのです。

Q.4 絵本の中によく出てくるオノマトペは子供たちの動きとどのような関係がありますか？

A. オノマトペは、イメージを喚起するなどの精神的な影響と、身体の動きをコントロールするなど動きに与える影響も大きいことが知られています。

例えば、オリンピックで活躍するアスリートたちも、練習の時にオノマトペを効果的に用いてパワーやスピードをアップさせたり、リズムやタイミングをとりやすくするなど、潜在能力を引き出すのに役立てているそうです。具体的には「サササ…」「シュシュシュ…」などのようなSの音はスピードを喚起させる効果があり、「ガガガ…」「ダダダ…」などの濁音にはパワーを喚起する力があると言われています。こうした性質を知ったうえで、動きに応じてぴったり合ったオノマトペを用いることで、子供たちの表現はより生き生きとしたものになり、身体を気持ちよく動かせる原動力にもなると考えられます。

【例1】 本書p.80「オノマトペを唱えながら忍者になりきって遊ぼう」の実践参照
・忍者が速足で走る動き「ササササ…」
・忍者が手裏剣を飛ばす動き「シュシュシュシュ…」
【例2】 本書p.56「リズムに合わせて跳んでみよう」の実践参照
・なわとびの縄の動き「ペッタン、ペッタン」（「ぱぴぷぺぽ」の半濁音は、弾む感覚を引き出す効果がある）

Q.5 50音の音の特徴とはどのようなものでしょうか？

A. 言葉の音声を区別できる音の最小単位を「音素」と言います。本書で紹介している絵本の題名『かっきくけっこ』という言葉の音の一つ、「か」は音節で、その音節「ka」を構成している「k」や「a」が「音素」です。私たちは、この音素自体に語を超えた「共通の意味、特徴」を感じ取っています。それはその音を出すための唇や口腔内の形や空気の流れ、圧力等によってもたらされる共通の感覚があるためです。そして発声する音の感覚と音が表わすものとの間には自然な関係があり、それを「音象徴」と言っています。

例えば「かくかく」というオノマトペに角張った感覚を覚えるのは「kaku kaku」という音に硬い表面との接触を感じる音象徴をもつ音素「k」が繰り返し使われているからでしょう。絵本では「か行」の頁の絵は直線ばかりの角張った形で描かれています。

教師がこのような音の特徴を感じながら絵本を読み聞かせたり表現したりすれば、きっと子供たちに言葉のもつ豊かなイメージを伝えることができるでしょう。

下表は「音素」からみた50音の行の音がもつ音の特徴「音象徴」を示したものです。

＜50音の音象徴について＞
母音の音の特徴　あ：/a/　広範囲、目立つ　　い：/i/　線状 高音　　う：/u/　突き出る
え：/e/：野卑な力強さ　　お：/o/目立たなさ

50音の行	音素	音象徴
か（喉音）	/k/ /g/	硬い表面との接触を表わす音や様子
さ（舌音）	/s/ /z/	滑らかさ、軽い接触　摩擦、小粒の動き、流動する液体、静けさ、穏やかさ
た（舌音）	/t/ /d/	打撃の関連、木材、床、地面
な（舌音）	/n/	つかみどころがない、実態がはっきりしない
は（唇音）	/h/ /p/ /b/	空気の流れ、息、頼りなさ、弱さ、繊細さ、美しさ、優雅さ 細かい、小さい、軽い、物体に打ち当たる、破裂する、急で爆発的な動作や出来事 出来事の前提である緊張、突然生、力強さ
ま（唇音）	/m/	はっきりしない様、抑圧
や（喉音）	/y/	揺れや頼りなさ、輪郭がはっきりしない状況
ら（舌音	/r/	幸せで高揚する気持ち、回転、流動的な運動
わ（唇音）	/w/	人間や動物の発する声や音
ん	/n/	共鳴　反響した連続音

【例1】本書p.24「破裂音を感じて、風船で遊ぼう」の実践参照
【例2】本書p.28「『るるるるる』はどんな気持ち？」の実践参照
【例3】本書p.32「50音の響と動きで遊ぼう」の実践参照
【例4】本書p.80「オノマトペを唱えながら忍者になりきって遊ぼう」の実践参照

＜引用・参考文献＞・浜野祥子　『日本語のオノマトペ　音象徴と構造』くろしお出版　2014
・田守育啓、ローレンス・スコウラップ『オノマトペ　形態と意味』くろしお出版　1999

Q.6 **小学校では、国語の授業だけでは色々な絵本を読む時間を十分とることができません。どのような手立てを取ればよいでしょうか？**

A. 本書に掲載した小学校の事例は、国語科、音楽科、図画工作科など、教科間の効果的な連携を図ったものとなっています。絵本を用いて読む能力を高めるのは国語科ですが、絵本に触れて感性を豊かにするためには、国語科のみならず各表現教科での繋がりのある取り組みが有効なものとなります。また、単元や題材の学習に先立って、学級文庫や学年の本棚に、関連する絵本を揃えておくことも、言語や音楽、造形環境を整える大切な手立てです。例えば朝の読書活動と結び付けて自由に絵本を読む時間を確保しつつ、国語科の学習指導では、そこで見付けたお気に入りの一冊を読み込み、叙述を基に音や造形の想像を広げて大好きな場面を紹介したり、心に響く描写を推薦したりすることも考えられます。

【例1】本書p.96「民話の面白さを絵と音読で紹介しよう」の実践参照

単元に先立ちブックトークを行い、教室に「世界の民話・昔話コーナー」を設けました。子供たちは意欲的に絵本を読み、早い段階から好きな民話を選ぶことができました。

【例2】本書p.120「お話の大好きなところを紹介しよう」の実践参照

学級に「昔話コーナー」を設置し、朝読書の時間も活用して昔話を読む時間を確保しました。休み時間などに自ら本に手を伸ばすなど、読書に親しむ姿も多く見られました。

Q.7 **絵本のダイナミックな動きに連動した、子供たちの泥遊びなどに使用する土粘土の種類とその保管方法は、どのようにしたらよいでしょうか？**

A. 子供たちが体全体を使って活動する粘土としては、土粘土（彫塑(ちょうそ)用粘土）を用いるのが効果的です。粘土の量や水の調整の仕方で粘土遊びから泥遊びまで幅広く扱うことができます。水を多く入れてドロ状にすることにより、筆を使って絵の具のように描くことができ、逆に乾燥させると固くなるのでチョークのようにして描くこともできます。色はベージュのような白っぽい色となりますが、陶芸に使用される粘土を用いれば、成分の違いによる黄や赤などの色合いを楽しむことができます。鉄分が多く含まれていると赤色になるなど、教材カタログなどで比較してみてください。ただし、赤色となる粘土は鉄分が多く含まれ、服についてしまうと落ちにくいので注意が必要です。

これら彫塑用・陶芸用粘土の保管ですが、大きな塊で保管しておくと、次に使用するときに水を加えても十分に浸透せず、なかなか程よい柔らかさになりません。しかし水分を入れたまま保管していると粘土にカビが生えてしまいます。そこで保管するときは、直径20㎝位で厚さが１㎝くらいのおせんべい状にして天日干しにします。使用するときに金槌で細かく砕いてから水を加えると元通りの粘土になり、繰り返し使用することができます。安全に気を付けながら、子供たちと粘土を砕くところから活動しても楽しいと思います。

【例】本書p.104「手触りを楽しもう」の実践参照

Q.8　最近、「木育による保育」という言葉をよく耳にしますが、どのような保育活動なのでしょうか？

A.「木育」は、北海道庁が主導して進めた『木育（もくいく）』プロジェクト（平成16年９月に発足）において、「幼少期から木を身近に使うことを通じて豊かな心を育てる」というコンセプトをもとにして提案されました。近年では『子供をはじめとするすべての人々が、木とふれあい、木に学び、木と生きる」ことを学ぶ活動として、保育現場でも注目されるようになってきました。

保育現場における木を使った手触りや匂い・香りを経験する活動は、絵本を読むだけでは難しいため、子供たちがイメージできるような環境設定を心がけることが大切です。まずは、散歩や外遊びなどで本物に触れ、木の幹に耳を当てたり、葉がそよぐ音を聞いたりする体験などを取り入れてみてください。森や林などの澄んだ空気は、子供たちにリラクゼーション効果をもたらしますし、樹種によっては、葉や枝でも木の香りを感じることができます。散歩コースとしての近隣の公園や、園庭に植えている木々にはどのようなものがあるか、チェックしてみましょう。

【例】本書p.108「木の香りを感じよう」の実践参照。

Q.9　「音日記」は住んでいる場所が似ていると、同じような音しか持ち寄れないかもしれないと思うのですが、それでも良いのでしょうか？

A.「音日記」をつけてみると、異なる「音」を聞いて同じようなオノマトペになっていることが多いですね。しかし、児童と一緒にその周りの環境や「音」を聞いた時間を振り返ってみると、違う「音」を聞いて表したことがわかってくるでしょう。

そして自分たちで考えた分類表に分類してみると楽しい活動になります。自分がたてた音なのか、機械の音なのか…児童と一緒に考えてみましょう。新たな音の発見があって、「音聴き」の活動に一層興味が湧くことでしょう。

【例】児童の「音日記」の音とその音を出した対象

・がさがさがさ　　就寝前に自身が布団に入る音 / 家に入る前にカバンの中のカギを探す音

・ぶーーん　　外を走る車の音 / 外を走るバイクの音 / 空調の音

・がちゃん　　家の誰かがドアを閉めた音 / 食器がぶつかる音 / ガラスが割れた音

・とんとんとんとん　　お母さんがごはん作ってる音 / 隣の家が出来ていく音 / 誰かが廊下を歩く音

このように例に挙げた音を出した対象を分類してみると

〔分類1：人〕　がさがさがさ、とんとんとんとん、がちゃん

〔分類2：機械〕　ぶーーん

〔分類3：自然〕　がさがさがさ、ぶーん

〔分類4：物〕　とんとんとんとん、がちゃん

というように、同じ「オノマトペ」であっても同じ「音」を聞いたとは限りませんね。

音・形・色から感性を広げる：
絵本リスト108

「お話の大すきなところを紹介しよう」
「むかーしむかし、あるところに…」（『たぬきの糸車』より）

1　実践事例の５つのテーマと絵本リスト108

この章では、表現活動のねらいとしてまとめた５つのテーマを改めて紹介し、そのテーマのもとに選定した絵本をリストにしました。そして表現の教育が幼児期から児童期にかけて系統的・横断的に指導されるために、どのように教育計画をしていくのか、全体が俯瞰（ふかん）できるように一覧表「発達段階と年間を見通した表現教育計画の参考絵本事例」（pp.176-177）として示しました。

Ⅱ章の実践事例は、これらの絵本を題材に表現活動に導いたもので、同表には実践事例の掲載頁を載せています。また、特に小学校国語科では教科書教材や関連する絵本を教材として掲載しており、言語を核としながらも子供が優れた絵本に親しむ中で、総合的に感じたり考えたり表現する力を養うことを目標としています。そこで３絵本リストには、現行の小学校国語科教科書（出版社５社）中に紹介されているものが分かるように**教**の印を付けています。

絵本をきっかけに幼児期の表現教育はもちろんのこと、小学校での国語科や音楽科、図画工作科の内容の関連に関心をもって効果的な指導を行っていただくことを期待しています。

> ※**教**印のある絵本の出版社名の見方について
> ★印：現行の国語科教科書に教材として掲載されているもの／無印：関連図書として紹介されているもの

絵本リストに掲載した絵本を深く味わうために

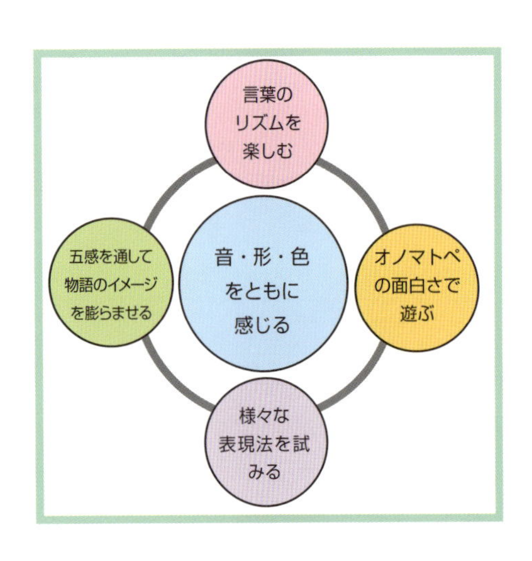
言葉のリズムを楽しむ
五感を通して物語のイメージを膨らませる
音・形・色をともに感じる
オノマトペの面白さで遊ぶ
様々な表現法を試みる

◆ねらいを５つのテーマに編集（左図参照）

1「音（音声言語を含む）・形・色をともに感じる」
2「言葉のリズムを楽しむ」
3「オノマトペの面白さで遊ぶ」
4「五感を通して物語のイメージを膨らませる」
5「様々な表現法を試みる」

の５つのテーマを設定し、子供と絵本を楽しむときの指標や案内としました。これらのテーマの中心となるのは、何といっても１のテーマである身の回りの音や形や色そのものから、子供自身が自分の感覚を通して面白さや美しさ、不思議さを感じる体験をすることです。そして、そこから２、３、４、５、のテーマへと展開していきます。

◆絵本の世界を繰り返し味わう

絵本に豊饒（ほうじょう）な世界を見つけて汲み出していくのは、まず指導者自身です。子供たちの感覚を横断して、感性に働きかける絵本であるからこそ、それを感じとって子供に伝える指導者の繊細で鋭い感受性や豊かな表現力が求められます。是非、本書の絵本のリストを参考に、さまざまな絵本を手に取って、またお気に入りの一冊を選んで、繰り返し、繰り返し読んでみてください。

◆自分の声の大きさや抑揚、リズムを感じながら読む

絵に表された形や色のもつ大きさ、明暗、動き、空間、をあなたは言葉の意味とどのように結びつけて読むでしょうか。実際に声に出して、音声としての言葉（自分の声の大きさ、抑揚、リズム、意味）が形や色に働きかける力を感じながら探ってみてください。

「発達段階と年間を見通した表現教育計画の参考絵本事例」について

一覧表（pp.176-177）の横軸では就学前教育の始まる３歳児から小学校６年生までの９年間を見通し、縦軸では子供の１年間の生活をⅠ期からⅣ期に分けて、それぞれの発達や時期にふさわしい題材となる絵本を５つのテーマから例として配列しています。

各発達段階の特徴や時期を踏まえ、お話や物語の世界も十分に味わうことを行いながら指導者が５つのテーマの視点をもって絵本を選びましょう。それぞれの体験が、らせん状に展開しながら蓄積されていくことが大切です。

【3歳児の実践に向けて】

明確なストーリーのあるものや認識絵本ばかりでなく、音・形・色・手触り・動きの関連や、単純な言葉の響き、繰り返しのリズムを楽しむことができる絵本。

【４歳児の実践に向けて】

音・形・色・動きの関連に気付き、様々な表現に結びつけることができる絵本。日本語の言葉遊びの楽しさを味わえる絵本。

【５歳児の実践に向けて】

身近な環境の音に耳を傾け、見つけた音をオノマトペに表わしたり、五感を通してイメージを膨らませながらお話を味わえる絵本。多様な表現を引き出して友達の感じ方や表わし方との違いに気付くきっかけになる絵本。

【小学低学年の実践に向けて】

昔話には音や繰り返しが効果的に用いられていることが多く、また言葉遊びを通して日本語の豊かさから場面を想像したり、反対に文字がなかったり少ないことから場面の形や色に着目し、流れる音を感じることのできる絵本。

【小学中学年の実践に向けて】

お気に入りの場面を選んで紹介したりすることを通して、場面の移り変わりや登場人物の気持ちの変化、情景などの形や色の特徴を豊かに感じることのできる絵本。声に出して読むことで、言葉のリズムを感じたり、絵から音や音楽を感じとったりできる絵本。

【小学高学年の実践に向けて】

登場人物の相互関係や心情、場面についての描写などの優れた叙述や、形や色のもつ造形表現の効果を推薦したりすることを通して、物語の全体像や登場人物の人物像を豊かに思い描くことのできる絵本。日本語のリズムや抑揚、フレーズなどの音楽性を豊かに感じられる絵本。

2　発達段階と年間を見通した表現教育計画の参考絵本事例

	3 歳児〜	4 歳児〜	5 歳児〜
Ⅰ期 4〜6月	3『だるまさんが』 本書 p.88 4『あめぽぽぽ』	1『ごぶごぶ ごぼごぼ』 本書 p.10 2『ちょんまげ とんだ』 本書 p.60	1『がちゃがちゃ どんどん』 本書 p.36 4『もりの おとぶくろ』 本書 p.112
Ⅱ期 7〜9月	3『ぺんぎん たいそう』 本書 p.76 5『とんとんとん』 本書 p.132	4『どろんこあそび』 本書 p.104 2『かぞえうたの ほん』 本書 p.52	2『ねんどろん』 本書 p.68 3『つきよの おんがくかい 本書 p.84
Ⅲ期 10〜12月	1『るるるるる』 本書 p.28 2『どんぐり とんぼろりん』	2『なわとび しましょ』 本書 p.56 3『てのりにんじゃ』 本書 p.80	4『くすのきだん は 10 かいだて 本書 p.108 4『おやすみなさ の おと』 本書 p.116
Ⅳ期 1〜3月	2『おしくら まんじゅう』 本書 p.48 1『ぱっぴぷっぺ ぽん』 本書 p.24	5『しりとリズム』 本書 p.136 2『きょうは マラカスのひ』 本書 p.64	5『はっきよい 畑場所』 本書 p.140 1『かっきくけっこ 本書 p.32

小学校低学年	小学校中学年	小学校高学年
 5 『あいうえおうさま』 本書 p.152	 4 『ランパンパン』	 5 『よあけ』
 1 『スイミー』 本書 p.44	5 『きいろいかさ』	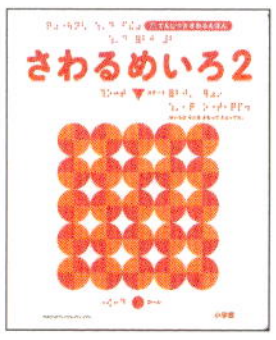 1 『さわるめいろ 2』
 1 『ぐぎがさんとふへほさん』 本書 p.40	 1 『どんなかんじかなあ』	 4 『あさになったのでまどをあけますよ』 本書 p.124
 5 『にゃーご』 本書 p.92	 2 『たのきゅう』 本書 p.72	 4 『月夜のバス』
 5 『ドオン！』 本書 p.148	 3 『さんねん峠』 本書 p. 96	 5 『やまなし』 本書 p.164
 4 『たぬきのいとぐるま』 本書 p.120	 5 『モチモチの木』 本書 p.100、p.156	 4 『大造じいさんと雁』 本書 p.128
 5 『やこうれっしゃ』	4 『手ぶくろを買いに』	 4 『雪渡り』
 4 『ぽとんぽとんはなんのおと』	 5 『わすれられないおくりもの』	 5 『ぼちぼちいこか』 本書 p .160

3　絵本リスト

1　音・形・色をともに感じる

書かれた文字を音声に出してみて初めて感じる形や色。また反対にそれぞれの場面に描かれたものの形や色から感じる音。感覚を横断することによって、これまでとは異なる新しいイメージに出合うことのできる絵本を集めました。発声するときに高低を付けたり、リズムを感じ取りながら読みましょう。

1.『いろいろばあ』

作／新井洋行
えほんの杜　2011年
(800円）0歳～

絵の具のチューブをあけると、オノマトペとともに6つの色がその色にふさわしい形になって飛び出してきます。「ぶにゅ！」って出てきた絵の具はどんな形をしているのでしょう？

2.『おおきい ちいさい』

作／元永定正
福音館書店　2008年
(700円）0、1、2歳

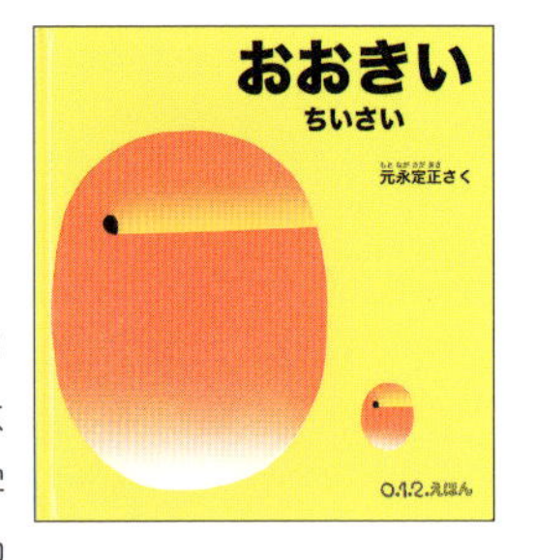

「おおきい」「ちいさい」ただそれだけの単純な繰り返しですが、絵本の中では形も色も皆違います。文字の形も大きさも、場面の中での位置も皆違うのです。あなたの『おおきい ちいさい』はどんな「おおきい ちいさい」ですか？

3.『かっきくけっこ』

作／谷川俊太郎
絵／堀内誠一
くもん出版　2009年
(1,000円）4歳～

「あいうえお」「かきくけこ」と声に出したら、どんな響きがするでしょう。柔らかい感じ？　かたい感じ？　すべすべしている？ざらざらしている？　それを絵にしてみると、どんな形や色になるでしょう。50音から感じる形や色ってとっても面白い！

4.『がちゃがちゃ どんどん』

作／元永定正
福音館書店　1986年
(700円）1歳～

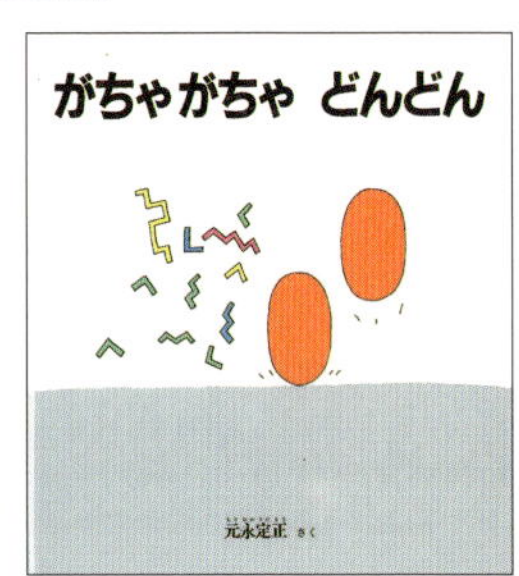

私たちの生活の中には様々な音が聞こえますね。そんなありふれた「音」を形と色で表すと…がちゃがちゃ、どんどん、かーん…あなたの周りから聞こえてくる音はどんな音？

5.『ぐぎがさんとふへほさん』

作／岸田衿子
絵／にしむらあつこ
福音館書店　2003年
(800円）4歳～

ぐぎがさんは「ぐがよー」、ふへほさん「ふはよー」、ねこは「おはよう」。仲良しのぐぎがさんとふへほさん…いつも一緒に居るのですが、色々な事件が起きます。どんな事件かな？　音と質感の繋がりが感じられる絵本です。

6.『ごぶごぶ ごぼごぼ』

作／駒形克己
福音館書店　1997年
(700円）0歳～

「ごぶごぶ ごぼごぼ」ってなあに？　頁をめくると、朱色、黄色、水色をした大きさの異なる円が、「ぷーん」「ぷくぷく ぷくん」と動き出します。さあ、音や形、色の特徴を感じながら読んでみましょう。どんな冒険が始まるのでしょう。

7. 教『スイミー』

作／レオ＝レオニ
訳／谷川俊太郎
好学社（初版表示なし 93 刷 2009 年）（1,456 円）
★光村図書 2 年・★学校図書2年上

広い海に赤くて小さい魚たちが住んでいます。その中に、1 匹だけ真っ黒な魚。名前はスイミー。色とりどりの海の生き物たちに励まされ、皆のために知恵を絞って大きな魚を追い出します。スイミーたちと一緒に、美しい海を泳いでみませんか。

8. 教『どんなかんじかなあ』

ぶん／中山千夏　え / 和田誠
自由国民社　2005 年
（1,500 円）　5 歳～
光村図書 3 年

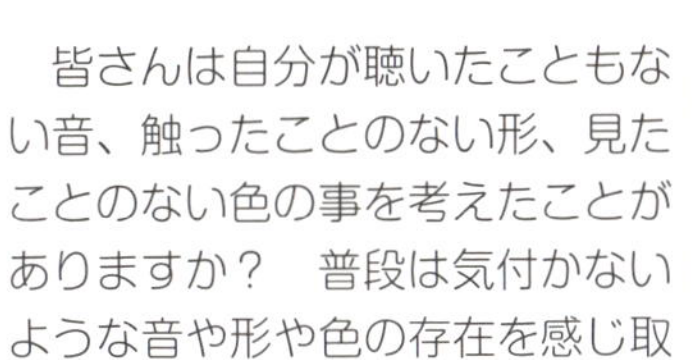

皆さんは自分が聴いたこともない音、触ったことのない形、見たことのない色の事を考えたことがありますか？　普段は気付かないような音や形や色の存在を感じ取ることのできる絵本です。静かな気持ちで五感を働かせて読んでみましょう。

9. 『ぱっぴぷっぺぽん』

作／うしろよしあき
絵／もろ かおり
ポプラ社　2014 年
（1,300 円）　1 歳～

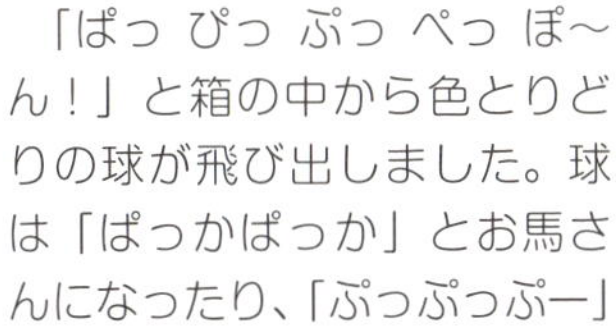

「ぱっ　ぴっ　ぷっ　ぺっ　ぽ～ん！」と箱の中から色とりどりの球が飛び出しました。球は「ぱっかぱっか」とお馬さんになったり、「ぷっぷっぷー」と自動車になったり。おおかぜに吹かれてぐるぐる回った後は、いったい何に変身するのでしょう？

10. 『むにゃむにゃ きゃっきゃっ』

作・絵／柳原良平
こぐま社　2009 年
（1,000 円）　1 歳～

「ぽこぽこぽこ」「ひらひ ら」「く る る ん く る ん」。オノマトペが切り紙の形や色と結びついた！　いつのまにか声と身体もつながって動き出しそう…楽しい世界が広がります。

11. 『もこ　もこもこ』

作／たにかわしゅんたろう
絵／もとながさだまさ
文研出版　1977 年
（1,300 円）　2 歳～

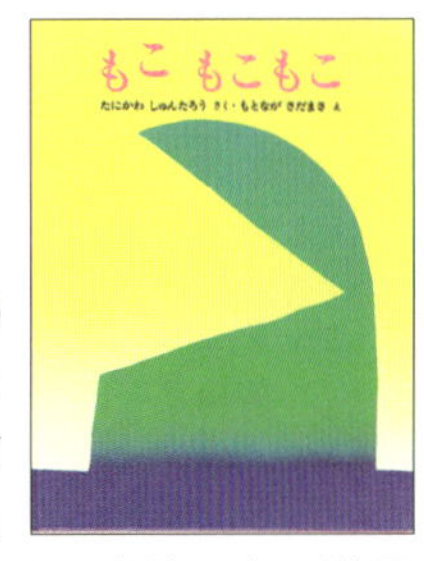

30 年近く前に出版されたこの絵本はあまりに有名です。音と形と色をそのままに感じ取る古典的作品と言ってもよいですね。是非、この鮮やかな色と鷹揚（おうよう）な形と単純な音の世界に遊んでみてください。

12. 『るるるるる』

作／五味太郎
偕成社　1991 年
（1,000 円）　2 歳～

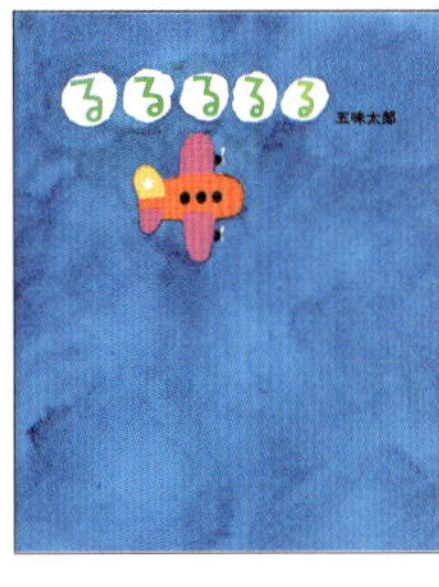

飛行機ってどんな音を立てて飛ぶ？　それはどんな速さで飛んでる？　どんな大きさの飛行機かな？　想像を広げて、形や色とともに「る」を繋いで声に出してみましょう。これまでにない「る」の魅力に気付くでしょう。

2　言葉のリズムを楽しむ

日本語には心地よく感じられる豊かなリズムがあります。ここでは、七五調や弾むようなリズムを感じる絵本を集めました。言葉を繰り返して発声すると生まれてくるリズムに、身体が動き出すかもしれません。子供たちと楽しいリズムに共振しながら、声を合わせてみましょう。

1. 教『あいうえおおかみ』

作／くどうなおこ
絵／ほてはまたかし
小峰書店　2007年
（1,200円）小学低学年～
教育出版２年上

クラスの友達と色々な言葉のリズムを感じて遊びましょう。巻末には「あいうえおおかみ」の歌も載っていますので、替え歌を作って、ひらがなに親しみ、言葉の表現を楽しむことのできる絵本です。

2.『いろ』

作／五味太郎
絵本館　1981年
（800円）１歳～

題名のとおり、色を楽しむ絵本です。お話の最初に灰色の象ではなく真っ赤な象が登場します。私たちは葉っぱは緑、木は茶色と決め込んでしまいますが、もっともっと自由に色の楽しさを感じて使いたいですね。七五調のリズムに乗って心地よいテンポを楽しみます。

3.『おしくら・まんじゅう』

作／かがくいひろし
ブロンズ新社　2009年
（980円）２歳～

誰もが知っている「おしくらまんじゅう」の唱え歌に乗せて、楽しく読むことができるユーモラスな絵本です。オノマトペがこんにゃくや納豆など質感の異なるものに変わるので、その特徴をイメージしながら声に出して遊びましょう。

4.『おふとん かけたら』

作／かがくいひろし
ブロンズ新社　2009年
（850円）０，１，２歳

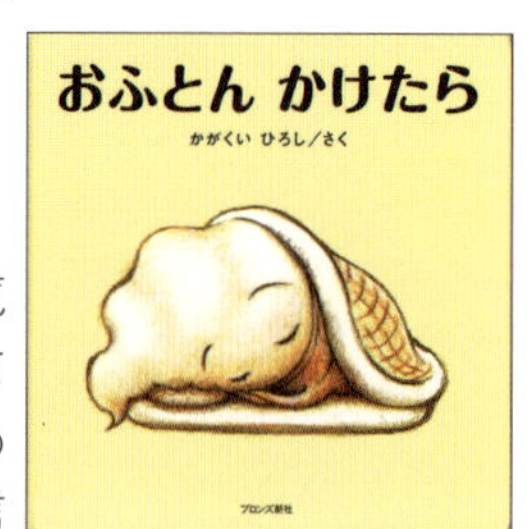

お布団の中は温かくて気持ちが良いですね。たこさんもソフトクリームさんも気持ちが良いのは一緒。言葉の繰り返しを感じながら声に出して読んでみると、面白い音のリズムが生まれます。自分たちのリズムを見つけましょう。

5. 教『かぞえうたのほん』

作／岸田衿子
絵／スズキコージ
福音館書店　1990年
（1,100円）４歳～小学３，４年生　教育出版２年上

「いちくん、いちごの、たねだけたべた」「にーくん、にぼしの、かばやきたべた」といった「かぞえうた」が並んでいます。子供と一緒に声に出して読んでみましょう。日本語のリズムが弾んで感じられます。言葉を入れ替えて自分でもかぞえうたを作ってみましょう。

6.『がたん ごとん がたん ごとん』

作／安西水丸
福音館書店　1987年
（650円）０，１，２歳

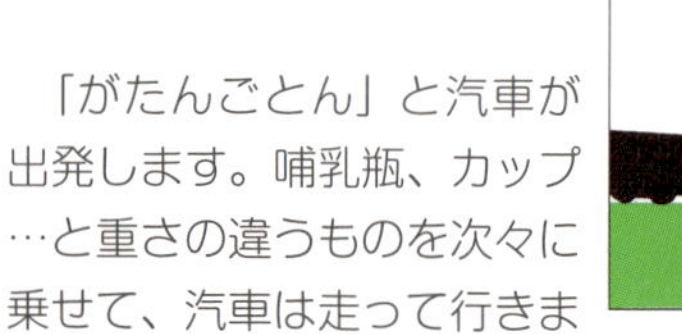

「がたんごとん」と汽車が出発します。哺乳瓶、カップ…と重さの違うものを次々に乗せて、汽車は走って行きます。スピードを感じながら「がたんごとん」と声を出してみると、身体も動き出すかもしれませんね。

7.『きょうはマラカスのひ』

文・絵／樋勝朋巳
福音館書店　2013 年
（1,400 円）４歳～

今日はマラカスの発表会の日。「チャッ、チャッ、チャッ、チャッ」「シャカ、シャカ、シャカ、シャカ」と楽しいリズムで演奏が始まります。「チャッ、ウー、チャチャ、ウー」と演奏を始めたクネクネさんは足がもつれて、どっしーん！ 発表会はいったいどうなるのでしょう？

8.『ぐつぐつ　くしゅくしゅ』

作／山岡ひかる
ひかりのくに　2010 年
（600 円）０，１，２歳

食べて、お風呂に入って、お休みするまでの生活の中で感じるオノマトペを、動物たちが案内してくれます。大人と子供が向き合って、五感で楽しむ絵本です。

9.『くりくり』

作／ひろかわさえこ
アリス館　1999 年
（800 円）２歳～

主人公のくりのくりくりが冒険をしながら色々な「くり」に出会ってびっくりしたり、しゃっくりがでたり…。「くり」によって奏でられる七五調のリズムを楽しみながら、「くり」がどこに隠れているか探してみましょう。

10.『ころころ　とんとん』

作・絵／ナムーラミチヨ
フレーベル館　2011 年
（700 円）０，１，２歳

ころころたちが仲良く遊んでるよ。飛んだり、くっついたり、皆で冒険してどこに行くのでしょう。オノマトペの繰り返しと赤ちゃんにもわかるようなストーリー、声に出して一緒に読んで楽しみましょう。

11.『ころころラッコ　こラッコだっこ』

作／石津ちひろ
絵／藤枝リュウジ
BL 出版　2003 年
（1,300 円）５歳～

ラッコは子ラッコをだっこして、となりのいもりがやもりをおもりして…。「生むぎ生ごめ生たまご」のような早口言葉がふんだんに使われた新しい早口言葉絵本です。発音練習をしっかりして、リズムを感じて読んでみましょう。

12.『こんこん　こんなかお』

作／ますだゆうこ
絵／村上康成
そうえん社　2009 年
（1,000 円）２、３，４歳

リンゴに顔があったら…、やかんに顔があったら…どんな顔かな？繰り返されるリズミカルな言葉が楽しい絵本です。「こんこんこんなかお、にこにこ」と表情も加えて読みながら、子供たちとやりとりしましょう。

2　言葉のリズムを楽しむ

13. 教『しりとりあいうえお』

文／石津ちひろ
絵／はたこうしろう
偕成社　2000年
（1,000円）小学校低学年～
教育出版２年上

「あいうえお」が五十音順にちゃんとしりとりになって出てきます。親子やクラスで声を合わせて読むと同調する一体感が味わえます。絵の形も色も軽妙でおしゃれな絵本です。

14. 教『たのきゅう』

文／小沢　正
画／太田大八
教育画劇　1996年
1,200円
光村図書３年上

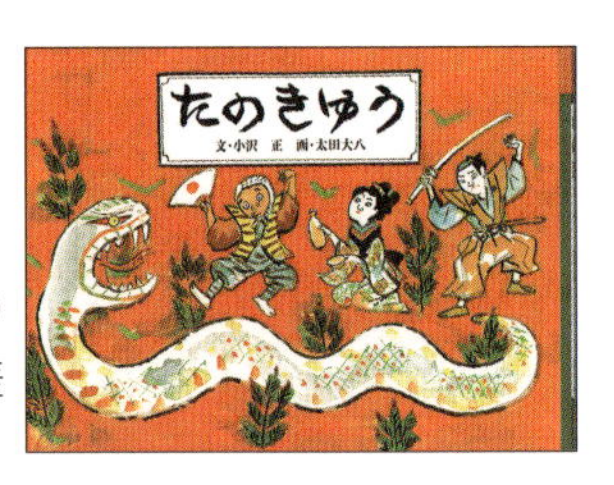

旅の役者たのきゅうが夜道を歩いて峠に差し掛かったときのこと、しらがのおじいにばけたうわばみに出会ってしまいます。機転を利かせてうわばみをだまし、その場をしのいだたのきゅうのところに、後で怒ったうわばみがやってきますが…。はらはらどきどきの物語です。

15.『ちょんまげとんだ』

作／中尾昌稔
絵／広瀬克也
くもん出版　2015年
（1,300円）２歳～

「ちょんまげ とんだ」「どことんだ？」とリズミカルな言葉のやりとりで始まります。大きな岩に押されて崖から落っこちそうなブルドーザー、シャチに食べられそうなペンギン、ワニににらまれた鳥の親子。これらの絶体絶命の状況を、ちょんまげはどうやって解決するのでしょうか。

16.『とっとこ とっとこ』

作・絵／まついのりこ
童心社　2003年
（800円）１歳～

ネコやアリ、ゾウなど、大きさの違うものが身体に合った靴を履いて「とっとことっとこ」とやって来ます。身体の大きさや重さ、歩く速さなどの違いを、様々なリズムやテンポで楽しく表現してみましょう。

17.『どんぐり とんぽろりん』

作／武鹿悦子
絵／柿本幸造
ひさかたチャイルド
2008年（900円）１歳～

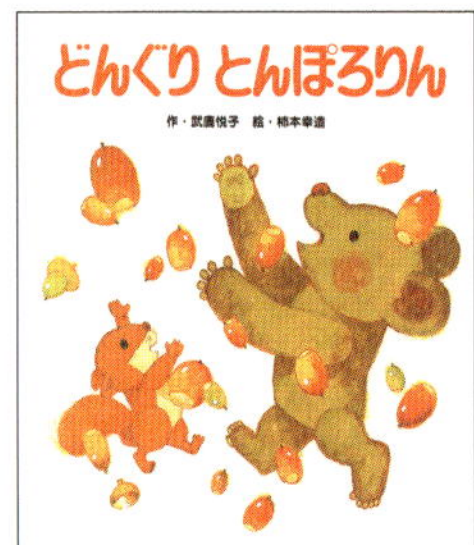

いっぱいのどんぐりをりすとくまが仲良く分け合います。お話を語る文が、最初から最後まで一定のリズムで構成されていて、知らないうちに心地よく読めるように作られています。

18. 教『なぞなぞあそびうたⅡ』

作／角野栄子
絵／スズキコージ
のら書店　1992年
（1,200円）小学中学年～
教育出版２年上・三省堂３年

「おおきなくちに　みみひとつ　みみをつまんで　くちにキス」などと、リズミカルな言葉でなぞなぞが出されます。声に出して読むのも楽しい、聞くのも楽しい、考えるのも楽しい。そんな楽しさがいっぱいのなぞなぞ本です。リズミカルに問いかけましょう。

19.『なわとびしましょ』

作／長谷川義史
学研　2008年
（1,200円）4歳～

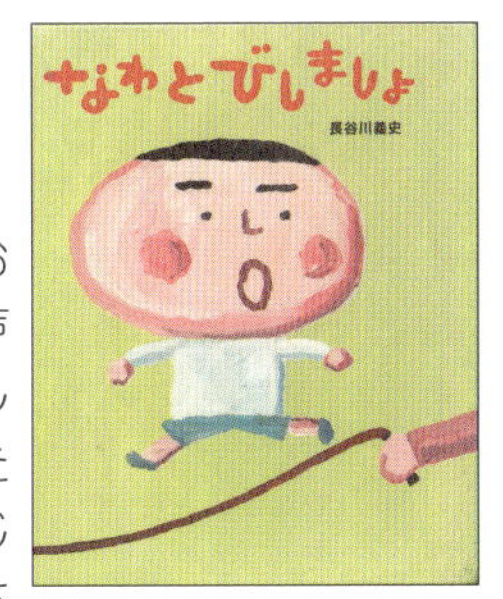

「♪なわとびしましょ、おはいんなさい」というかけ声に乗って、大縄跳びが展開します。最初に縄に入ってきたのはたけしくん、続いておじいさん、おばあさん、魚やさんにうどんやさん。ペッタンペッタンと続く縄跳びも、ついに途切れる瞬間が！　縄を踏んだのはだれ？

20.『ねんどろん』

作／荒井良二
講談社　2012年
（1,200円）３歳～

「ずんずん　ちゃ　ずんずん ぱ…」から始まる二拍子のリズムが全体に貫かれている音楽的な絵本です。声を出して読み初めるとすぐにこのリズムに乗ってきます。赤、黄、緑の主人公たちが触覚のオノマトペと一体となって変化する楽しさを、身体全体で感じてください。

21.『ぶーぶーぶー』

作／こかぜさち
絵／わきさかかつじ
福音館書店　2007年
（800円）０、１、２歳

「あかいじどうしゃぶーぶーぶー」「あおいじどうしゃぷーぷーぷー」とリズミカルに繰り返すと、日本語のリズムが響いてきます。色や音の変化に言葉のリズムを加えて読むことを心がけ、子供と共感しながら絵本を楽しみましょう。

22.『へんしんトンネル』

作・絵／あきやまただし
金の星社　2002年
（1,200円）２歳～

どんなものでもへんしんしちゃうトンネルがありました。かっぱは何にへんしんするでしょう。子供と一緒に声に出して「かっぱかっぱ…」と何度も繰り返し読んでみましょう。どうなりましたか？

23.『ゆめ　にこにこ』

作／柳原良平
こぐま社　1998年
（900円）１、２、３歳

朝起きてから夜夢を見るまでの暮らしが擬態語や擬音語で綴られてゆきます。月の「しーん」というオノマトペ以外は、全てが「にこにこ」のように、二音節の反復した語が用いられ、統一したリズムで貫かれています。

24.『りんごがドスーン』

作・絵／多田ヒロシ
文研出版　2009年
（1,100円）２歳～

大きな大きなリンゴが落ちてきて、色々な動物が次々と現れてはリンゴを食べてゆきます。食べる動物が大きくなっていくにつれ、言葉のリズムが変化することで、リンゴがどんどんなくなってゆく様子が伝わってきますね。

3　オノマトペの面白さで遊ぶ

オノマトペは日本語を特徴づける言葉だと言われています。幼い子供は、オノマトペで表現される言葉をいち早く覚えます。そんなオノマトペで遊ぶことのできる絵本をここに集めました。五感で感じるリズムを動きにしたり、聞こえてくる音を面白いオノマトペで表して、遊んでみましょう。

1.『いろがみびりびり』

作／まつながあき
絵／はやしるい
2009年　くもん出版
(800円)　1歳〜

いろがみを破いて、音を聞いてみましょう。ながーく破く音、まあるく破く音、ちっちゃく破く音、皆違う。破れた形も皆違う。破ったいろがみで何ができたかな？

2. 教『うしはどこでも「モ〜！」』

作／エレン・フランスキー・ワインスティーン
絵／ケネス・アンダーソン
訳／桂かい枝
すずき出版　2008年
(1,400円) 4歳〜
東京書籍1年下

私たちは、犬は「ワンワン」となくと思っています。でも国によって動物の鳴き声はこんなに違って聞こえるのですね。もう一度身の回りにいる動物の鳴き声に無心に耳を傾けたら、これまでと違ったオノマトペが聞こえてきませんか？　ところでうしは本当に「モー！」って鳴くかしら？

3.『うちのおばけ』

文／谷口國博
絵／村上康成
世界文化社　2008年
(952円)　1歳〜

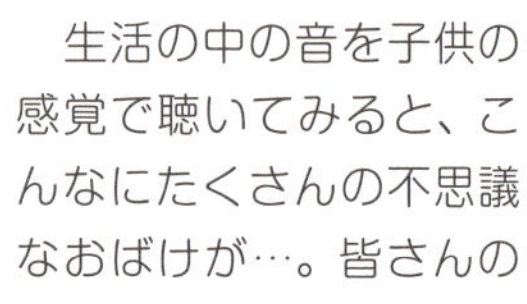

生活の中の音を子供の感覚で聴いてみると、こんなにたくさんの不思議なおばけが…。皆さんのおうちにはどんな音おばけが住んでいますか？　子供と一緒に探すのが楽しくなる、そんな絵本です。

4. 教『おいしいおと』

作／三宮麻由子
絵／ふくしまあさえ
福音館書店　2008年
(800円)　2歳〜
学校図書2年上

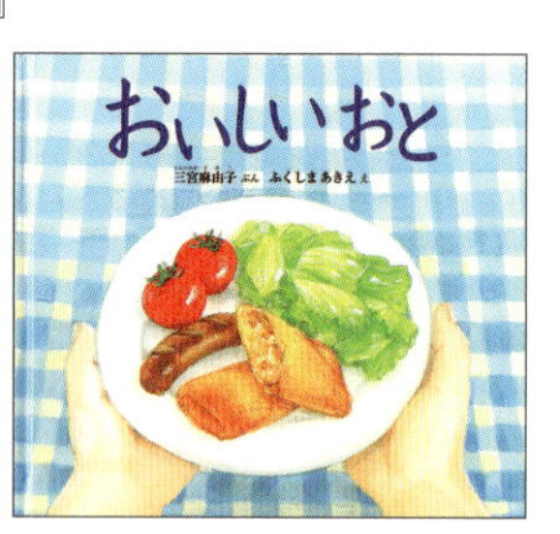

「いただきまーす」。おいしいものを食べるとどんな音がするでしょう？ウィンナをかじると「クッ、プワッ…」不思議な音が聞こえます。絵を見ながら、匂いも歯ざわりも熱さ冷たさも想像して読んでみましょう。

5.『おとがいっぱい』

作・絵／たちもとみちこ
ブロンズ新社　2010年
(1,200円)　1歳〜

朝起きて幼稚園へ行って帰ってくるまで、私たちはなんてたくさんの音を聞いているのでしょう。さぁ、あなたは今日いったいいくつの音に気付きましたか？楽しい音が溢れてくるオノマトペ事典です。

6.『おやさい　とんとん』

作／真木文絵
絵／石倉ヒロユキ
岩崎書店　2008年
(600円)　1、2、3歳

にんじん、たまねぎ、じゃがいもが、「とんとんとん」の音を立ててお鍋へ移動！　お次はお鍋で「ぷっぷくぷー」。おやさいのいい匂いがぽわっと漂ってきましたよ。何ができたかな？

7. 教『からだのなかで ドゥンドゥンドゥン』

作／木坂涼
絵／あべ弘士
福音館書店　2008年
(900円)　3歳～
学校図書2年上

いつも絶え間なく動いている心臓の音。普段は気付かない音だけど、思い切り走ったり、驚いたりすると聞こえるね。とかげの心臓は「トゥク　トゥク」、くじらの心臓は「ドウーンドウーン」。お友達の胸に耳をあてたらどんな音がしていますか？

8.『くつくつあるけ』

作・絵／林明子
福音館書店　1986年
(800円)　0歳～

一足のかわいいくつが散歩に出かけます。走ったり、跳んだり、転んだり…。ぱたぱた、とんとん、ぴょんぴょんと、足の動きに伴ってリズミカルなオノマトペが次々に聞こえてきます。

9.『くりんくりん ごーごー』

作／佐々木マキ
福音館書店　2008年
(800円) 1歳～

くまの一輪車は「くりん　くりん」、らいおんのおーとばいは「どるんどるん」。乗っている動物や乗り物によって色々なオノマトペが出てきて皆で一緒に遊びます。

10.『ころころぽーん』

作／新井洋行
ほるぷ出版　2011年
(1,000円)　0歳～

「たったか、たったか」勢いよく駆けてきたクマの子。木のリンゴを取ろうと「ぴょーん」とジャンプしたら、あらあら…。「ころころ」転がってどこへ行くのかな？　リズミカルな音だけでストーリーが進んでいきます。

11. 教『さんねん峠』

作／李 錦玉
絵／朴 民宜
岩崎書店　1981年
(1,300円)
★光村図書3年下・学校図書3年下

三年峠で転ぶと三年しか生きられない。言い伝えのあるとうげで転んだおじいさんはすっかり気が弱ってしまいます。その時、少年トルトリが名案を授けます。するとおじいさんは「こりゃめでたい」と喜びながら何度も峠を転びます。トルトリの授けた名案とは…。

12,『だるまさん が』

作／かがくいひろし
ブロンズ新社　2008
(850円)　1歳～

私たちが何気なく表している音がかわいらしいだるまさんとともに出てきます。なぜだるまさんは転んだのかしら？　だるまさんの真似をして思わず一緒に身体を動かしてみたくなる絵本です。

3　オノマトペの面白さで遊ぶ

13.『ちもちも』

作・絵／ひろかわさえこ
アリス館　2000年
(800円)　1、2、3歳

ちもちもが、ぽかぽかと天気の良い日に、のこのこ、もにもにと進んでいくと、色々なものや音に出合います。場面に合わせて言葉のリズムや速度を変化させるとより面白く読めるでしょう。

14. 教『つきよのおんがくかい』

作／山下洋輔
絵／柚木沙弥郎
構成／秦好史郎
福音館書店　1999年
(1,200円)　4歳～
三省堂2年

満月の夜にこうちゃんが山に登ると、ベースをもった馬やドラムをもった猫などに出会います。「ぶんぶん、シャカシャカ…」と愉快な音が重なって、音楽会の始まりです。友達と声を出して、音のかけ合いっこをしましょう。

15.『つららが ぽーっとん』

文／小野寺悦子
絵／藤枝つう
福音館書店　2009年
(900円)　3歳～

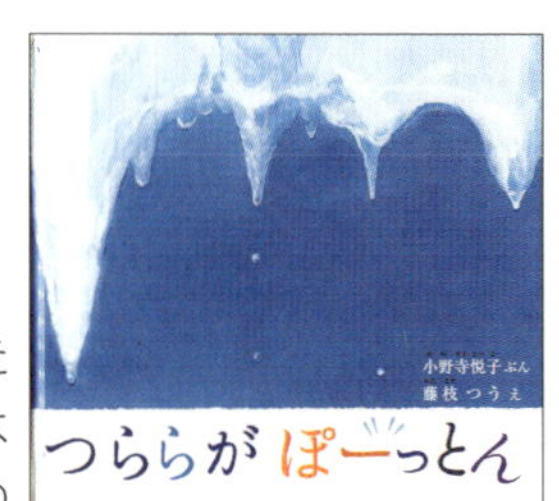

家の窓の軒下にできたつららは春の訪れを誰よりよく知っています。つららはしずくの音でお話をします。ぽーっとん、ぽっとん、ぽとととととととと、どんな風にお話するするのか友達と読み合ってみませんか。

16.『てのりにんじゃ』

作／山田マチ
絵／北村裕花
ひさかたチャイルド　2016年
(1,300円)　3歳～

てのり忍者はその名の通り、てのり文鳥と同じくらい小さな忍者です。足音も立てず素早く動くので、なかなかその姿を見ることができません。忍者に出会ったときはどうしたらいいのか、この絵本が教えてくれます。

17.『とんとん　どんどん』

作／中川ひろたか・
絵／村上康成
PHP研究所　2003年
(1,000円)　1歳～

「とんとん」「どんどん」。声に出してみると、どんな違いを感じますか？「そろそろ」が「ぞろぞろ」と濁音になるだけで、大きさや重さ、量に変化が感じられます。オノマトペって不思議ですね。

18.『にゃーご』

作・絵／宮西達也
すずき出版　1997年
(1,300円)

ある日、三匹のこねずみが猫のにゃーごに出会います。猫の怖さを知らないこねずみはにゃーごを桃取りに誘います。にゃーごは機を見てこねずみたちを食べようとしますが…。あなたならどうしますか？

19.『ひ　ぼうぼう』

作／新井洋行
童心社　2011 年
(800 円）１歳〜

真っ暗闇に「ぽっ！」と小さな火が着いた。風にゆられてだんだん大きくなって、「めらめら」。わぁー、たいへん！。火はどんな音を立てながら燃えあがるの？　皆で火になって動いてみましょう。

20.『ぺんぎんたいそう』

さく／齋藤 槙
福音館書店　2016 年
（800 円）0、1、2 歳〜

大小のキングペンギンとケープペンギンが並んで体操する姿は、なんだかとってもユーモラス。「いきをすって〜、はいて〜」「くびをのばして〜、ちぢめて」と正反対の形と動きが面白く、皆で対比を感じながら楽しく動くことができます。

21.『まわるまわる』

作・絵／みやにしたつや
すずき出版　2000 年
（1,100 円）３歳〜

まわるまわる、色々なものが回ります。回るものによって出る音のオノマトペは違います。ぶるぶる回るのは何ですか？　では、がちゃがちゃ回るものは？　オノマトペから何が回っているのか当てっこしましょう。

22.『もくもくやかん』

文／絵　かがくひろし
講談社　2007 年
（1,500 円）３歳〜

やかん、ポット、じょうろ、きゅうすが、あるカンカン照りの暑い日に大集合。さあ準備運動をして、大きく息を吸って「ぷしゅぷしゅ〜」「もくもく」さて、何が起きるのでしょう。呼吸を感じて表してみましょう。

23.『もじもじさんのことば劇場』

作／西村敏雄
偕成社　2010 年
（1,400 円）１年生〜

「じゅぎょう中　おしゃべりしていたら　先生の目がぎろりと光った」　日本語の豊かなオノマトペの表現を、もじもじおじさんが案内してくれます。友達とオノマトペのお題を出しあって即興で作文したり、絵に表わしたりすると、楽しいですよ。

24.『やまのおふろやさん』

作・絵／とよたかずひこ
ひさかたチャイルド
2006 年
（1,000 円）３歳〜

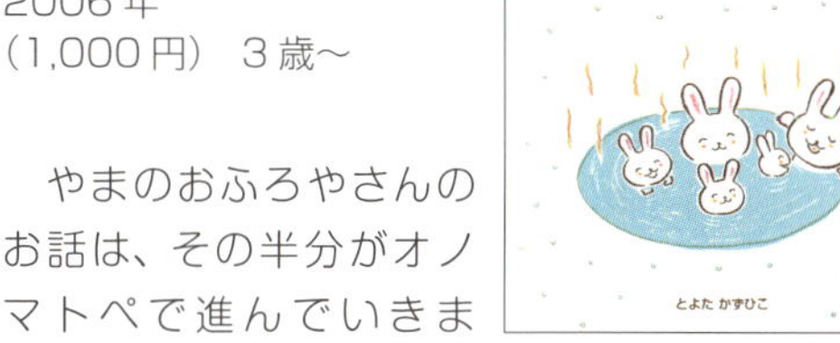

やまのおふろやさんのお話は、その半分がオノマトペで進んでいきます。雪が降り積もるやま奥にあるおふろに、さるやいのししの家族が入りに来ます。オノマトペがあるとこんなに情景が伝わってくるのですね。

4　五感を通して物語のイメージを膨らませる

ここに集めた絵本は明確なストーリーのあるものばかりですが、音がとても重要な役割を果たしています。それは主題そのものであったり、物語の進行を担うリズミカルな唱え歌であったり、擬音語の臨場感に溢れる清新なイメージであったりと様々です。さあ、音からどんな物語が展開されるでしょう。

1.『あ、きこえたよ』

作／堤江実
絵／堤大介
PHP研究所　2009年
(1,200円)

大音量の機械音や電子音にさらされて生きている私たちの暮らし。「しずかに　しずかに　めをとじて」身の周りにある音、自然の音、宇宙の音にそっと耳を傾けてみましょうと誘いかける絵本です。

2.『あさになったので まどをあけますよ』

作・絵／荒井良二
偕成社　2011年
(1,300円)　小学5年生～
光村図書1年

私たちの日常に溢れている音。でも立っている位置で聞こえてくる音は全く違います。さぁ、自分の周りに目を向け、五感を開いて耳を澄ませて感じてみましょう。きっといつもと違った音が耳に入ってくるでしょう。

3.『あめ　ぽぽぽ』

作／ひがしなおこ
絵／きうちたつろう
くもん出版　2009年
(800円)

雨が降ってくるとどんな音が聞こえるでしょう。ゆっくり降る、風にのって降る。傘に降る…。雨の落ちる「ぽぽぽ」という音はステキだと思いませんか。道の上にも、水たまりにも、豊かに広がる音と色の世界を感じて、声に出してみましょう。

4. 教『いいことってどんなこと』

作／神沢利子
絵／片山健
福音館書店　2001年
(900円)　5歳～
東京書籍1年下、3年上・教育出版1年下

主人公の「わたし」は小学校低学年くらいの女の子。小さな音に誘われて外に出てみると、しずくも小鳥も「いいことがある」というのです。身の回りの様々な音を見つける私はとうとう「いいこと」に出合います。春のオノマトペはとてもやさしいです。

5. 教『おむすび ころりん』

文／よだじゅんいち
絵／わたなべさぶろう
偕成社　1967年
(1,000円)　3歳～
教育出版1年上

おにぎりが「ころころ」転がって、穴に落ちてしまいました。誰もが知っている「おむすびころりん　すっとんとん」と言う唱え言葉は、一度聞いたら忘れられない音とリズムを持っています。子供と一緒に声に出して遊んでみましょう。

6.『おやすみなさいの おと』

作・絵／いりやまさとし
講談社　2009年
(1,400円)　4歳～

なかなか眠れない穴ぐまの兄弟は、外から聞こえてくる音が気になります。「ぽとりぽとり」と聞こえたのは野ねずみさんの家のどんぐりが落ちる音。色々な音から家の外の情景が浮かんできます。あなたはどんな光景を思い浮かべますか。

7.『がたたんたん』

作／やすいすえこ
絵／福田岩緒
ひさかたチャイルド 1988年
(1,000円) 4歳〜

「がたたんたん」のリズムを基にした電車の音だけで、ある日の車両でおこったささいな出来事や乗りあった人たちの触れ合いを物語ります。音とリズムの力を改めて感じさせられます。

8.『ぎーこん　ぎーこん』

作・絵／とよたかずひこ
岩崎書店　1997年
(800円) 0.1.2歳

「ぎーこん　ぎーこん」と揺れるブランコに乗って、しろくまくんとお父さんがお話を始めます。ゆったりした揺れを感じながら、子供たちがお話を楽しめるように、リズム感のある読み方を工夫してみましょう。

9.『きこえる　きこえる』

作／マーガレット・ワイズ・ブラウン
絵／レナード・ワイズガード
訳／よしがみきょうた
小峰書店　1998年
(1,300円)3、4、5歳

目にけがをして、包帯を巻かれてしまった子犬のマフィン。目は見えなくても、耳をぴんと立てて澄ましてみると、色々な音が聞こえてきます。マフィンと共に周りの音に耳を澄ましてみましょう。

10.『きこえる？ きこえるよ』

絵／たしろちさと
グランまま社　2008年
(1,200円) 3、4、5歳

私たちは朝目覚めてから夜眠るまでに多くの音に囲まれて生活しています。皆さんは今どんな音が聞こえていますか？　毎日同じような生活をしていても聞えてくる音はきっと違うはずです。そんな日常から聞えてくる音を場面から深く想像できる絵本です。

11.『くすのきだんちは10かいだて』

作／武鹿悦子
画／末崎茂樹
ひかりのくに　2007年
(1,200円)

もぐらのもぐが管理人をする大きなくすの木には、色々な動物が住んでいます。皆さんの近所にも生えているでしょうか？　そこにはどのような虫や動物がいますか？　そして葉や枝や幹はどんな匂いがするのでしょうか？

12.『さるかに』

文／松谷みよ子
絵／滝平二郎
岩崎書店　1994年
(1,100円) 3歳〜

柿の種とおむすびを交換した猿は、カニが育てた柿の実を独り占め。悔しいカニの思いを知った、くりや石うす、くまんばちが仕返しをするために、猿の家へ向かいます。有名な昔話に多様なオノマトペが散りばめられて、音の面白さから豊かに物語のイメージが広がります。

4　五感を通して物語のイメージを膨らませる

13. 教『たぬきの いとぐるま』

作／小暮正夫
絵／水野二郎
チャイルド本社　1994年
（448円）
★光村図書 1年下

　山で暮らす木こりの夫婦の家に来たのは、いたずら好きのかわいいたぬきの子。「キークルクル」とおかみさんが糸車を回すまねをします。ある日、わなにかかったたぬきの子を、おかみさんは逃がしてやります。やがてまた春が来て木こりの夫婦が山の家に戻るとそこには…。

14. 教『大造じいさんと雁』

作／椋　鳩十
絵／網中いづる
岩崎書店　2012年　1,000円
★光村図書5年・★東京書籍5年・★教育出版5年上・★学校図書5年下・★三省堂5年

　猟師の大造じいさんが語った物語です。群れで飛ぶ渡り鳥のガンをとらえようと計略を練りますが、群れの頭領「残雪」の率いるがんをなかなか捕まえられません。ハヤブサから襲われたガンを助けるために命懸けで戦い、残雪は傷つきます。美しい情景とともに、人と動物との関わりが鮮やかに描き出される物語です。

15. 教『月夜のバス』

作／杉みき子
絵／黒井　健
偕成社　2002年
（1,200円）小学校中学年〜
光村図書5年・学校図書5年下

　少年が一人で歩く海沿いの夜の国道は、昼間には聞こえなかった音が聴こえてきます。目の前を通り過ぎる黄色いバスの中に一瞬海の中の光景をみた少年。絵本全体を通して聞こえてくる月夜の波音が、少年に不思議な情景を見せてくれたのでしょう。

16. 教『とん ことり』

作／筒井頼子
絵／林明子
福音館書店　1989年
（900円）4歳〜
東京書籍1年上・三省堂2年

　引っ越してきた家の郵便受けから聞こえる「とん　ことり」という小さな音。少女は次の日も、また次の日も音を聞きました。郵便受けには、すみれやたんぽぽが…いったい誰が届けてくれたのでしょう。小さな音が想像力を広げてくれます。

17.『どろんこあそび』

作・絵／川上越子
架空社　1995年
（900円）

　畑でさつまいも、じゃがいも、うり、にんじん、だいこんが遊んでいました。見るとレンコンさんが泥だらけになってとっても気持ちよさそう。やりたーい！　皆で思いっきりどろんこ遊びを楽しんで大満足。こんな全身の触覚を使って夢中で遊ぶ子供時代が送れたら幸せですね。

18.『はしれ、きかんしゃ ちからあし』

作／小風さち
絵／藍澤ミミ子
福音館書店　2008年
（1,500円）5歳〜

　蒸気機関車の音、現代の私たちが忘れている大切な何かを教えてくれます。機関車も人と共に楽しく走りたい！「ぼーっ　ぼーっ　ぼーっ」と汽笛をならして今日も走ります。それぞれの場面からは、音だけではなく、機関車のスピード感や重量感も感じて読んでみましょう。

19.『ぽとんぽとんはなんのおと』

作／神沢利子
絵／平山英三
福音館書店　1980年
(800円)　3歳～、
学校図書2年上

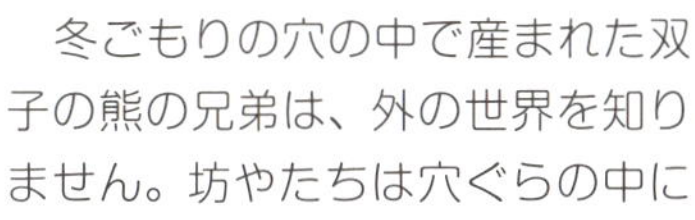

冬ごもりの穴の中で産まれた双子の熊の兄弟は、外の世界を知りません。坊やたちは穴ぐらの中に聞こえてくる音の正体を母さん熊にたずねます。冬から春へと移ってゆく自然の営みを音で感じて育ってゆきます。一番最後だけ、春の訪れを匂いでとらえているのが印象的です。

20. 教『もりの おとぶくろ』

作／わたりむつこ
絵／でくねいく
のら書店　2010年
(1,500円)　4歳～
教育出版1年下

4匹の子うさぎは、けがをしたおばあちゃんに音を届けようと、森へ向かいました。「きこえる　きこえる」風の音、水の音、鳥のうた…きっと森が奏でる百の音が聞こえてくるはずです。一つずつ音ぶくろに集めてみませんか。

21.『もりのおるすばん』

作／丸山陽子
童心社　2012年
(1,333円)　4歳～

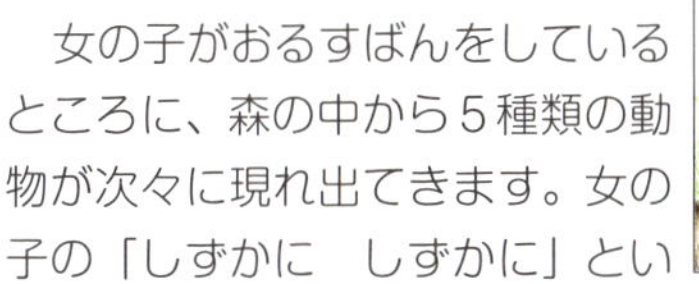

女の子がおるすばんをしているところに、森の中から5種類の動物が次々に現れ出てきます。女の子の「しずかに　しずかに」という繰り返しのリズムで進行するお話を、5種類の動物の特徴の違いを足音のリズムとオノマトペから感じとって味わいましょう。

22. 教『雪渡り』

作／宮沢賢治
絵／たかしたかこ
偕成社　1990年
(1,600円) 小学校中学年～
★教育出版5年・★三省堂6年下・光村図書6年・東京書籍5年・学校図書3年下

「堅雪(かたゆき)かんこ しみ雪(ゆき)しんこ」「キックキックトントントン」一度聴いたら忘れられない言葉のリズムがくり返され、詩のような言葉とオノマトペのリズムがお話を貫いています。言葉の響きのリズムが子ぎつね（自然）と共振して、雪の里山の幻想的な画像を描きだします。

23. 教『ラン パン パン』

再話／マギー・ダフ
訳／山口文夫
絵／ホセ・アルエゴ／アリアンヌ・ドウィ
評論社　1987年　4歳～
1,200円

★学校図書2年上・

光村図書2年下・東京書籍3年下・教育出版3年下

「ランパンパン」と太鼓を打ち鳴らし、王様との戦いに出発だ！　クロドリは連れ去られた女房を取り返すために、ネコ、木の枝、アリ、川を仲間にして「ラン パン パン」「ラン パン パン」と進撃します。一度聴いたら忘れられない音ですね。あなたはどんな気持ちになりますか？

24. 教『ロージーのおさんぽ』

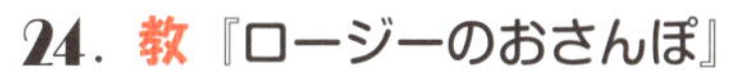

作／パット＝ハッチンス
訳／わたなべしげお
偕成社　1975年　1,000円
3歳～、
教育出版1年上

小屋から散歩に出てゆくロージーを悪賢そうなきつねがつけねらいます。わずかなト書きの文だけしかありませんが、明るく軽妙な絵から色々な音が聴こえてきます。ずっと同じリズムで刻まれるロージーと、緩急のある変化に富んだ狐のリズムの対比を感じて楽しみましょう。

5　様々な表現法を試みる

ここに載せた絵本は、そのまま読み聞かせをするだけでも十分に楽しめますが、教師のアイデァや工夫によって色々な遊びや鑑賞の仕方に発展できるものです。子供たちと声や身体を使った掛け合いの応答で遊んだり、想像した音楽をバックミュージックにして読むなど、自由に発想しましょう。

1.『あいうえおうさま』

文／寺村輝夫
絵／和歌山静子
デザイン／杉浦範茂
理論社　1979年
(1,000円)　5歳～
光村図書1年

「あいうえおうさま　あさのあいさつ　あくびをあんぐりああおはよう…」王様の愉快なエピソードとともに皆さんを「あいうえお」の世界へとリズミカルに導きます。そのリズムを楽しむとともに、ものの名前や、言葉の使い方も覚えられる絵本です。

2.『雨、あめ』

作／ピーター・スピアー
評論社　1984年
(1,400円)　5歳～

アメリカの子供たちの雨の日の一日が描かれた文字なし絵本です。傘をさして出かけた姉弟は晴れた日には体験することのできない様々な事柄に出合います。たくさんの音や匂いが伝わってくる絵本です。雨の日の園庭や校庭で見つけたことを絵や作文に表してみましょう。

3.『いちにちおもちゃ』

作／ふくべ あきひろ
絵／かわしま ななえ
PHP研究所　2009年
(1,200円) 3歳～

少年が一日おもちゃになってみるお話です。クレヨンになると「ずりずりずり　いたたた～」、けん玉になると「ぶすっ　いたたたた～」とおもちゃになってみるととてもたいへん。友達にひもを引いてもらって、好きなコマになって回ってみるのも楽しいですね。

4.『かお かお どんなかお』

作／柳原良平
こぐま社　1988年
(800円)　3歳～

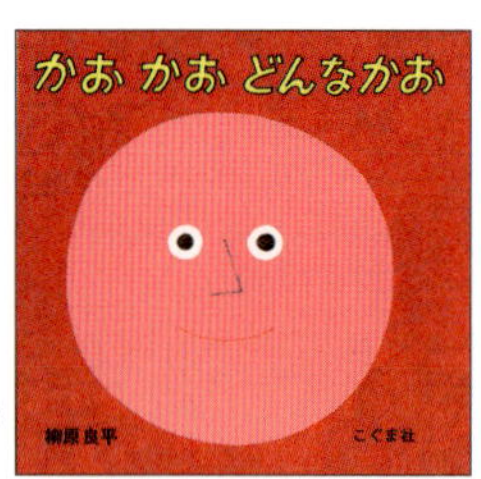

私たちが普段何気なく表している表情が沢山出てきます。たのしいかお…本当に楽しい気分になって読んでみましょう。かなしいかお … 悲しい気分になって読んでみましょう。反対に友達とたのしいかお…を悲しい気分で読んだり、かなしいかお…を楽しい気分で読みあいっこすると面白いですよ。

5.『きいろいかさ』

作・絵／リュウ・チェスウ
作曲／シン・ドンイル
BL出版　2010年
(1,800円)　5歳～

灰色にけむった雨の朝に、黄色いかさが出かけます。最初に出合うのは青いかさ。赤、緑…と色とりどりに増えて公園や橋を進んでいきます。この絵本には文字がありません。でも子供たちの弾む声が聞こえてくるようです。付録の音楽(CD)からもイメージが広がります。

6.『きこえる？』

作／はいじま のぶひこ
福音館書店　2012年
(1,400円)　5歳～

夜です。全ての生きものやことがらがうすいペールトーンのシルエットで表されています。その静けさの中で耳を傾けるとささやかな音が聞こえてきます。そこには心でしか聞き取れない音もあります。形や色に表してお友達に知らせましょう。

7.『くまの楽器店』

作／安房直子
絵／こみねゆら
小学館　2009 年
(1,500 円)　5 歳～
東京書籍 2 年上

にれの木の下に不思議屋という楽器店がありました。くまの主人は、様々な悩みを持つ人に楽器を売ります。それぞれの楽器の音色を感じさせる小さなお話が紡ぎ出され、それらが集まってお話全体が静かな静かな音楽のようです。

8. 教『三びきのやぎのがらがらどん』

北欧民話
絵／マーシャ・ブラウン
訳／瀬田貞二
福音館書店　1965 年
(1,000 円)　3 歳～
教育出版 1 年上・学校図書 1 年上、3年上・三省堂 2 年

ノルウェーの民話として世界的に有名な絵本です。日本でも多くの子供たちがこの絵本を読んで育ちました。高い山の間に渡された丸太橋の上だけが舞台ですが、お話に出てくるオノマトペ以外にも様々な音が聴こえてきます。その音を身近な素材でつくって劇遊びをしましょう。

9.『しりとリズム』

作／じゅてん
絵／オオノヨシヒロ
PHP 研究所　2003 年
(1,000 円)　4 歳～
(品切れ重版未定)

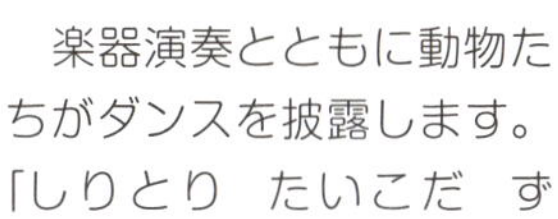

楽器演奏とともに動物たちがダンスを披露します。「しりとり　たいこだ　ずんどこ　どどんぱ　どうぶつ　かいぶつ　でておいデ」「デんぐり　ころりん　つるの　ワルツは　つんつるリ」のような愉快なしりとり遊びが広がります。

10.『空の絵本』

作／長田弘
絵／荒井良二
講談社　2011 年
(1,400 円)　小学 5 年生～

あたりは暗く、だんだん雨が強まってきて、雷までなりだした。でも雨が止むと、周囲は雨に洗われて輝く美しい山の風景。やがて夜になると星が瞬き月があたりを照らします。時間の経過とともに刻々と変化する情景が美しく描き出されます。

11. 教『たいようのおなら』

編／灰谷健次郎
絵／長新太
のら書店　1995 年
(1,200 円)　小学中学年～
三省堂 4 年

子供たちの豊かな感性で紡がれた詩集です。表題作「たいようのおなら」は、遠く宇宙まで想像を広げた詩です。皆さんも、見たこと聞いたこと、感じたことや思ったことを、ありのままに表現した言葉の宝箱をそっと開けてみませんか。

12.『でんしゃはうたう』

作／三宮麻由子
絵／みねおみつ
福音館書店　2009 年
(900 円)　4 歳～

電車が「発車する音」、「通過する音」、「ブレーキの音」、色々な音が聞こえてきますね。通る場所や環境の違いで聞こえてくる音もさまざまに変わります。想像しながら絵から音を読み取り、違いを感じて読んでみましょう。

5　様々な表現法を試みる

13.『とん とん とん』

作／間所ひさこ
絵／とりごえまり
フレーベル館　2010 年
(700 円)　1 歳～

「とん とん とん」って音がする。りすちゃんが外をのぞいてみると…。おさるのだいくさんが「とんとんとん」、うさぎのおかあさんも、くまのおじさんも「とんとんとん」。皆何をしているのかな？

14.『とんとんとん』

作・絵／あきやまただし
金の星社　1997 年
(1,200 円)　2 歳～

「あ～そ～ぼ～！」の「とんとんとん」、「いるかなぁ～」の「と ん と ん と ん」、ノックにも色々あります。色んなドアから個性豊かな人間や生きものが登場します。「色の扉」と「ノックの音」からはどんな住人が出てくるでしょう。

15.『ドオン！』

作／山下洋輔
絵／長　新太
福音館書店　1995 年
(1,100 円)　3 歳～

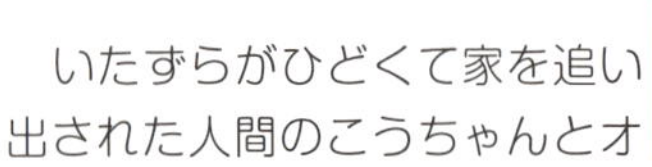

いたずらがひどくて家を追い出された人間のこうちゃんとオニの子ドン。たいこを持って出会った二人は「なんだよ、おまえ」と太鼓をドン！「やったな」とドンドコ　ドンドン ドン！　やがて、それぞれのお父さんやおかあさん、犬や猫、ニワトリも牛もやって来て、大騒ぎに。さて結末は？

16. 教『野はらの音楽家マヌエロ』

作／ドン・フリーマン
訳／みはらいずみ
あすなろ書房　2006 年
(1,400 円)　5 歳～

カマキリのマヌエロは音楽が好き。自分もきれいな音を出したいと植物を使って楽器を作りますが鳴りません。でも蜘蛛のデビーの糸で一緒に作ったチェロは美しい音色を奏でます。皆さんも身の回りの植物や廃材から楽しい楽器を作ってみましょう。

17.『はっきよい畑場所』

作・絵／かがくい ひろし
講談社　2008 年
(1,200 円)　3 歳～

畑の野菜たちがお相撲をするお話です。玉ねぎの皮がむけてニンジンがすべる、きゅうりのいぼが痛くてナスが押し出されるなどの愉快な取り組みを真似たり、新しい取り組みを考えてお相撲ごっこをしてみましょう。

18. 教『ふしぎなナイフ』

作／中村牧江　林健造
絵／福田隆義
福音館書店　1997 年
(900 円)　4 歳～
三省堂 1 年下

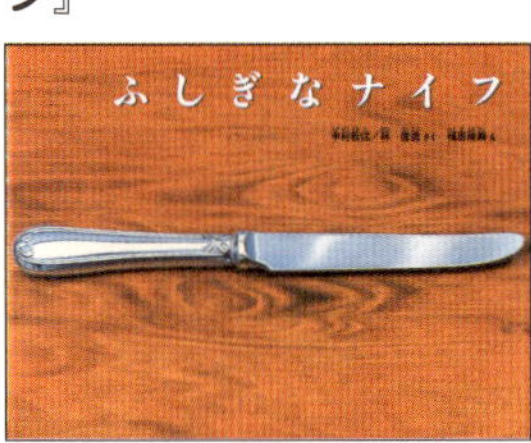

一本のナイフが置かれています。金属でできているナイフは、固く、冷たく、つるつるで光っています。ところが、そのナイフが曲がったり、ねじれたり、折れたり、割れたり。

質が変わるとヘンテコで面白い！　身の回りのものの素材の質を変えて描いてみましょう。

19.『ぽちぽち いこか』

作／マイク・セイラー
絵／ロバート・グロスマン
訳／今江祥智
偕成社　1980 年　1,200 円

　のんびりのかば君が色々な職業に挑戦しますが、「あかんわ」と失敗してしまいます。コミカルな表情と動作で「だめでも、ぽちぽちでいこか」の姿勢に勇気づけられる絵本です。邦訳が関西弁であることで、「あせらずやっていこうよ」というメッセージが伝わってきます。

20.『モチモチの木』

作／斎藤 隆介
絵／滝平 二郎
岩崎書店　1971 年　（1400 円）
★光村図書 3 年下・★東京書籍 3 年下・★教育出版 3 年下・学校図書 3 年下

　豆太は臆病な男の子。夜、おしっこに行くにもいつもじさまに連れて行ってもらいます。庭の大きなモチモチの木が、とても怖いのです。ある夜、じさまが病気でうんうんうなっていました。大好きなじさまのために勇気を振り絞って医者様を呼びに行った豆太が見たものとは。

21. 教『やこうれっしゃ』

作／西村繁男
福音館書店　1983 年
（900 円）４歳～
教育出版 1 年下

　昔走っていた列車です。場面からどんな音が聞こえてきますか。場面の中から車両を三つ選んで、画用紙に車両の枠を三つ描きましょう。それぞれの車両に響く音の違いを形や色で表わしてみましょう。

22. 教『やまなし』

作／宮沢賢治
画／小林敏也
好学社　2013 年
（1,700 円）小学校低学年～
★光村図書 6 年・★学校図書5年上

　「クラムボンはわらったよ」「クランボンがかぷかぷわらったよ」その正体の知れないものが笑う、かぷかぷという水の中の音。その最初の数行で私たちは川底に棲むカニの兄弟のお話に一気に吸い込まれてゆきます。音が幻想的な造形を紡ぎだす珠玉の作品です。

23. 教『よあけ』

作・絵／ユリ・シュルヴィッツ
訳／瀬田貞二
福音館書店　1977 年
（1,200 円）５歳～
教育出版5年上

　未明から夜明けの湖の情景がおじいさんと孫の 2 人を配して美しく描かれています。小学校の高学年以上でしたらグループで話し合ってお話をいくつかのプロットに分け、知っている音楽の中からその情景に相応しい曲を選んで発表しましょう。

24.『よるの ようちえん』

作／谷川俊太郎
絵／中辻悦子
福音館書店　1998 年
（1,300 円）５歳～

　誰もいない夜の幼稚園。お昼間はあんなに賑やかだったのに…あれあれ？　誰かいるようです。そっとさんです、あら、すっとさんも次々に面白いオノマトペと一緒に表れますよ。皆さんが誰もいない夜の幼稚園へ行ったらどんなオノマトペさんがいますか？パスで描いてみましょう。

おわりに

本書は、平成19年度から京都女子大学短期大学部の教員養成課程で開始した、子供の表現力を育む指導者としての資質と能力を育成するカリキュラムの開発研究が出発点になっています。子供（人間）にとって、自分の感じたことや思いを自分なりの表し方で大事な人に伝え、共感してもらいたいという欲求は、人間らしく生きること、そのものです。それは話し言葉や書き言葉、音や造形、身振りや表情という媒体が自然につながって表わされます。

けれども、私たちがこの研究を始めた頃、教育の現場では就学前教育においてもまだまだ領域ごとに指導され、小学校教育ではなおさら教科という枠組みの中で分断されて指導されていました。そのため、いつしかそれらは子供たちに別々のものとして受け止められ、成長して大学生になった時には、すっかり専門分化した異なる文化領域の表現媒体として認識されていました。手作りの楽器を演奏しても顔がこわばり、身体は硬直したままです。絵を描けば、正確な形ばかりが気になり、手首から先だけを動かして輪郭線を追っています。朗読をしても抑揚やリズムを感じてはいません。本来楽しいはずの表現が、自分の身体の感覚が繋がらず正確を期すことに精一杯です。そのような体験しか持たない学生たちが教師になって子供たちの表現を指導すれば、また同じことが繰り返されるでしょう。学生の感覚を解きほぐし、音声や言葉、形や色、身体の動きが繋がっていることを、自身が表現する過程で実感できる様々なプログラムを開発してきました。そして同時に子供たちに指導するときの教材研究も行ってきました。その一部が、この絵本から広がる表現活動です。

編者三名は、それぞれ造形教育、音楽教育、言語（国語）教育の専門の視点から、相互の関わりを横断的に指導することで子供の気付きが促され、学習が深まり、生活の中で生きる表現力となることを皆さんに伝えることができれば幸いに思います。

＜謝辞＞

本書の中心となる実践事例の研究には、京都市立幼稚園教育研究会、京都教育大学附属幼稚園、宝塚市立西山幼稚園、西吹田幼稚園、京都幼稚園、京都教育大学附属京都小中学校、京都女子大学附属小学校にご協力を頂きました。ここに深く感謝の意を表します。

また絵本作家であり、デザイナーである駒形克己氏には格段のご理解とご配慮を賜り、心より感謝を申し上げます。

なお、本書は京都女子大学平成30年度出版経費一部助成を受けて出版したものです。紙面を借りてお礼を述べさせて頂きます。

最後になりましたが、本書の出版を快くお引き受け頂いた一藝社会長菊池公男氏、社長小野道子氏、編集者の藤井千津子氏に厚くお礼を申し上げます。

2018年8月10日　編著者

※本書は「保育士・教員養成課程における幼保小連携を踏まえた表現教育カリキュラムの開発」（平成23-26年度学術研究助成基金助成金基盤研究（c）課題番号：23531270　研究代表者 山野）、「協同性の育ちに着目した幼小接続における音楽教育のプログラム開発」（平成29-32年度学術研究助成基金助成金基盤研究（c）課題番号：17K04889 研究代表者 岡林）「「実生活や各教科等の学習に機能する読解力」育成カリキュラム及び教材の開発 」（平成29-32年度学術研究助成基金助成金基盤研究（c）課題番号：17K04833 研究代表者 水戸部）の研究成果の一部である。

【執筆者紹介】

足立　彰　（京都教育大学附属京都小中学校）
岡林　典子　（京都女子大学）
ガハプカ奈美　（京都女子大学）
坂井　康子　（甲南女子大学）
佐野　仁美　（京都橘大学）
嶋　希　（播磨町立播磨南小学校）
清水　一希　（京都市立朱雀第七小学校）
城　綾子　（京都市立下京渉成小学校）
平井　恭子　（京都教育大学）
増川　秀一　（寒河江市立寒河江中部小学校）
水戸部修治　（京都女子大学）
村山智栄美　（寒河江市立南部小学校）
矢野　真　（京都女子大学）
山科　典子　（山形市立第一小学校）
山野てるひ　（京都女子大学）

【実践協力者】

浅野　江美　（宝塚市立西山幼稚園）
安達多佳子　（宝塚市立西山幼稚園）
今村　香菜　（京都市立みつば幼稚園）
上木　美佳　（宝塚市立西山幼稚園）
宇野　晴菜　（宝塚市立西山幼稚園）
大瀧　周子　（京都幼稚園）
大森　千江　（宝塚市立西山幼稚園）
小川　陽子　（京都市立明徳幼稚園）
木徳友利恵　（宝塚市立西山幼稚園）
小林　未沙　（西吹田幼稚園）
笹井　優子　（宝塚市立西山幼稚園）
白石　肇　（宝塚市立西山幼稚園）
砂崎美由紀　（京都女子大学附属小学校）
高田　仁美　（京都市立翔鸞幼稚園）
高橋　香佳　（京都幼稚園）
高橋　美咲　（京都幼稚園）
中東　静香　（京都市立中京もえぎ幼稚園）
中村　奈央　（京都市立中京もえぎ幼稚園）
櫨山ゆかり　（京都教育大学附属幼稚園）
畑中　悠希　（京都市立中京もえぎ幼稚園）
平田　裕紀　（京都教育大学附属幼稚園）
深澤　素子　（京都幼稚園）
藤井香菜子　（京都幼稚園）
古塚　聡子　（宝塚市立西山幼稚園）
松田　幸恵　（京都幼稚園）
三ヶ尻桂子　（宝塚市立西山幼稚園）
宮崎　尚美　（京都市立翔鸞幼稚園）
宮本　知子　（宝塚市立西山幼稚園）
村田眞理子　（京都教育大学附属幼稚園）
村山　里奈　（京都市立翔鸞幼稚園）
矢追　博美　（香芝市立真美ヶ丘西小学校）
矢木万友美　（京都市立明徳幼稚園）
山崎　菜央　（京都女子大学附属小学校）
山本由佳梨　（宝塚市立西山幼稚園）
吉岡　愛　（京都幼稚園）
脇本　久美　（京都市立中京もえぎ幼稚園）

（50音順 敬称略／所属 実践時）

【編著者紹介】

山野 てるひ （やまの てるひ）

京都女子大学発達教育学部教育学科教授

専門　美術科教育学・幼児の造形教育

＜著作・論文等＞

編著『「表現」エクササイズ＆なるほど基礎知識』明治図書 2013

共編『幼児の造形ニューヒット教材集①絵画・造形あそび編』
　　『幼児の造形ニューヒット教材集②立体造形・手づくりおもちゃ編』明治図書 2012

共著『日本の教育をどうデザインするか』東信堂　2016

共著『ＤＶＤでわかる！乳幼児の造形』サクラクレパス出版部　2016

共著「感性を育む表現教育のプログラム開発－「楽曲を描く」課題を中心に－」京都女子大学「発達教育学部紀要」第８号 2012

共著「音楽と造形の総合的な表現教育の展開－保育内容指導法（表現）の授業における「音環境を描く」試みから－」京都女子大学「発達教育学部紀要」第６号 2010

岡林 典子 （おかばやし のりこ）

京都女子大学発達教育学部児童学科教授

専門　音楽教育学

＜著作・論文等＞

単著『乳幼児の音楽的成長の過程－話しことば・運動動作の発達との関わりを中心に 』風間書房 2010

編著『「表現」エクササイズ＆なるほど基礎知識』明治図書 2013

共著『言葉と表現力を育む 児童文化』萌文書林 2013

共著「領域「表現」と小学校音楽科をつなぐ音遊びの可能性－「マラカス作り」によるオノマトペ表現と協同性の成り立ちに注目して－」京都女子大学「発達教育学部紀要」第 14 号 2018

共著「0.1.2 歳の自発的な音声表現から小学校の音楽づくりへ」音楽教育実践ジャーナル 2017

共著「音楽づくりへつながる幼児の表現遊び－絵本のオノマトペを用いた実践から－」関西学理研究 XXXⅣ 2017

水戸部 修治 （みとべ しゅうじ）

京都女子大学発達教育学部教育学科教授

専門　国語科教育学

＜著作・論文等＞

単著『新小学校学習指導要領国語の授業づくり』明治図書　2018

単著『チャレンジ！単元を貫く言語活動を位置付けた授業づくり』文溪堂　2014

単著『小学校国語科授業＆評価パーフェクトガイド』明治図書　2013

編著『平成 29 年版小学校新学習指導要領ポイント総整理　国語』東洋館　2017

編著『平成２９年版小学校新学習指導要領の展開　国語編』明治図書　2017

編著『シリーズ国語授業づくり　単元を貫く学習課題と言語活動』東洋館　2015

カバーデザイン　齋藤視倭子
本文イラスト　倉本ヒデキ
図版作成・編集協力　長谷川正和
編集・デザイン・制作　藤井千津子（一藝社）

幼・保・小 で役立つ
絵本から広がる表現教育のアイデア
―子供の感性を豊かに育むために―

2018年8月31日　初版第1刷発行
2019年9月10日　初版第2刷発行

編著者　山野てるひ、岡林典子、水戸部修治
発行者　菊池公男

発行所　株式会社 一藝社
〒160-0014　東京都新宿区内藤町1-6
Tel. 03-5312-8890　Fax. 03-5312-8895
E-mail : info@ichigeisha.co.jp
http://www.ichigeisha.co.jp
振替　東京00180-5-350802
印刷・製本　シナノ書籍印刷株式会社

ISBN 978-4-86359-181-3 C3037